范军◎著

桂子山夜话

长江出版传媒 | 湖北人民出版社

图书在版编目(CIP)数据

桂子山夜话 / 范军著. — 武汉 : 湖北人民出版社,2022.12
ISBN 978-7-216-10585-9

Ⅰ. ①桂… Ⅱ. ①范… Ⅲ. ①教育工作－文集②出版工作－文集
Ⅳ. ①G4-53 ②G23-53

中国版本图书馆CIP数据核字(2022)第249506号

责任编辑:曾若雪
丁 琦
封面设计:董 昀
责任校对:范承勇
责任印制:杨 锁

出版发行:湖北人民出版社　　**地址**:武汉市雄楚大道268号
印刷:武汉科源印刷设计有限公司　　**邮编**:430070
开本:787毫米×1092毫米 1/16　　**印张**:19
字数:311千字　　**插页**:2
版次:2022年12月第1版　　**印次**:2022年12月第1次印刷
书号:ISBN 978-7-216-10585-9　　**定价**:79.00元

本社网址：http://www.hbpp.com.cn
本社旗舰店：http://hbrmcbs.tmall.com
读者服务部电话：027-87679656
投诉举报电话：027-87679757
（图书如出现印装质量问题，由本社负责调换）

题　辞

熊铁基

范军的第二本随笔将要出版，要我作序，有些为难，不得不写，又很难写。他才思敏捷，可说是写随笔的高手，随笔兼有议论和抒情两种特性，每有发表，都有相当好的反响。他对他成长、生活的桂子山有深厚的感情，故前后两本随笔名为《桂子山语丝》《桂子山夜话》。他带着感情写桂子山的人和事，许多议论都能引起“桂子山人”的共鸣和进一步深思，对“局外人”也是有一定启发的。他是文学院（中文系）出身，文笔也简明有力，目光敏锐，常常能捕捉到一些耐人深思的题目，议论平实而又给人许多启发。个人印象特别深的是，几篇写张舜徽先生的文章都比我写张先生的好（我也写过几篇小文）。随笔的另一部分，与他前一段长时间从事的编辑出版工作有关，表现了他对工作的热爱。他不但有自己的思考，而且是与时俱进的，例如关于出版事业的思考，关于“唯论文”导向的思考，等等，都阐述了工作中的一些实际问题，能够引起共鸣。很多随笔发表时我都看过，印象深刻，集结起来正式出版，可供人们反复阅读、思考，当然是大好事。我会继续关注他新发表的随笔，因为阅读这些随笔也是一种享受。

2022年10月7日

序　一

蔡学俭

国庆节前夕，范军托人送来两本杂文近著，一本是已经出版的《桂子山语丝》（简称《语丝》），一本是准备出版的《桂子山夜话》（简称《夜话》），两本是姊妹篇，希望我为即将出版的《夜话》写篇序言。范军主要从事编辑出版文化研究，未见他写过杂文，近两年写了两本，听说第三本也开始“播种”，其势一发不可收，看来范军这支犀利的文笔又要指向新的写作领域了。

其实不然，看了《夜话》的《后记》，就知道他的写作和研究重点并没有变，仍然在编辑出版文化方面，杂文的基本内容和文章写法与原来的研究一脉相承，都始终围绕出版和教育两条线索进一步伸展。范军在20世纪80年代就读于华中师范大学，本硕连读，1988年研究生毕业后在《华中师范大学学报》编辑部工作了11年，随后转岗至华中师范大学出版社，工作了十七八年，先后任总编、社长、董事长，于2016年回到学报，在学报又工作五六年后，再调文学院任教。范军在学报和出版社工作长达三十多年，还兼职上课，带研究生。细数他的工作，正贴合“一个是出版，一个是教育”。近几年时间充裕，工作减轻，精力旺盛，几位志同道合的朋友聚在一起，办了“出版六家”微信公众号，越办越兴旺，“号”友据说上万，但他的工作实际上还是出版和教育。这两本杂文集正是他从事出版和教育的思考结晶。

出版和教育不论宏观和微观，也不论历史和现实，都是紧密相连的。出版离不开教育，教育离不开出版。从历史上看，世界古代四大文明，古埃及尼罗河文明、底格里斯和幼发拉底两河流域文明、古印度文明和中华文明，唯独中华文明繁衍发展至今不衰，其他文明相继中断，重要原因就是承载中华文明的出版和教育相辅相成，历代主政者牢牢掌握着这两大治国推手，而其他文明却没有做到这点。从近观上看，20世纪以来，从事出版者无不以教育作为振兴目标，商务印书馆、中华书局、世界书局等出版先驱是这样，新中国成立以来出版事业也好企业也好，也都以同教育结合作为立社之本，作为社会效益和经济效益结合发展的重要途径。再细读这两本杂文集，出版和教育正如一串红线紧紧联系在一起。《语丝》包括杂文60篇，《夜话》包括杂文64篇，每篇都可以找到出版和教育结合的影子，特别是《夜话》的写作是范军接手我负责撰写《出版科学》的《卷首语》以后的事，出版和教育的内容更多，结合得更紧。

我之所以反复强调这点，是说明要真正了解范军写的书和文章，就要注意出版和教育以及二者的结合，他的人生离不开出版和教育，他的文章也离不开出版和教育。一直到现在，工作几经变动，他仍然辛勤耕耘着“出版六家”这个园地，他的将来预计也可能离不开现在走的这条热爱的道路了。

书如其人，谈范军的书就可见他的为人。他20世纪80年代参加工作，我80年代正主政湖北省新闻出版局，我们之间的年龄差距甚大，但我对他印象很深。一个突出印象是他的朋友很多，人缘很广。他广结人缘不是想做什么不该做的事，而是为了工作的需要。杂文集写了不少人，每篇文章都写了人，老领导、老前辈、老同事，华中师范大学有重要影响的人几乎都写到了，有的人写了一篇又一篇，还觉得意犹未尽。比如华中师范大学的前身——中华大学的校长陈时，以及华中师范大学的历任校领导刘介愚、高原、章开沅等都挨个儿写了，他的三位硕士生导师曾祖荫、周伟民、王先霈都恭恭敬敬写了，他在学报的同事肖汉森、梅莉等都详详细细写了，华中师范大学的国学大师、权威学者张舜徽、邢福义、刘守华都反反复复写了。华中师范大学快要迎来建校120周年，范军的这些人物随笔，组成了一部袖珍的校史，为年轻的华师人提供了不可多得的教材。范军写人尽显人的丰富与多样，生动具体，动情感人。举个例子，一篇《章开沅先生在海外这样过大年》从阴历大年写起，初一、初二直到初三如数家珍，真不知怎样了解得这样具体。他写人充满热情和感情，写梅莉的《为普通编辑树碑立传》，抒发了梅莉去世两年后作者自己的悲痛之情，令人感动。

范军给我的另一印象是喜爱读书，读书很多很广，是实实在在的博览群书。我曾经为他编纂的大型《中国出版文化史研究书录》写过评论。这部书录收录1978年至2009年32年中国内地出版的有关中国出版文化史方面的论著、译作、资料集约3500种，附录收集外国出版文化史研究论著及相关资料和1978年以前大陆出版的文化史研究论著等近3000种，共约6500种。不看完这几千种书这个书录编不出来，而要读这些书即使浏览一下也不是一朝一夕的事。他的杂文广征博引，引用了写作对象的文章及有关资料，有的一篇引文多达三四段。《夜话》编录文章64篇，共引文章约94段，可见引文之多和读书之勤，写成这些文章并结集成这样的一本书，得用多少脑子寻找资料、核对引文，范军的功力可见一斑。

广结人缘和博览群书，使范军拥有深厚的知识积累。厚积薄发，便成为他治学为文的一个特点，也是《夜话》的特点。他交的朋友多，读的书多，满腹经纶，见多识广。写人写事，分析透彻，能道人之所不能道。《夜话》中写张舜徽的就有四篇文章：《国学大师张舜徽的阅读生活》《张舜徽先生的漂亮文章》《三十三岁的张舜徽是怎样当上大学教授的》《“是李肖聃先生举荐我去的”》，从不同角度阐述张舜徽的写作、教学和科研。章开沅、邢福义、王先霈等也各有多篇，各具特色。范军能够这样多层次地写事写人，归因于他对写作对象的深入了解。有深厚的积累才能做到得心应手地反复研发。我为《出版科学》写的《卷首语》，原来自己并不看重，写了就放下了。他和曾建辉像发现新大陆似地将我写的几十篇《卷首语》，提到出版评论的高度专文加以剖析，给予很高评价。他的评论对我有很大启发，我虽然不再为《出版科学》写《卷首语》，但最近对已写的重新作了回顾和整理，归纳出几个专题，觉得还有些意义。像这样能够发掘写作者本人都难以悟到的可取之处，没有深厚的学术积累是难以做到的。范军参与创办“出版六家”微信公众号，从严格意义上讲也是一种厚积薄发。它几乎每天都刊发文稿，构成了深厚的出版积累，比起书刊等纸质出版物，数量更多，进展更快，吸引力更强，影响也更大，有了这样深厚的积累就为薄发创造了条件。它使出版业界学界获取了越来越多的精神食粮，有力地促进着对编辑出版理论的研究，对“号”友的教育帮助远远超过了一般的书刊。厚积越多，薄发越众。“出版六家”的研究成果，正如《语丝》和《夜话》一样，又迅速变身为新型出版物。

我写过杂文，1995年离职不久，写了一本《归燕集》，书名源自宋代晏殊的两句诗：“无可奈何花落去，似曾相识燕归来。”是说当不成官了，就回归我喜爱的写作和科研路上去。但我写的那些杂文字数不多，本子很薄，质量不高，与范军的无法相比。我为他的杂文作序是情难以却、力有不逮的事，勉力成文，自己也不满意，还请范君（军）鉴谅。

2022年10月6日

序　二

曾祖荫

国庆前夕，范军教授托人把他的新作《桂子山夜话》带给了我。这无疑给节日又平添了一份喜庆。

我饶有兴趣地读着《夜话》。文笔清新流畅，娓娓叙述，常把我带进回忆中，遐想联翩。

我读书有个习惯（也许是不好的习惯），往往先浏览作者的前言、后记，还喜欢翻翻注释。在《夜话》的《后记》里，有段话引起我的注意。作者说：

《夜话》是《语丝》的姊妹篇，无论是基本内容，还是文章写法，抑或是编排策略，都一脉相承。全书聚焦桂子山，聚焦大学，又始终围绕教育和出版两条线索有所伸展。

这里说的《语丝》，是指《桂子山语丝》。作者曾赠给我一本。我记得那是2021年3月间的事。当时，照例是先看《后记》，第一句话是“这是我的第一本随笔杂文选集”。我非常高兴。我一向赞成搞文艺理论的人，要搞点文艺创作。诗文、绘画、书法、艺术摄影，等等，不管是哪一门，有点这方面的实践是非常有益的。据我所知，许多前辈文艺理论家，大都有这个特点，给我们树立了榜样。

《语丝》中的文章，我当时读了许多篇，没有读完，不知什么事扯开了。日记里留有读后的几句话“挥洒自如，才气横溢，很有审美价值”。

这次《夜话》的《后记》里，特别提到《语丝》，触动了我的回忆。我放下《夜话》，又拿出《语丝》来读。上次专心读正文，没有注意前面王先霈、周百义、晓苏三位先生的三篇序文，这回很认真读了几遍。作者说，他是“大着胆子一口气请三位‘大咖’来为一本小书站台”。

王先霈先生在序中说：“范军这本书，不限于给尘世里的烦劳者以抚慰，更能给困惑者以参照和启迪。”又说：“这本书谈华师校史，谈教育史和出版史，也是从人物入手，写到了多位昙华林、桂子山的先贤。这既增强了本书的可读性，也有利于提高它的学术史料价值。”本书还有不少议论文字，特别是针对学术界时弊而发的有锋芒的意见，在网上推出时就引起热烈反响。

周百义先生总结了《语丝》的四个突出的特点。“首先，是文章紧密结合现实，触及学界痛点和热点，言之有物。”“其次，是文章情感充沛，敢爱敢恨。”并说它笔下的人物“如同司马迁写人，寥寥几笔，就把人物的音容笑貌和性格禀赋烘托而出”。“还有一个十分突出的特点，就是语言活泼幽默，不时借用少量的网络语言，显得亲切时尚。”“当然，范军这本著作的特点，我还能罗列出很多很多，但还有一个重要的特点，我不能不说，那就是范军深谙数字化时代读者的阅读心理，熟练地驾驭新媒体，所以征服了广大读者。”

晓苏先生认为：范军是一位学者。他的杂文“与那些纯粹作家的杂文相比，就显得十分不同，别具一格。如果我们把出自作家之手的杂文称为作家杂文的话，那么，范先生的杂文就应该叫学者杂文”。作为“学者杂文”，晓苏先生说：“我发现，范先生杂文的学理性主要体现在三个方面，一是重史料，二是重思辨，三是重时势。”接着，晓苏先生分别予以分析说明，并指出：“范先生的学者杂文，虽然充满了学理性，但丝毫没有妨碍到可读性。”

三位先生对《语丝》的赞赏，是符合实际的，我十分认同。我与作者相识多年，为他“第一本随笔杂文选集”所取得的成功，由衷感到欣慰！

我继续读着《夜话》，脑子里时不时浮现《语丝》的影子。我觉得，三位“大咖”所写的《语丝》序文，竟至于好像就是针对新作《夜话》而写的。所概括的《语丝》特点，也在《夜话》里得到充分体现。的确是“一脉相承”。

然而，《语丝》与《夜话》尽管为姊妹篇，毕竟彼此有些不同。如果说两姊妹都美的话，相对来说，后者《夜话》似乎更有风韵。

例如：也是从人物入手，《夜话》似乎更能准确地把握人物的特点，而且把人物特点写得十分丰满而生动。举个实例，《夜话》中《一生做好一件事》，突出写了刘守华教授选定人生目标，锲而不舍、终有杰出贡献的特点，记述刘先生还是在家乡沔阳师范做学生的时候，就写了第一篇与民间文学相关的文章《洪湖渔民的歌声》，于1952年发表在《湖北日报》。上大学以后，作为大三学生，又于1956年在《民间文学》杂志发表《慎重地对待民间故事的整理编写工作》，开始崭露头角。从此，咬定青山不放松，在民间文学领域深耕七十多年，硕果累累，享誉海内外。文章极尽铺叙描摹、腾挪跌宕之能事，把刘先生以学术为生命，以民间文学为终身事业的精神，写得跃然纸上。

更有趣的是，刘先生的身体形象，也仿佛“民间”化了。该文写道：“那个时候，刘老师给我的印象确实是很‘民间’的，浑身散发出浓郁的泥土气息。我觉得，刘老师形象和气质挺像江汉平原一带生产大队的大队长（如今叫‘村长’或‘村委会主任’）。后来看到刘门弟子有文章说他像‘小队长’，看来是学生所见略同，只是‘官阶’略有差别。”小小点缀，神情活现。从本文的“附注”里我看到，“刘门弟子”对此文也很称赞。黄永林说：“写刘老师的文章，感到情真意切，事实清楚，完全符合实际。”陈建宪说：“写得非常好！把刘老师的成就和特点都写得很到位。”孙正国说：“实事求是，文采感人。”

善于抓住人物特点，却又不是为写特点而写特点，而是通过写特点，揭示其现实意义。《偷偷写论文做学问的桂子山学人》是针对“20世纪那‘读书有罪’‘知识有罪’的特殊年代”而发，记述了桂子山上三位学者，在极端困难的情况下，顽强地坚持学术研究，执着追求学术真理的事迹。于网上推出后，网友留言：“几位大师风骨写得悲壮感人！”作者追忆过往，观照当下，感时忧世，寄托遥深，于针砭时弊中寄寓着殷殷期望和坚定信心。写的是历史，关注的是现实。

又例如，也是重史料，《夜话》似乎更重视史料的真实性和运用史料的艺术性。晓苏先生指出作者特别看重史料，非常重视对史料的考证。《夜话》

里，这个特点几乎贯通全书。让史料说话，“不是空口无凭，不是空穴来风”，表现了作者写作的严肃性和对读者的尊重。作者写刘守华教授，“文章写就后，专门请刘守华老师、刘门弟子及民间文学专家指正，得到认可，也得到新材料、新线索，后做了适当补充完善”。其注重材料真实的科学精神，可见一斑。

《累累硕果铸就美学丰碑》中，作者叙述了自己搜集材料的过程。原文如下：

查询“人大复印报刊资料”官网，我十分惊讶地发现张玉能老师名下的论文居然有485篇，这里除了两三篇是收录在《哲学文摘》《文艺理论卡片》上，有大约100篇张老师是第二作者，另有超过380篇全文转载的文章，皆是张老师独撰或任第一作者，在这300多篇中，合作的论文其实占比又很低。我曾查询过本校几个知名学者在人大复印报刊资料转载的情况，最好的大致在四五十篇，而张老师一人竟然多达近500篇，其学术创造力之旺盛、写作之勤奋高效实在令人惊叹。

这样认真踏实、一丝不苟的调查考证精神，真是不简单。这也许是晓苏先生所说的“学者杂文”的特色吧。

如果打个不太贴切的比喻，作者对史料的驾驭，犹如韩信点兵，多多益善，又指挥若定，部伍整肃。是指挥的艺术，艺术的指挥。其表现在文章中，有时层层递进，有时排比映衬，有时迂回曲折，有时开门见山……所谓兵无常势，水无常形。因人而异，因事而异。这些，我就不举实例了。

《夜话》较之《语丝》似乎还有许多“更有风韵”的地方，我相信读者的审美眼光，我愿意和广大读者共同分享。

序文已拖得够长，不唠叨了。

作者在《后记》里说：“我想，个人随笔集的第三部也该播种了。”我期待着，并预祝取得更大成就。

2022年10月11日

目　录

桂苑漫忆

学 林 杂 俎

书 业 闲 侃

史林探幽

桂苑漫忆

“校长将就教师不是丢脸的事情”

近日，网络上有篇短文在知识界尤其是大学教师的“朋友圈”里广为传播。这篇内容丰富，但颇有标题党味道的网文题目是——《中大前校长：教授可以有脾气，但行政人员不能耍脾气》，文中有这样几行字：

我提到“教授就是大学”的理念，在大学里，首先要尊重教授。我曾经对学校的行政人员说，教授可以有脾气，但行政人员不能有“脾气”，耍态度，太有个性的行政人员是不合格的。特别是自己不熟悉的学科的教授，尤其要尊重。

这个“前校长”就是曾任中山大学校长12年的黄达人。早几年，老黄校长好几次应邀到我供职的华中师大给干部教师进行以高教管理为主题的讲座。他关于大学治理的个人专著《大学的观念与实践》，以及两本访谈众多大学校长、副校长的文集《大学的声音》《大学的治理》（皆由商务印书馆出版），我也曾粗略翻阅。总的感觉是老校长是当今少有的有情怀、懂大学的教育家，尽管他学数学出身，但人文底蕴深厚，人文情怀满满，深谙高教规律，谨守大学之道。窃以为，最应该看他书、听他报告的，恰恰是那些高校校级领导干部，尤其是大权在握的主政者。可惜的是，日理万机的一些大领导，无暇或无意来听这样的报告，看这样的论著。

老黄校长执掌中大十二年，自认为最值得说的事，就是与同事们一起提出了“大学是一个学术共同体”“教授就是大学”“善待学生”这三个理念。他把这几个理念及其实践看作大学治理的基本经验，甚至是高等教育规律。

当我看到他说的“教授就是大学”，以及“教授可以有脾气，但行政人员不能要态度”这几句话时，不由自主地想到了我国近现代著名教育家——笔者所在的华中师大前身之一的中华大学陈时校长（1891—1953）的类似观点和做法。陶光胜在其博士学位论文《引领与助推：教育家陈时与中华大学研究》（华中师范大学，2021年）中写道：

陈时以诚相见，以礼待人，他常说：“校长将就教师不是丢脸的事情。”为了把学校办好，陈时聘请了很多校外知名学者，也留下了不少本校的优秀毕业生，且对学者尽显包容和敬重。……1922年4月10日，陈时登门拜访黄侃，诚挚邀请其莅临中华大学执教。黄侃欣然接受，并在日记中写道：“十日（十四日 月曜日）戊申。陈叔澄（名时，黄陂人，仲骧之从弟，中华大学校长）来请授其校诸生《尚书》及《庄子》，允之。”从此，黄侃开始了在中华大学3年多的教学生涯，并多次在日记中记述执教中华大学的点滴。（第138—139页）

黄侃（1886—1935），字季刚，又字季子，湖北蕲春人。这位名副其实的一代国学大师，在语言文字学、音韵训诂学等方面成就卓著。他早年留学日本，在东京师事章太炎，受小学、经学，为章氏门下大弟子。曾在北京大学、中央大学、金陵大学等校任教授。黄侃主张“为学务精”“宏通严谨”。其所治文字、声韵、训诂之学，远绍汉唐，近承乾嘉，自成一家，多有创见。在《文心雕龙》、礼学、玄学研究等方面也都有独到的见解。学术之外，尤精古文诗词，文尚淡雅，上法晋宋。黄侃为学务精习，对于四史、群经义疏及小学基本著作都研读达十几遍甚至几十遍，对《说文》《广韵》尤为精熟，多有批注。学问上是大师，教学上是名师，董中锋在《特立独行的国学大师黄侃》一文开头这样写道：

民国时期有一位“特别教授”，他在课堂上一个字一个字地讲《说文解字》，一不带原书，二不带讲稿，引经据典，旁征博引，口若悬河，头头是道。学生对引用的经典论据，下课后查对，一字不漏，一字不错。有一天，为他拿皮包的学生发现皮包内有许慎的《说文解字》，打开一看，蝇头小字，密密麻麻，有墨笔写的，有朱笔写的，还有各种各样的符号，全书每个字都有自己的讲法和别人的讲法，有的肯定，有的否定。（董中锋：《华大精神与人文底蕴》，华中师范大学出版社2013年版）

黄侃思想活跃，富有情趣，学问了得，但特立独行，个性极强，脾气岂止是一个“坏”字，有学生用“乖张”二字来形容他，民间流传有很多趣事逸闻。娄章胜在《陈时传略》中说：“著名的国学大师、音韵训诂学家黄侃，被陈时聘为学校老师，黄侃学识渊博，贯通古今，但他有个习惯就是通宵读书下午睡觉，常常不能按时到校，讲课时又常常忘记下课时间，陈时根据他的特点，把课程尽量安排在上午，把端茶、擦黑板等琐事安排好，并嘱咐门卫在黄先生坐车到校门口时，要及时替其付车费，以免耽误学生上课，当学生对黄侃的行为有微词时，陈时总是讲‘我们要学黄先生的学问，不要学他的脾气’。”（娄章胜、郑昌琳主编：《陈时教育思想与实践》，华中师范大学出版社2001年版）

对于常任教师是这样，对于临时请来开办讲座的名家，陈时也是十分包容的。1922年9月2日，学界巨擘梁启超应邀到中华大学作《湖北在文化史上之地位及其将来之责任》的报告。梁启超思想敏锐，视野宏阔，知识丰富，征引广博，但他讲话有口吃的毛病。个别同学对其讲座有不敬之词。陈时知道后就对同学说：“我听梁先生的课，发现有个特点，就是别人讲过的他不讲，他讲的都是别人没有讲的。所以听梁先生的课要‘用心’去听。”正所谓金无足赤人无完人，要懂得取其精华。

有脾气的教授往往是教书育人、读书治学均极认真的。黄侃在中华大学时，对教学工作就一丝不苟。有一次他到校讲《庄子》，其日记对自己备课的情况有较详细记载：“赴中华大学讲《庄子》。此书岂从未治故籍者所宜遽受？而彼校欲余授此，殆美其名耳。向来将登席之前，必将所授细为寻绎参稽。正未必于人有益，而一己所得无算矣。记曰：‘教学相长。’今之诸生初无能质正疑难者，余不敢以不质正而遂废所以待问也。是则设教之益也。”（黄侃：《黄侃日记》上，中华书局2007年版）黄侃认为，中华的学生就基础而言学《庄子》是有困难的，但他并不因此而有丝毫马虎。黄侃20世纪20年代初期加盟中华大学，确实大大提升了学校尤其是中国文学系的地位和影响。

教授就是大学，好教授一定会提升大学的层次，扩大学校的影响。陈时执掌中华大学近四十年，一是找钱（私立大学经费尤其困难），二是找人（优秀的教师和学生）。他格外欣赏并重用才华横溢却很有个性的本校毕业留校的恽代英，礼待来自欧美名校毕业的“海龟”邹昌炽、严士佳等名师，成就了中华大学的事业辉煌。这位被周恩来总理称为“清苦的教育家”的陈时校长，一生就做一件事、一生做好一件事——办中华大学，名垂青史。

黄达人老校长的一篇流行网文，陈时校长的几则陈年掌故，让我们联想到曾任北京大学校长的林建华在《学者就是大学》一文中讲的一个小故事：“艾森豪威尔将军退役后，曾担任过哥伦比亚大学校长。在一次诺贝尔奖获得者的讲演会上，他对获奖者说：‘在众多哥伦比亚大学的雇员中，您能获得如此重大的奖项，学校深以为荣。’在接着的讲演中，获奖者对艾森豪威尔说道：‘尊敬的校长先生，我们不是哥伦比亚大学的雇员，我们就是哥伦比亚大学！您才是哥伦比亚大学的雇员。’”（林建华：《校长观点：大学的改革与未来》，东方出版中心2018年版）在美国，大学的教授委托行政人员来治理学校，教授可以参与政策的制定。可见，此诺奖获得者所言不虚。

比起哥伦比亚大学的艾森豪威尔校长，清华大学的老校长梅贻琦无疑对教授与校长之关系认识更到位。他不无幽默地说：“教授是学校的主体，校长不过就是率领职工给教授搬椅子凳子的。”（赵瑞蕻：《离乱弦歌忆旧游》，湖北人民出版社2008年版）梅校长另有一句流传不很广的“金句”：“学生没有坏的，坏学生都是教坏的。”也颇耐人寻味。曾任武汉大学校长的顾海良有过很多年教育行政官员经历，他或许是在比较中体悟出一个道理：“校长永远不要把教授当你的下级。”斯言是矣！

我们常讲领导就是服务，雇员就是服务员。百年前的梅贻琦校长、陈时校长，以及21世纪的中山大学黄达人校长，显然属于那种有“雇员定位”和“服务意识”的优秀大学管理者。正因此故，他们愿意“将就”老师，善待教授的“脾气”，为教授“搬椅子凳子”。我们希望今日之中国大学，有更多这样的好校长，这样杰出的管理干部。而教授也当有教授的学问、教授的识见、教授的精神和风骨。如此，才校长像校长、教授像教授、学生像学生，最后大学像大学。

2022年7月18日

【附注】

此文微信公众号“出版六家”2022年8月30日推送。王建国教授留言说：“在云南挂职时，接待过中大老党委书记李延保老先生，他好像就是和黄校长搭班子。他说他当书记最主要做两件事，一是努力为老师们创造宽松的学术环境；二是努力让学校老师过一份体面的生活，活得有尊严。”

再谈做大学校长本身就是一个大事业

2020年11月10日，笔者推出文章《做大学校长本身就是一个大事业》（系《桂子山语丝》收录），主要是讲陈时先生如何毁家兴学，把自己所有家业、毕生心血与全部才智毫无保留地献给中华大学的历史故实。作为教育家的陈时一辈子只做一件事，做好一件事，那就是心无旁骛办中华大学，一心一意当中华大学校长。文章推送后，朋友们讨论热烈。

在中国现代高等教育发展史上，以当好大学校长为毕生功业者，除了南开大学张伯苓等，还应加上复旦大学的李登辉先生。说到李登辉，人们不自觉地就会想到台湾那个李登辉。其实，此登辉非彼登辉，二者风马牛不相及。齐全胜主编的《复旦逸事》（辽海出版社1998年版）这样介绍复旦老校长李登辉先生：

李登辉（1873—1947），近代教育家，印尼归国华侨。1899年美国耶鲁大学学士毕业。1905年回国。次年被聘为复旦公学英文部主任，后任教务长。1912年起任复旦校长。1915年筹资在上海江湾建复旦新校址。1919年，积极动员复旦学生参加“五四”运动。1931年“九一八”事变爆发后，召集全校师生召开声讨大会，号召抗日。1936年，因保护复旦学生抗日爱国运动，被国民党政府逼迫辞去校长职务。他精通马来、荷兰、英、法、德等语言，对于希腊、拉丁等古文字也有研究。

李登辉祖籍福建，祖上很早移民印尼，靠经营“邦迪”牌衣料成为雅加达的富商巨贾。李登辉早年先后在新加坡、美国接受中学与大学教育，是耶鲁大学继容闳之后的第二位中国留学生。他学成回国后，自始至终没再离开复旦。弟子章益在《我所见到的李校长》一文中，说李登辉校长是“仁慈”的校长，“宽大”的校长，“循循善诱”的校长，“博择众善”的校长，更是一位“专心教育”的校长。谈及李校长的专心致志，作者写道：“时人语曰‘举国各大学中，以教育为终生事业，数十年如一日者，北有张伯苓先生，南有李登辉先生二人而已’，此为人尽皆知之事实，原无须赘述。惟近阅史籍，见载有民国初元时一段史实：当时民国初创，需才孔殷，外交人才，需要尤迫。武昌政府，曾致电海上，邀师出任外交。师以学务不愿抛废，乃荐王儒堂以自代。以视今人奔走利禄之丑态，能不令人倾倒于前辈恬淡之风乎！”（陈麦青、杨家润编：《老复旦的故事》，江苏文艺出版社1998年版）这位章益先生若见到而后高等学府某些掌权者“奔走利禄之丑态”，一定会慨叹“昔不如今”“后生可畏”。不过所谓“时人”之语的“以教育为终生事业者”完全不提中华大学的陈时校长，似有不公。

据老复旦人说，李登辉校长若想当官，机会多多，大到上文提及的做民国外交总长，小到担任月薪600大洋的立法委员，他都辞之不就，专力复旦，无意仕途，乐育英才，淡泊明志。他若想回印尼享受荣华富贵，也是十分方便的。兄弟姊妹在那里事业有成，家族事业兴旺发达，但他也不为所动，与祖国、与复旦始终不离不弃，可谓“从一而终”。蔡元培先生曾说：“大学学生，当以研究学术为天职，不当以为升官发财之阶梯。”作为大学生楷模和榜样的优秀大学校长，自然也不能身在高等学府，心系升官晋爵。同时“学问”也不会随着职位疯长，也不至因长校而学术资源滚滚而来，人才帽子顶顶加封，私家财富爆发式增长。

抗战胜利后，一些复旦校友纷纷从外地返沪。吴南轩、章益等十余位弟子在华懋饭店（今和平饭店）举办“讨论班”，意在宴请老校长，请他讲讲生平感想之类的，学生们也想借此机会重温美好的大学时光。不料两次讨论班，李校长只讲这样一句话：“我归国后，一生只在复旦，一生只当复旦的教授，一生只做复旦的校长。”除此之外，其他概不多讲。这句话，对于那些做事意志不专、朝秦暮楚、见异思迁的弟子，无疑是有警示作用的。学生中有人提议为老校长写传记，被他一口回绝了。

李登辉校长服务复旦大学40余年，鞠躬尽瘁死而后已，留下了不朽的功业和美名。如今这样的大学校长，不说是绝响，至少已是稀世珍宝。钟叔河、朱纯编过一本《过去的大学》（同心出版社2011年版），编者将所收文章分为三辑：过去的校长、过去的教授、过去的学生。陈平原、谢泳等所著《民国大学：遥想大学当年》（东方出版社2013年版），全书6章，标题很有意思，也引人深思。6个标题为：校长像校长；老师像老师；学生像学生；学术像学术；学校像学校；图书馆像图书馆。落实到本文，复旦大学李登辉先生这样的校长，谁能说他不像大学校长呢?！笔者所在大学前身的中华大学一生只做一件事的陈时校长，连教育部长、驻美大使这样的职位都不为所动的华中大学韦卓民校长，又有哪个敢说他们不像校长呢?！

2021年7月31日

【附注】

此文微信公众号“出版六家”2021年8月3日推送。此前公众号推送过的《做大学校长本身就是一个大事业》已收入《桂子山语丝》（崇文书局2021年版）。

华中大学本科生毕业论文“长这样”

一转眼又到毕业季，天天忙着看学生的论文，硕士生的、博士生的，本校的、外校的，语言文学的、新闻传播的，等等。因为人事关系不在院系，所以一直没看本科生的毕业论文，也未参与相关答辩。前几年，“网红教授”戴建业有篇《逗你玩：本科生毕业论文答辩》引发热议，方知现在本科生不仅要写毕业论文，还要搞论文答辩。我就很想知道，如今本科生写的论文到底是什么样的。看硕士生、博士生论文很多了，大致也能估计或想象出本科生的论文水平。有鉴于此，我就特别有兴趣了解从前大学生的论文是什么样的。

最近准备搬办公室，清理出七年前我校图书馆张晓明老师（曾任副馆长）赠送我的一本书——《百年华大文脉　世纪学术薪火》（第一辑）（后简称《薪火》）。封面上另有一行醒目的文字：“华中师范大学图书馆现存武昌私立华中大学历届学生毕业论文选集（1932—1951）。”一看就知道，这是一本七八十年前大学生的毕业论文选。见落叶而知秋，窥一斑见全豹。从这本老华大当年大学生的毕业论文选集中，我们可对那个年代大学毕业生知识水平与研究能力了解个大概。

关于《薪火》的编纂及其内容，张晓明老师在该书《前言》中这样介绍说：

本书收集了华中师范大学（后简称“华师大”）图书馆现存其前身“华中大学”（后简称“华大”）1932—1951年间学生毕业论文7篇及论文详目295条。……本书作为《百年华大文脉　世纪学术薪火》（第一辑），其中有3

篇是当年华大在云南大理喜洲办学时学生的毕业论文。通过论文可以表现当年在大理喜洲时，对当时当地的文化、经济、教育、银行等方面所做的调查和研究；宣传华大抗战期间在滇西艰辛的办学历史；宣传华大当年为大理喜洲所作的贡献。(295篇论文中，有131篇是在云南大理喜洲办学时完成的，其中大部分是研究当地初、中等教育，心理学，音乐舞蹈，社情民情，少数民族现状，农村经济，国际贸易等。）这些论文能联系实际、贴近生活、具有相当的学术水平。时至今日，这些论文中所论述的许多信息仍有较大现实意义，极具参考和研究价值。

仔细披览《薪火》，知道张老师所言不虚。下面选取集子中几篇文章略加欣赏。首篇为林建勋的《一九三五年后中国新货币之研究》）（第1—72页），扉页注明：“该论文于1939年7月4日，在云南大理喜洲华中大学提交。论文指导教师：张干周；此论文由卞彭评阅。”指导老师张干周（《华中大学》书上是写的“张千周”，待核）教授当时是华大经济商业系系主任，评阅者是“海归”的物理学教授卞彭，他当时在华大任教，1940年任理学院院长，为什么是他评阅论文、又是如何评阅的还有待考证。对于这篇论文写作的缘起、主要内容，作者林建勋在论文《序言》中交代得很清楚：

我国向来采用银本位制，唯自一九三五年因种种关系，改用一种现行新币制，关于改制之经过及其对于中国工商各业之关系，颇值吾人之研究。此文之作虽为完成毕业功课之一部分，然其最大目的为探讨新币制与中国经济前途之关系。

本文之内容共分为四章二十七节，第一章讨论我国币制之沿革及银本位统一之经过；第二章叙述银本位统一后我国受世界经济恐慌之影响及银本位之放弃与本位制度选择问题之研究；第三章详述新货币政策之条例、精义及其推行之经过，以及新货币实施之内容；第四章为研究新货币政策实施后我国之经济动向情形，对农业、工业、商业、物价、金融、国际贸易以及抗战以来之法币、外汇、国际贸易、物价指数均加以讨论。

从选题到纲目，我们可看出作者明确的问题意识、良好的学术素养、严格的学术规范。在《序言》中作者还交代了材料的选择、写作的经过以及要感谢的师友。从中，我们知道，此文初稿完成于华大首次西迁桂林时期，再迁大理喜洲后修改定稿。要知道，自1937年全面抗战爆发，内地高校纷纷西迁，无不艰苦备尝。华大的西迁之路也是颠沛流离，师生们常常是缺衣少食、朝不保夕的。1938年9月下旬，华大在桂林开学；次年3月中旬，又迁至偏远的云南大理喜洲。《百年校史（1903—2003）》中写道：“在初迁喜洲的这个学期中，华中大学每个人都经受着一种艰苦的磨炼。……生活用品缺乏，饮食粗简，燃料用的是木炭。春天疾病在师生中流行，由于当地医院缺少人手，医疗保健几乎谈不上，有几个教职工的孩子死于疾病。在这种恶劣的环境里，学校内外合作很好，教学工作仍在继续。”林建勋也就是在这时候完成了他的本科毕业论文《一九三五年后中国新货币之研究》。笔者不是经济学背景，对金融更无研究。但从一般学术规范，基本的论文写作要求和材料（含图标、数据）使用、观点提炼等来看，这篇文章的分量大大超过我们今日绝大多数硕士研究生学位论文。全文除《序言》外，有4章27节，约11万字，完全是一本专著的规模和构架。从《薪火》最后附录的295篇论文目录看，华大毕业生论文中像这样的鸿篇巨制着实还不少。青年学者梅杰与我私聊时不无感慨地说：“虽是本科论文，水准应该在现在研究生之上，文字水平超过现在的博士，不少还是半文半白，完全民国文风。”“几乎是现在博士论文标准，甚至超过了，单看文字就很厉害！”

《薪火》所收第二篇论文为《民国以前中国货币史纲》，除《总说》外，分8章勾勒和描述自先秦到清代的货币之演变，总计约7万字，也是一本货币简史性质的著作。作者梁耀寰说，我国向有《钱币考》《食货志》这一类考据性、资料性著作，比较零散破碎，缺乏系统性和科学性，有感于在货币研究方面“实无一较科学化之系统著作”，便撰写了此文。集子中收录的蔡永利论文《我国所得税制度之研究》也是一本小型的专著，约9万字。在论文《序言》中作者开宗明义，讲清楚了选题的来由及意义：“所得税在欧美各国，早经施行。然在我国以各种困难，致创设甚迟，惟自创办至今，此项税收已进而成为我国主要之税源。且其将来之发展，更不可以限量。况我国现行所得税制度之施行，历史既甚短促，条文又极简单，其中流弊，在所难免。予特将我国所得税法规之劣点，详加论列，以供将来改革之借鉴。”作者还专门交代说：

我校再度迁移，辗转不定，故此文材料之搜集极为困难。所参考各种资料，皆由广西省桂林市图书馆所供给。后以桂林惨遭狂炸，宿舍罹焚，文稿被毁，遂致零落不整，于是又重行补缀。其后我校重徙滇省，举校师生匆忙离桂，途径数千里跋涉劳顿，毫未宁息，故此文之作，为时既甚短促，又乏固定所址。予由桂起程来滇之前夕，此文初稿整理就绪，至滇后，又重加修改，乃告完成。

遥想当年，何其艰难困苦。这篇论文也是经济商业系系主任张干周教授指导的。限于特殊条件，文章可能在材料运用上会有欠缺，但作者的写作水平、学术能力、治学精神、学术态度却展现无遗，其文字之简洁、精准、谨严、雅驯，着实让人佩服。

这里说的华中大学本科生论文，都是《薪火》（第一辑）所选大理喜洲时期的。当时，师生皆十分重视回报云南，服务当地，特别注重运用学术的方式服务云南尤其是大理本地的政治、经济、文化、教育与科技发展，制订了相应的研究计划。比如当时中文系教授们，就把西南少数民族语言文学、民族文化等作为研究重点，系主任包鹭宾教授发表了《云南土族之种类及其分布》等研究报告；继任系主任游国恩教授则有《云南土族建国史略》《云南土族文化述略》《西南古夷语考》等论文；语言学家傅懋勣先生专门撰写了《昆明倮倮语研究》等论著。

一方面受到老师的影响，另一方面也是因为探讨当地经济社会问题得天独厚，较为方便，不少本科生都把相关问题作为毕业论文选题。收在《薪火》中的《喜洲经济概况调查》《战时滇藏驿运与商业概况》即属此类。这些文章今天看来也还有参考价值和历史意义。编者张晓明老师说：“将这些资源挖掘出来，为华师大今日的教学及人才培养，为大理喜洲当今的社会经济发展提供帮助，为落实国家西部大开发的战略，尽华师大微薄之力，这是编写此书的目的之一。”我从这些论文中，还看到了老华大莘莘学子把战时当作平时看，在国难当头时彰显出的学术报国的理想、坚忍不拔的精神、恪守学术的信念，以及良好的学术品格和严格的学术规范意识。

翻看《薪火》，我注意到扉页上张晓明老师的签名。他是2014年4月9日赠送此书给我的。记得在此之前，他曾几次异常兴奋地和我谈起这批特殊馆藏，这些珍贵的论文原稿，希望由本校出版社陆续出版。但不知什么缘故，《薪火》一书张老师在我不知情时交给了隔壁的武汉理工大学出版社刊行，这也成了我职业生涯中的一个遗憾。更为遗憾的是，张老师在退休后没几年就因病去世。斯人已去，音容宛在，我也早已告别了出版界。张老师希望像薪火相传一样，把这个华大本科生论文集接续第一辑，再第二辑、第三辑、第四辑、第N辑地编下去，把百年华大学脉延续下去，不知有没有人来完成张老师这未尽的遗愿。

【主要参考文献】

［1］张晓明主编：《百年华大文脉　世纪学术薪火》（第一辑），武汉理工大学出版社2013年版。

［2］马敏、汪文汉主编：《百年校史（1903—2003）》，华中师范大学出版社2003年版。

［3］［美］柯约翰著，马敏、叶桦译：《华中大学》，华中师范大学出版社2003年版。

2021年4月24日

【附注】

此文微信公众号“出版六家”2021年4月27日推送，反响比较热烈。次日重推时配了一段文字：“这篇谈华中大学（简称华大）的文章引起了不少朋友和社会公众关注。今日华中师大作为华大（不简称华中大）的延续（另有中原大学、中华大学基因），当传承百年学术精神，弘扬优秀治学传统。”

不应该被遗忘的杰出校友

有一个叫余上沅的，估计现在知道其人其事者并不是很多了。但翻检一些专科性名人辞典、综合性人物辞书，上面往往都有余上沅的生平和事迹简介。就是最权威的大型工具书《辞海》上，余上沅也赫然在列。《辞海》上的相关词条内容如下：

余上沅（1897—1970），中国戏剧教育家、戏剧理论家。湖北沙市（今荆州市沙市区）人。1922年毕业于北京大学英文系。翌年赴美国专攻戏剧。1925年回国，倡导“国剧运动”，并与赵太侔创办国立北京艺术专门学校戏剧系。1926年后在南京东南大学、上海暨南大学任教。1928年回北平任中华教育文化基金会秘书、北平大学艺术学院戏剧系和北京大学教授。1935年随梅兰芳剧团赴苏联演出，并赴西欧各国考察戏剧教育。回国后在南京参加创建国立戏剧学校，任校长。中华人民共和国成立后在复旦大学、上海戏剧学院任教。主要著译有《余上沅戏剧论文集》及《上沅剧本甲集》等。

对这位集戏剧教育、戏剧创作、导演、理论研究于一身，且成就卓著的一代大家，“中国当代文学资料丛书”之《余上沅研究专集》（张余编，上海交通大学出版社1992年版）对其生平与业绩有较为集中的呈现。其实，余上沅还有一个鲜为人知的身份——华中师范大学校友。因为一些工具书包括《辞海》编纂者有意或无意的“遮蔽”，余上沅的生平事迹是被“选择性记忆”的，与之相伴的就是“选择性遗忘”，他与华中师大重要源头之一的文华书院－文华大学之关系，显然属于后者。因为他在北大仅仅待了2年，而在文华的岁月是长长的8年。倒是余的夫人陈衡粹女士叙述其生平时更为实事求是，全面而细致，还原了历史。在《余上沅小传》（见《余上沅研究专集》）中，她开头是这样写的：

余上沅（1897年10月4日—1970年4月30日），湖北省沙市人，家住沙市九十铺，家境清寒。父亲余晓臣是布店店员，靠工薪维持一家生计。余上沅自幼喜欢看书看戏。七岁时，曾在同屋居住的邻居老中医刘寿林（引者注："林"亦有人写成"龄"）处附读，刘是饱学老秀才，因余当时文才出众，颇受这位蒙师的赏识与鼓励。十二岁时，因生活所迫，辍学到余鸿昌布店当学徒。1912年，因一心想读书，遂离家私出，考入教会办的武昌文华书院，以读书用功、成绩优良，得到学校免费，从中学读到大学二年级，在文华书院八年期间，打下了中文和英文比较坚实的基础。

这里说的文华书院，是1871由美国圣公会创办于武昌的教会学校，起初名为"文氏学堂"，两年后更名为"文华书院"。1903年，文华书院成立大学部，学制3年，首批大学部招收文华书院毕业的9名学生。随后，该书院分为正馆（大学部）和备馆（中学部），学制改为9年，即预科（备馆）从初中到高中6年，大学（正馆）3年。1909年5月，文华书院在美国哥伦比亚特区注册成功，学校正式定名为"文华大学校"，又称为"文华大学"。1911年，文华大学与纽约州立大学达成协议，文华获得学士学位授予权。这年就有9名文华大学毕业生喜获文学学士学位。

追叙这段历史，意在让大家了解当时余上沅上的是什么学校，为什么又一口气读了8年书，同时也能解释为什么他转学到北大英文系仅仅2年即能顺利毕业。同时也证明他是笔者所在华中师范大学名正言顺的杰出校友。华中师大明年将举办120周年校庆，依据正是1903年文华书院大学部的成立。余上沅在文华大学从备馆到正馆攻读了8年，是文华中学毕业生，又是文华大学正儿八经的肄业生，理所当然可以算是华师校友了。

对于余上沅在文华大学备馆从初中到高中6年的学习情况，因年代久远，档案缺失，我们无法知晓。张余《余上沅生平及戏剧活动年谱（简编）》说他“1917年2月文华大学文学院中学部毕业，成绩优异直升大学部”。（见《余上沅研究专集》）以他对戏剧的痴迷，在文华中学丰富多样的社团活动中，肯定会有余上沅活跃的身影。否则他升入大学部以后就很难成为学生会的领袖人物。

他进入正馆即大学期间的经历，现在还有些踪迹可寻。陈衡粹说他“1919年‘五四’运动前后，受到新文化思潮的影响，特别是恽代英等革命前辈的影响，积极参加活动。曾担任文华书院学生会的负责人，约请陈独秀等名流到武汉演讲，传播新思想。以后又作为武汉学生代表之一，到上海出席全国学生联合会会议”。后又到北京开会，经陈独秀介绍认识胡适。因参加学生运动，不容于湖北教育当局；1920年他负笈北上进入北京大学英文系学习，并在此校毕业。进一步查询资料可知，余上沅作为文华大学学生会主席，出面邀请陈独秀、胡适两位名家来武汉演讲（胡适因故未能成行），得到了校长孟良佐支持。陈独秀来汉是在1920年2月4日，这天正是余上沅带人去码头迎接的。次日，陈独秀在文华大学发表题为《社会改造的方法与信仰》的演讲。也正是在文华大学期间，陈独秀结识了负责接待他的校工郑凯卿，将他发展为中国共产党历史上第一个工人党员。周挥辉有专文——《第一个工人党员在文华诞生》（周挥辉编著：《百年华大与百年记忆》，华中师范大学出版社2013年版），对此事来龙去脉考证甚详。关于余上沅在文华大学的活动，最近查到民国八年十二月印行的季刊《文华温故集》，标明有“总编辑余上沅（国学专科）”字样。

新中国成立后，余上沅先后在上海两所高校任教。20世纪50年代因受扬帆案件牵连（扬为余的学生），被逮捕审查近两年后无罪释放，但身心受到严重摧残。“文化大革命”期间，60多岁的余上沅再次饱受折磨，下乡劳动，在贫病交加中含恨去世。他大量珍贵的个人原创文稿、译作手稿，以及其他重要戏剧艺术资料、名人字画等被野蛮损毁或拉走。80年代初，余上沅冤案得以彻底平反。至于作为“杰出校友”的余上沅，他后来与文华大学——华中大学，一直到新中国成立的华中师范大学（高师——师院——大学）有无直接或间接的联系，资料还有待深入挖掘。

2022年9月18日

【附注】

此文微信公众号“出版六家”2022年9月27日推送。华中师范大学出版社资深编辑梅杰转发此文时加了“感言”：“刚来的时候，我就想到应该给余上沅出全集。华师是文科（见长的）大学，培养的文艺类校友名人，余上沅是数一数二的，是当之无愧的文学大师。论文学成就，张光年、沙鸥等作家没有办法跟他比。在华师校友名人序列里，他完全可以跟恽代英、王亚南相媲美。”为余上沅与张光年之比较，梅杰还与咸宁李城外在微信上展开了十分激烈的争论。笔者留言：“梅杰兄文人本色，城外兄局长底蕴。”梅杰还在另一地方留言：“在华大校史上，余上沅没有作为杰出校友是重大失误，从中学到大学，他总共待了8年，还当过大学的学生会主席，与恽代英一起领导了武汉的五四运动。”

附属中学的毕业生算不算大学本部的校友

笔者所在的华中师范大学2023年将举办120周年校庆。为了配合这个“双甲子”的重要纪念活动，学校正在开展各项准备工作，有领导提出了“聚校友、写校史、美校园、铸校魂、立校治、造校品”的所谓“六校工程”。而各学院也首次启动了院系史或院系学科史、学术史的编纂。本人有幸参与文学院此项工作，趁此机会搜集、查寻和阅读了大量本校与兄弟院校的校史著作、历史资料及各种相关读物。

无论是校史，还是院系史，都不可避免要涉及人才培养，尤其是到底有哪些值得大书特书的杰出校友。什么人算校友，什么人不算校友，这似乎不是问题，但在实际中又实实在在是一个问题。在某所大学或本科毕业，或研究生（含硕士、博士）毕业，或博士后出站，自然就是这所大学的校友。如果后来或官位高，或特别富有，或学问了得，或在某个领域做到出类拔萃（如体育、艺术、文学），便是当然的“杰出校友”了。更有从本科到硕士，再到博士一直在某所高校从头读到尾，那就是纯而又纯的正宗校友，这种校友有“三北生”（北大）、“三清生”（清华）之类的称呼。

有一个情况让人为难，那就是大学附属中学的毕业生可否算是大学本部的校友。现如今，全国各地许多顶级的名牌中学往往都是大学附中，如北京的清华附中、人大附中、北师大二附中（大多数重点师大附中都是全国名校）等，无不名满天下，英才辈出。笔者所在的华中师范大学也有附属中学，说起“华师一附中”，那名气、地位、影响比本部无疑更厉害，不仅在湖北，在中南地区，甚至在全国也是响当当的角儿。作为我校前身之一的中华大学，早在一百多年前就办有自己的附属中学（恽代英做过附中主任，实际负责附中工作)，培养出了众多杰出人才。

前些年学校举办100周年、110周年校庆活动，撰写学校历史，编辑纪念画册，建造人物雕塑，进行了丰富多彩的各类形象宣传。其中，往往都会打校友牌，绘群英谱。前些时《中华读书报》(2022年6月22日)刊登了题为《行为世范　百年弦歌——追忆中国私立大学先驱陈时先生》的文章，也涉及校友，其中有这样一段话：

四十年间，中华大学的万名及门弟子遍天下，尤其是培育了政治家刘仁静、陈潭秋、恽代英、林育南、陈昌浩、万国权，哲学家冯友兰，教育家余家菊、王亚南、陈启天，外交家涂允檀，文学家张光年，书法家王遐举等名人俊彦，光耀中华。

这里罗列了13个不同领域的名人俊杰，其中不少都是如雷贯耳、尽人皆知的“大牛”。按照通常的理解，他们都应该是中华大学毕业的，是中华的著名校友，自然也就算是华中师大的校友了。但仔细考辨一下，我们发现真正属于中华大学本部毕业或肄业的仅有恽代英、余家菊、陈启天、张光年、万国权等人，其他的名人多为附中毕业或肄业的，还有的仅仅是在附属中学短暂学习过，可谓“来也匆匆去也匆匆”。

起初引起我关于什么人算校友之好奇心的是冯友兰先生。因为我们自己的校史及多种相关读物大多会提及他大名，有的书上还叙述得极为详细，有专文论说。对这个列入杰出校友者，一开始我便有些疑惑，只是不太了解详情。后来查询相关资料，尤其是他本人生平自述、学术自传，得知冯友兰先生确实与中华大学有关，但关系又不算太大，可否算我们校友还真是一个问题。

且看看“人民资讯”(2011年11月18日)转发的《冯友兰先生与家乡》(载于《南阳日报》)上说他“6岁入家塾读书，之后随父母到武昌读书。1908年11月因父亲去世，他又回到祁仪老家继续读书。……于民国元年春天到开封中州公学上学，同年转到武昌中华学校(后更名为中华大学)，冬天考入上海中国公学。1915年在上海考入北京大学，原报考法科，入学后转入文科哲学门，开始学中国哲学。1918年6月底毕业回河南开封；1919年考入美国哥伦比亚大学研究院哲学系当研究生，开始学习西方哲学，1923年毕业获哲学博士学位。从1901年始入家塾到1923年获哲学博士学位的漫长求学路，饱含了先生的艰辛和汗水。”这段话文字不多，比较简明和准确地概述了冯友兰先生的整个求学经历。只是有一点，冯友兰到中州公学读书一说民国元年即1912年，也有说是1911年或1910年，他本人回忆亦时有出入（可能是两次入读该校）。对于中华学校读书这一节，冯友兰似乎看得不那么重，如《冯友兰为学自述》这样回忆道：

我于1895年生，幼年在家里的私塾里读书。1910年到开封入了中州公学的中学班，1912年到上海入了中国公学的大学预科班。1915年毕业。毕业后考上了北京大学的文科中国哲学门。从此，哲学，特别是中国哲学，就成了我的专业。

接着，冯友兰对他在上海公学、北京大学及后来留学美国哥伦比亚大学的学习、研究、著述等方面情况皆有较为详细的叙述。这里，他在中华学校的学习经历是只字未提，完全“省略”了。而在《三松堂自序》第一部分《社会》的第二章《民国时期》中，冯友兰对武昌求学一段倒是叙述得清楚详明了。他写道：

中华民国成立了。我于民国元年春天又到开封中州公学上学，可是从杨源懋去世以后，学校大不如前，教师的阵容也不整齐。湖北有个绅士名叫陈时，说他奉父命在武昌办了一所学校，叫“中华学校”，以黎元洪为校长。当时黎元洪的威望很高。我想转到武昌上学，写信回去同母亲商量。大概是因为武昌是旧游之地吧，一说母亲就同意了。我就到武昌上了中华学校。校舍是原来的粮道衙门。这所学校后来改名为中华大学，出了一个有名的学生，就是恽代英。我在中华学校不久，又听说上海中国公学要招生了。……（中国公学）创办的时候，也出了一个有名的学生，就是胡适。在辛亥革命的时候，中国公学也停办了。这时候中国公学又恢复招生，推举黄兴为校长。用黄兴的名义向各省发出电报，叫各省选派学生。河南省很重视这件事，打算选拔二十名学生，到上海中国公学上学，每人每年发官费二百两银子。河南省决定以后，发出通告在开封招考。我同几个同学回到开封应试，被录取了。我就于民国元年的冬天同其余十九人一起到上海，进入中国公学。

可见，冯友兰确实于1912年从开封的中学转到武昌中华学校就读（作为大学的中华大学1915年才获得教育部立案批准），应该是夏来冬去，前后大约有半年时间，若算上其间回去备考应考、假期等，估计实际在中华学校的时间是三四个月，也就是我们通常的一个学期（或不到一个学期）。这里，冯友兰虽然对读中华学校的来龙去脉讲得清清楚楚，但丝毫没有提哪个对他后来有影响的教师，哪个与他一生学术上相互激励的同窗，哪门使他终身受益的课程。因此，他在后来填写个人履历、晚年撰写学术自传中，常常略去在中华学校的这段短暂的求学经历。看来，我们华中师范大学校史，主动把冯友兰先生列入杰出校友“光荣榜”，倘若他九泉有知，估计不一定会认账，至少会有些犹豫的。

窃以为，大学的杰出校友认定不要随便把附属中学毕业生、肄业生算进去，更不要把仅仅在附校短暂留下一点痕迹者列入。对于某些老牌大学且一直延续至今的，而当年大学及附属中小学一体化程度较高，特别是先办中学再办大学者（如南开中学—南开大学），先有留学预备学校后有正规大学者（如清华学校—清华大学），校友的算法在某些特殊阶段（如晚清民国时期）理当考虑自身特殊历史情况。但大多数高等学校，尤其是后来分分合合，多次变化的大学，校友如何算可能需要更加谨慎一些，标准宜从严掌握。据我所知，中华大学附属中学后来完全独立了（今天的华师一附中撰写校史也并不以中华大学附中为自己的前身），而中华大学本身也于1952—1953年的全国院系调整中建制撤销，不同学系分别并入华中高师—华中师院、武汉大学、中南财经学院和华南工学院等。中华大学进入华中高师（公立华中大学更名而来）的主要有国文系、化学系，还有此前已经并入湖北教育学院的教育系。历史上的中华大学鼎盛时期曾有13个系2个专修科，今日华中师大确实只是部分地继承了老中华大学的衣钵。而在1952年院系大调整之前的1950年，中华大学外文系、数学系就并入了武汉大学；而1952年，中华的财经系和会计、统计、银行三个专修科调并入湖北省高级商业学校；另有化工、土木、水利几个专修科，或并入其他学校，或停止招生了。

如果历史上本校前身之一的附属中学学生可以算的话，那现在附中的毕业生不是更有理由算成大学本部校友吗？约70年来，华中师大一附中（过去还有二附中）培养数以十万计的毕业生，堪称栋梁之材的人才估计还在大学本部之上。笔者进到华师一附中网站，查看“校友会”中“知名校友”一栏，可谓人才济济，群星璀璨，熠熠生辉，那气势肯定超过大学本部。且看最后一页16人中的最后6个人：（1）陈小娅，1969届校友，曾任教育部副部长。（2）冯天瑜，1960届校友，著名历史学家，武汉大学资深教授，首届湖北社科名家。（3）杨叔庸，1966届校友，华南理工大学建筑设计研究院教授级高级工程师、副总工程师，詹天佑土木工程奖获得者。（4）龙乐豪，1958届校友，航天技术专家，中国工程院院士，国家月球探测工程副总设计师。（5）万惠霖，1958届校友，物理化学家，中国科学院院士。（6）易中天，1965届校友，著名学者、作家，厦门大学教授、博士生导师，武汉大学特聘教授。

在华中师大一附中，像这样的杰出校友数以百计，甚至更多。好在本部校史编写、校庆活动中，皆没有“傍大款式”地将他们列入大学杰出校友名录。再说，如果把附属高中毕业生算作本部校友，那附属初中的毕业生，甚至附属小学的毕业生（还有幼儿园），连锁性地拉入大学本部校友大家庭，岂不有些幽默！

笔者也注意到有的大学校友会章程，确实有附属学校毕业生也算在校友中的。但实际操作起来会很麻烦，也会引发极大争议。既然现今附属中学毕业生无论多么杰出或优秀，一般都不再轻易纳入本部杰出校友群英榜，那么绝大多数大学前身历史上的附校毕业生或肄业生也当从严把握，不宜攀龙附凤，任意选取。有鉴于此，我个人以为学校的120周年校庆，在“聚校友”方面应进行正本清源，始终坚持原则与标准，实事求是。至于附属中学、小学的简史，附校杰出校友名单与事迹完全可以编入“附录”中，或另外独立撰写、刊行、设榜。以上只是一管之见，求教于方家。

2022年9月1日

【附注】

此文微信公众号“出版六家”2022年9月13日推送。有一素不相识的校友（网名“二麻木”）留言写道：“范老师，您好！我是华中师范大学1962级校友。我十分赞同您的见解，也很佩服您敢于直抒己见的勇气。其实您的这个看法正是我们学校校训‘求实创新　立德树人’的题中之义。做人做事都要实事求是，夸大其词、随意攀附不是好的风气。君子所不为也。”

偷偷写论文做学问的桂子山学人

前两天，人民出版社的编辑朋友寄来我与曾君建辉合著的《中国出版家周振甫》书稿清样。校阅书稿时，不觉联想到眼下一些实际，便特别注意写钱锺书先生《管锥编》时的这么一段文字：

《管锥编》是钱锺书先生在“文革”中“偷”空写下的巨著。在造反派的眼皮底下抓紧一分一秒的时间，偷着看书，偷着写作。就连最主要的参考资料——自己的读书笔记都是“偷”出来的。钱锺书、杨绛夫妇从干校返京后，原来的住房被外人强占，积累多年的记录读书内容和心得的多本笔记也被封锁在原来的房间里。杨绛不敢回家取，就叫上了几个文学所的年轻人，趁那对夫妻外出不在时，一齐进去拿。拨开堆积多层的尘土，将整整五大麻袋的读书笔记运了出来。钱锺书就以这些素材为基础动笔写作。经过艰苦努力，一九七五年在借住的办公室里，钱锺书完成了《管锥编》。这是一部汇聚他多年心血的传世经典，也是一部研究古籍的学术札记，内容以古书为引，通过作者博览万卷、贯通中西的广泛阅读，将各个人文学科打通，在解读古籍时通训解诂、推源溯流、连类征引、交互映照、契悟神通。全书涉及七种语言，引述了四千位著作家的上万种著作中的数万条书证，涉及学科十余类，总字数达一百多万。

1979年8月，《管锥编》前4册在中华书局正式出版，后来又出版了1册“补编”。这套书的分量之重、水平之高、影响之大，如今学术界都已十分清楚。就是这一巨著，居然是“偷偷地”完成的。其实，在那“读书有罪”

“知识有罪”的特殊年代，偷偷读书，偷偷写论文、写论著的，也还大有人在。笔者所在的武昌桂子山，就很有几个坚持偷偷写论文、编著作，冒着极大危险读书做学问的教授。钱锺书的父亲钱基博先生当年是华中师范学院（1985年更名华中师范大学）历史系教授，1957年以“极右”分子之身去世。倘若他在，也还想继续写论文做学问，那也只能是偷偷进行了。章开沅先生在口述自传中回忆，他20世纪60年代初期完成的《张謇传稿》如果不是藏到地板下面，很可能就被红卫兵造反派抄家时付之一炬了。为了避祸，钱基博先生的家人就将他那些珍贵的几十上百本日记悄悄销毁，成为不可弥补的遗憾。但在那个疯狂的年月，知识分子是“臭老九”，钱基博这样的学问大家自然是“反动学术权威”，留下他的日记、书信、手稿，等于留下了祸患或祸根。后人若能回到历史现场，想必不至过分苛责其家人胆小怕事。

钱基博先生的历史系同事张舜徽教授，是一位视学术为生命的杰出学者，是一代国学大师。我们在《桂子山学人的心理定力》一文中，专门讲到章开沅先生所述的，作为“反动学术权威”的舜徽先生如何在“文革”艰难困苦环境中坚持著书立说，特别是在低矮潮湿、冬冷夏热的斗室（由浴室改建）里写就鸿篇巨制《〈说文解字〉约注》，这部200多万字的著作光誊抄就写秃了50多支毛笔。章开沅先生回忆说：

张先生是“反动学术权威”，在我被揪出来成为“活老虎”之后，他被称为“死老虎”。在“群众专政”阶段，张先生也被关进牛棚，也接受过大大小小的批斗，甚至还被学校的工人辱打过。不过，由于他当时已经年近六旬，又不是“活老虎”，还是受了一点关照。在牛棚住了一段时间之后，允许他白天蹲牛棚，晚上回家休息。再往后一点，则将他全家赶入由澡堂改造的陋室之中，批斗当然还是少不了，但没有让他参加劳动改造。（章开沅口述、彭剑整理：《章开沅口述自传》，北京师范大学出版社2015年版）

就是在这“夏天如蒸笼，冬天如冰窖”的真正“陋室”中，张舜徽先生分秒必争，刻苦治学，笔耕不辍。他夜以继日地偷偷读书，偷偷写作，从不间断。有学者说，张老当是粉碎“四人帮”以后在20世纪80年代出版研究论著最多的学者之一。他那些著作井喷式地接连出版，其实基本都是在那一时期偷偷写就的。1979年是新中国成立30周年，笔者在当年院报《华中师院》（10月12日）上，读到这样一则消息：

张舜徽教授向国庆三十周年献厚礼

本刊讯　举国庆贺建国三十周年之际，著名历史学家、我院历史系教授张舜徽将总计三百七十多万字的十种专著出版稿献给党和人民。这些专著是《〈说文解字〉约注》《广文字蒙求》《郑学丛著》《史评三书平议》《中国封建社会之分析》《周秦道论发微》《周秦政论类诠》《劳动人民创物志》《中国校雠学》《清人笔记辨》。

这些出版稿大都是他在“文化大革命”以来，头顶“反动学术权威”大帽、身居陋室、伏案十年、呕心沥血写成的，熔铸着他关注祖国科学文化的深情和不可动摇的信念。

所谓“梅花香自苦寒来”，这不是最好的诠释么?！张舜徽先生在那个特殊年代以顽强毅力、过人勤奋克服重重阻力，以只争朝夕、时不我待的精神著书立说，不仅成果累累，还成为改革开放后“历史文献学”这一学科的开创者。最近，有朋友在网络上转发《改革开放以来中国首批文科博导名单一览》，这是国务院学位委员会于1981年11月30日的《公报》发布的。据有关资料显示，1981年，国务院学位委员会发布了首批博士生指导教师名单，共计1196人。他们是自19世纪末西方教育制度引进中国以来，中国大陆历史上的第一批博士生导师。首批博导的遴选程序极其严格，列名者堪称一时之选，一定程度上代表了当时中国学术最高水准。上述《一览》显示，全国首批文科博导仅有136人（分布在北大、人大等22所大学，中国社科院、中科院古脊椎与古人类研究所、中科院心理研究所、中国艺术研究院等专门研究机构。此数据是否准确，还需论证）。华中师范学院张舜徽（历史文献学）、章开沅（中国近现代史）两位教授成功当选，这在当时是非常高的荣誉，体现了他们崇高的学术地位。

如果张舜徽先生没有学术的信念，没有坚强的意志，没有陋室中的拼搏，他也许就会像大多数教师一样随波逐流、随遇而安，最后庸碌无为、一事无成。章开沅先生心中定格有“两个场景”，一个是张舜徽先生在陋室拼搏的场景，另一个是在三号教学楼众教师天天“鏖战”（下棋）的场景。华师历史系在桂子山西区的一号教学楼。“文革”期间，“一号楼被改为华师的‘文革’指挥部之后，历史系搬到三号教学楼，在其中的一间房里摆着一副战棋。很多老师在那里‘鏖战’过。小将们‘武斗’时，作为革命群众的老师们在那里下棋；当我们被关在牛棚里写检查的时候，他们在那里下棋；当我们写完了检讨，在历史系资料室找书看的时候，他们在那里下棋；当我们头顶烈日在桂子山上抗旱的时候，他们在那里下棋；当我们被下放到农场接受改造的时候，他们还在那里下棋。”（章开沅口述、彭剑整理：《章开沅口述自传》，北京师范大学出版社2015年版）可以从语气中听出来，章开沅先生对那些屈服于外在压力、天天虚度时光的教师们是深感惋惜的。他接着写道：

他们没有注意到，磨损掉的，不仅仅是棋盘的格线，还有自己的青春。“文革”开始的时候，造反派的老师一个个意气风发，青春年少。等到“文革”结束的时候，他们却两手空空，一无所长。磨损掉的棋盘格线尚可补画，磨损掉的青春却无法弥补。于是，很多人要么继续蹉跎岁月，要么唉声叹气，宣称自己也是“文革”的受害者，是被耽误的一代，更有少数人反其道而行之，怀念“文革”，歌颂“文革”，以此证明自己一贯正确，唯我独“辈”，年轻时并不荒唐。（章开沅口述、彭剑整理：《章开沅口述自传》，北京师范大学出版社2015年版）

同样的大时代，同样的小环境，同在一所大学和一个院系，教师们仍旧有不同的应对，不同的活法，自然就有了不同的结局与命运。章开沅先生在敬重、佩服舜徽老的同时，对那些浑浑噩噩、怨天尤人之辈很有点“哀其不幸、怒其不争”。我们注意到，虽经历同样的时代境遇，但仍然有学有所成、卓然成家者，他们大都有“偷偷地”写论文搞研究的经历。华师语言研究所教授、著名语言学家邢福义是桂子山另一个在特殊岁月偷偷写论文的典型。汪国胜教授谈及邢先生《寄父家书》（商务印书馆2018年出版）一书时这样写道：

《寄父家书》客观地反映了邢福义先生的为学和为人，每篇家书都浸透着一个“实”字，展现出邢先生鲜活的人生。邢先生扎扎实实地治学，老老实实地做人。他求知的刻苦，治学的坚毅是令人敬佩的。“文革”时期下放农村，他白天劳动，晚上躲在蚊帐里偷写文章。上世纪70年代，没有电扇，没有空调，酷暑时节，他肩搭一条毛巾，脚泡一桶凉水，从早到晚，伏案不止，撰述《词类辨难》。1996年夫人中风住院，他每天上街买菜，做饭送餐，忙完病人，就坐到电脑桌前，赶写《汉语语法学》。邢先生有句话：“抬头是山，路在脚下。”这已成为我们语言所的所训。（《〈寄父家书〉：邢福义先生的家国情怀》，载于《中华读书报》2018年11月21日）

邢福义先生把“文革”十年称为自己的“偷学”阶段。附带一提，著名漫画家丁聪20世纪50年代被划为“右派分子”发配北大荒后，也曾有过偷偷画漫画的经历；作家冯骥才在“文革”时期也是忍不住偷偷写作，写了藏，藏了烧，烧了忍不住还要偷偷再写；还有王世襄先生，在自称为“坎坷蹉跎三十年”时期，“只能偷着研究、工作”，研究对象是明清家具、竹刻、鸽哨、葫芦等民间工艺。就我所知，桂子山像张舜徽、章开沅、邢福义这样“偷学”“偷写”者，那时候还有不少。如教授西方哲学的韦卓民先生，“文革”十年正是他的学术丰收季、高峰期。他关于黑格尔、康德哲学的许多论文、著作、译著就是在那样一个毫无学术动力与研究气氛的环境下悄悄完成的。而从事中国哲学教学与研究的詹剑峰先生，坚持偷偷地继续他的老子研究、墨子研究。

我们知道，大学教师与中学、小学教师是很不一样的，不一样在于他不仅要传授知识，还要生产（创造）知识。即便是传授知识，大学教师也只有以学术研究为基础，才能更高层次、更有深度和效果地进行传授。不能写论文、做研究的大学老师，绝不是好老师。社会上误以为高等学府人人会写论文，个个满腹经纶，院系诸人一定著述汗牛充栋；其实不然，一般的大学，教师中能有约三分之一者愿写、能写，也写出和发表了高质量论文，就算很不错了。如今，进行教育评价、学术评价的改革，破“四唯”“五唯”，尤其是最近开展破除“唯论文”导向的专项治理，这本来是好事，但身处高校的不少学者和干部，都很担心那些不爱学术、不写论文的南郭先生型老师有了理直气壮不写论文的理由，有了更大的投机钻营空间和更加滋润的阳光雨露，甚至出现劣币驱逐良币的现象。怕就怕“唯”没有真正被破除掉，反倒把“论文”破成了一堆瓦砾、满地鸡毛。

最近，在学校召开的党代会上，与会代表在分团讨论时自觉或不自觉地说到了破“唯论文”问题，不少老师担心“专项检查”一来，本来愿写、能写也写得出并发表了不少好论文的老师，从此也不敢写、不想写了，久而久之不能写、不会写了。因此，会上有一文科学院的院长不无忧虑地说，希望我们的老师要保持清醒的头脑，要有学术定力，坚持认真写论文，多写高质量有创新的真论文、好论文。

众所周知，科学研究是大学的三大功能之一。它过去是，现在是，估计将来也还会是。失去了科学研究功能的大学还是大学吗？没有科学研究能力的大学老师还是合格的大学教师吗？就人文社会科学来说，能反映一个学者学术能力和水平，展示其学术价值与贡献的，无疑是研究论文（专著不少是可以拆分成论文发表的），而不是其他远离学术本质的各种花样翻新。

2020年12月29日

【附注】

此文微信公众号“出版六家”2021年1月19日推送。网友“方中一”留言：“范老师把‘学问不为媚时语’的华师几位大师风骨写得悲壮感人！”

国学大师张舜徽的阅读生活

张舜徽先生（1911—1992）是没有受过现代学校教育制度训练、没有获得任何文凭而主要靠家学渊源以及长期刻苦自学而成为一代国学大师的。张老一生读书、著书、教书，传承学术，成就卓著，泽被后人，其学术人生是将读书与治学融入了生命的。

说张舜徽是“读书种子”，应该一点不为过。他曾多次谈及自己读书的爱好和兴趣，读书的经历与收获。张老哲嗣张君和《张舜徽先生小传》中说，“先生刻苦自学出身，一生自少至老唯从事读书、教书、著书。出生于书香门第，家中藏书颇多，为其少年时代的自学创造了有利条件”“十七岁时，父亲去世，乃游学长沙。后又被四姑父余嘉锡招往北京，住于其家。于是每日赴北海图书馆读书，自朝至暮，日有定程。当时余嘉锡在几所大学任教，名重一时，与之交往的学者专家甚多。经余嘉锡介绍，张舜徽认识了不少通人硕学，得到多方指教，学问由是日有长进”。此后，张舜徽几十年如一日，爱日以学，如饥似渴。他自己总结读书治学时就曾强调“恒心、毅力、耐性、信念、傻气五者，是坚持研究工作的重要条件”。他现身说法：“我在长期自学过程中，是有几分傻气的。少年时期读古文辞，喜诵长篇气盛之文，手抄熟读，不知费了多少心力。稍长，又喜阅览大部头书，从无畏难退缩之意。想起十九岁时读《资治通鉴》，日尽一卷，有时也可二卷，经过七个月的时间，将二百九十四卷的大书读完了，并且还写了简明的札记。后来年龄稍大，又发愿要通读‘二十四史’，不畏艰难，不避寒暑，坚持不懈地认真去读。从《史记》到《隋书》，都用朱笔圈点，读得很仔细；从新旧《唐书》到《明史》，也点阅了一遍。整整花了十年时间，终于读完了这部三千二百五十九卷的大书。”可见，读书方法是重要的，但精神、态度更重要。

就具体的读书活动来说，讲求方法也是极为重要的。张舜徽结合自身读书实践，着重强调了以下几个方面。首先是练好基本功，尤其注重动手抄写。他回忆说：“我十几岁时，发现张之洞《书目答问》里讲过：‘由小学入经学者，其经学可信；由经学入史学者，其史学可信。’恍然悟到做学问是有次第步骤的。前人称文字、音韵、训诂之学为小学，小学是研究本国文史之学的基础，不把这些基本功练好，读书是无从下手的。”学习古代文史也好，现代文化知识也好，语言文字那种“小学”基础是必须打牢实的。在写作方面，张舜徽同样强调基本功的训练。在父亲的教导下，张舜徽小时候从唐宋人的作品读起，而且特别注重读韩愈、王安石、苏轼等人的长篇大论，手抄熟读，积学养气。进而回溯先秦两汉名文，皆手抄成册，反复诵习。其次，读书治学要懂得取舍，集中精力于主要目标。张舜徽特别强调“有所取必有所舍，不要因其他爱好分散治学精力”。他说自己少年时期读了古人的诗词以后，也喜欢舞文弄墨，写诗填词。到21岁站到教书岗位上，平日里讲课，批改作业，还要挤时间读书，忙得不亦乐乎，感到没时间去强记故实，推敲字句，进而把诗词创作搞好。他下定决心，与诗词绝缘。四五十年间，从不写诗填词。也就夺回了许多精力时间，专用于做学问的方面去，成效是很大的。在现在人人喜欢写诗、喜欢在网上传播诗的时代，张先生的经验或许可给人一些警醒作用。此外，张舜徽特别强调读书不都是轻松愉悦的，要敢于扎死寨、打硬仗，有攻坚克难的勇气和办法。

张舜徽谈读书方法还不止于此，比如他主张读常见书、读基本书，读书不能读死书、死读书，若要了解星宿方面的知识，需要懂得仰观天象等；对于难懂的书，采用两书或多书对读；对于佶屈聱牙的书，尝试翻译成现代汉语加以理解；读书要细心，要敢于究诘和问难；对于目录学上称为“书皮子书”的，可用“借而不读”法，知道书名、封面即可。他特别强调除了书本，还要多读“无字书”，了解社会，深入实际，不断丰富自己的见闻，扩大自己的知识领域。

2022年是张舜徽先生去世30周年。这位20世纪后半叶的国学大师正是那种“书比人长寿”的一代巨擘。前些年，华中师范大学出版社刊行了《张舜徽集》20卷，另有《壮议轩日记》等。其著作还由很多家海内外出版机构出版，有兴趣者可以进一步阅读和了解。

【附注】

此文原载于《阅读时代》2022年2月（下半月）号。

张舜徽先生的漂亮文章

古人喜欢说义理、考据、辞章，三者兼备的学人才是通才，是大家。张舜徽先生就是这样一位三者兼备且四部皆通的学术通才和文章大家。谈张先生论著中的义理与考据之学者不少，注重其辞章之美的似乎只有刘梦溪等少数几人。这里我们就专门谈谈舜徽老的“漂亮文章”。

谈及台湾当代散文大家陈之藩，华东师大陈子善老师有如下评价：“文字清澈而又多姿，白话散文能写得像他这样纯净明丽，如行云流水般，实不多见。”（陈之藩：《剑河倒影》，浙江人民出版社2000年版）就我所知，大陆的老辈学者中季羡林先生、宗白华先生的白话散文也都是写得十分漂亮的。舜徽先生虽然也写白话文，但最擅长的还是文言写作，他的文言作品，就笔者有限的见识，在当代学人中实属少见，即便是放眼整个现代学术文化界，能出其右者亦不多。

传统的治学讲求“才、胆、识、力”，尤其是重视所谓“学识”，即有学有识。刘梦溪认为“才、学、识”中，“识”最难，亦更可贵。他在《学兼四部的国学大师——张舜徽先生百年诞辰述感》一文中论及张老的学识，对其著述中的义理、考据、辞章均有精到评述：

张舜徽先生的独断之识，见于他所有著述，凡所涉猎的领域与问题，均有融会贯通之解。以本人阅读张著之印象，他似乎没有留下材料之义理空白。他的学主要表现为对中国固有典籍烂熟于胸，随手牵引，无不贯通。如果以考索之功例之，则张氏之学，重在典籍之文本的考据比堪。义宁之学的诗文证史，古典今情，宜非其所长。但二百万言的《说文解字约注》，又纯是清儒《说文段注》一系的详博考据功夫。《约注》一书，可见舜徽先生积学之厚。至于文法词章，置诸20世纪人文大师之列，他也是可圈可点的佼佼者。他文气丰沛，引古释古，顺流而下，自成气象。为文笔力之厚，语词得位适节，断判出乎自然，五十年代后之文史学人，鲜有出其右者。这既得力于他的学养深厚，也和年轻时熟读汉唐大家之文有关。他尝着意诵读贾谊《过秦论》《陈政事疏》等长篇有力之文，以培养文气。虽然，张先生长于为文，却不善诗词韵语，或未得文体之全，但亦因此使张学无纤毫文人之气，实现了《史通》作者刘知几说的“耻以文士得名，期以述者自命”的“宏愿”。

刘勰在《文心雕龙·征圣》中说：“志足而言文，情信而辞巧。”大意是思想要充实而言辞要有文采，感情真诚而文辞巧妙精美。刘勰把这看成文章写作的基本法则。张先生治学为文，是当得起这十个字的。舜老一生著述大多是著作，一些笔记体论著分开就单篇来看，都是很漂亮的学人小品。且举两例：

陈群虽显贵，终身自奉俭约如寒素。平生教诲子侄诸孙，亦时以攻苦食淡为训。尝谓衣食随分，有五觔棉花，便可过冬；人日进粥二瓯，便可撑肠。解得此意，怡然自乐。第一要有胸襟，读书固要苦心，然须会寻乐趣。（张舜徽：《清人文集别录》卷五《香树斋文集（二十八卷）续钞（五卷）》，华中师范大学出版社2004年版）

余尝考论清代学术，以为吴学最专，徽学最精，扬州之学最通。无吴、皖之专精，则清学不能盛；无扬州之通学，则清学不能大。然吴学专宗汉师遗说，屏弃其他不足数，其失也固。徽学实事求是，视夫固泥者有间矣，而但致详于名物度数，不及称举大义，其失也偏。扬州诸儒，承二派以起，始由专精汇为通学，中正无弊，最为进之。（张舜徽：《清代扬州学记》序，华中师范大学出版社2005年版）

舜老高足张三夕教授称其文章漂亮“在于学术文章写作的文辞精准，表达之概括力强，最典型的例子是《清代扬州学记》序里分别用一个字概括清代吴学、皖学、扬州之学的特点”。知人论世，辨章学术，考镜源流，何其要言不烦，举重若轻，收放自如。

张老用心写作的学术专论，还有其他文史随笔，堪称篇篇精彩，字字珠玑。2011年在武汉举行的纪念张先生百年寿辰学术讨论会上，刘梦溪先生的报告给我印象深刻。他说张先生是“那个时代第一流的人物”，是有绝大气象的“大儒”，有着“成其大”“得其通”“文笔盛”的学风特点，才、学、识三者兼于一身，堪称20世纪中晚期国学家的典范。由于没有开会记笔记的习惯，刘先生当时讲“文笔盛”的一段发挥现无从查询，网上也没能找到。

张舜徽先生“文笔盛”，从其所撰《晴川阁修复记》（载于刘梦溪主编的《中国文化》1995年第2期）可见一斑，文章开头是这样写的：

大江发源青海高原，会纳百川，浸成巨渎。及入巴蜀，流益湍疾，白涌碧翻，激浪高起，于是排千岩，穿三峡。乘其奔腾之势，一泻千里。然后水面加阔，平流东进以达于海。全程六千三百公里，所历大都小邑以百数。沿江景物如画，各有攸胜。若论风光之明媚，形势之雄奇，盖未有过于武汉者，以有黄鹤楼、晴川阁夹江而峙，可收上下四方之壮观于眼底也。

汉阳龟山，旧名大别。其东麓有禹功矶，相传为大禹治水成功处，后世为禹王祠祀之。明嘉靖间，汉阳太守范之箴，始建阁于矶上，取崔颢“晴川历历汉阳树”诗意，名之曰晴川阁。与屹立武昌蛇山之黄鹤楼南北向望，无殊大江锁钥，故昔人重之。

接下来，张老写武汉水陆四达，为兵家必争之地，导致此地楼或阁迭遭毁损，再修再毁。晴川阁到1934年再次毁于暴风。直到改革开放后，武汉市人民政府重建黄鹤楼将成，乃谋重修晴川阁。作者抚今追昔，描摹胜景，发抒感慨，无不情景交融，论议风发，气韵生动，让人有身临其境之感。张老这篇有名的《晴川阁修复记》由他亲自手书刻碑树立于晴川阁内。

读张先生文章，常有增一字嫌多、减一个嫌少之感，其文其书无处不妥帖安稳，无处不精到纯粹。其用字之精准，遣词之雅洁，结构之谨严，风格之清通，宛若行云流水，自然天成，处处让人称绝。《八十自叙》何其精炼而又全面，《爱晚庐随笔自序》又是何等简洁雅训，且抄录其中一段：“近数十年来，自讲学著书外，以对客之时为多。身居校园，老友新交与夫及门后进，相从讨论旧闻，请质疑义者，几无虚日。亦有海内耆宿，过汉造访；他邦硕彦，怀刺叩门。坐定之后，纵论学术。或评古人之成败得失，或品旧籍之高下良窳；或析文字，或谈训诂；或及周秦诸子，或涉历代儒林；或言养生之道，或语为文之方。所问虽杂，吾必一一答之。客既退，取其稍可存者，分条纪录，初亦无义例也。昔洪迈撰《容斋随笔》，曾自题其端云：'意之所之，随即纪录，因其后先，无复诠次，故目之曰随笔。'窃师其意，故亦以随笔名书。”短短几行文字，本书写作的缘起，书中的内容，书名的来由，交代得清清楚楚，毫不拖泥带水。

张舜徽先生能写一手漂亮文章，得益于从小打下的扎实基本功。他在《自强不息　壮心未已——略谈我在长期治学过程中的几点体会》一文中回忆说：

当我少年时期，父亲经常教我：一个人如果不能把文章写好，甚至不能记载自己的思想语言，虽有很高的学识，无由表达出来，是极其痛苦的事。他教我学文，先从唐宋人的作品读起，认为那时期的文辞，明白宣畅，好懂易学；且宜多读长篇有力之文，以舒其气。因选定王安石、苏轼的万言书，以及韩愈的长篇文字，教我手抄熟读。后又上溯贾谊《陈政事疏》《过秦论》之类的名文，我都手抄成册，反复诵习。这时用勤写日记的办法来练习作文，在日记中，也可写长篇论说或记事之篇。积之既久，日起有功，下笔为文，也就条畅多了。

舜老教人如何写好文章，一再强调要多读前人的好文章，如熟读唐宋八大家的文章，其中特别推崇韩愈、欧阳修、苏轼、王安石四家，“先诵其短文，而后读其长篇，必须高声朗诵，以舒其气势，兼领悟其用字造句布局之法，而后可以动笔为文。文章本乎天籁，惟熟读深思，可以默喻于心，运用于手，不期而合乎规矩准绳，固非一朝一夕之故也”（张舜徽：《爱晚庐随笔·唐宋八大家》，华中师范大学出版社2005年版）。张先生另有一篇讲话，题目叫《关于作文、读书、讲话等问题——一九六二年三月十五日对华中师范学院历史系学生的讲话》，里面谈道：“练习作文，是一件重要的工作。过去有许多老先生，能背诵数百篇的古文，但是连便条都不会写。”张先生认为“提高自己写作的最好办法是经常写日记”。（张舜徽：《霜红轩杂著》，华中师范大学出版社2009年版）他的《壮议轩日记》即可为证。

张先生注重积学养气，强调既读“有字书”，也读“无字书”，还要勤于练习，刻苦自励，如此文章自然越写越好，越来越气象超凡。他特别重视“文气”，这其实是中国古文的一个优良传统。汉魏时期曹丕“文以气为主”之说得到后世学者文人广泛认同，清代钱泳曾经指出：“诗文家俱有三足，言理足、意足、气足也。盖理足则精神，意足则蕴藉，气足则生动。理与意皆辅气而行，故尤必以气为主，有气即生，无气则死。”张舜徽先生深知“为文之道，主乎其气”，认为曹丕“文以气为主”之说为“达本之论”，得“为文根要”，并主张学者要“能为畅达之文”，具阳刚之美。我们读他的文章、著作，确实有理足、意足、气足的审美感受。现如今，能写出这等元气淋漓、理足辞盛的漂亮文章者，实在是很难找到了！

2021年12月14日

（致谢：本文写作得到张三夕、阮忠两位教授的帮助）

【附注】

此文微信公众号“出版六家”2021年12月21日推送。旅美作家程宝林留言：“熟读唐宋大家之文以养气，今笃行者几人？”张老孙媳余杉微信留言：“范老师，您好！张先生的女儿们看到此文后，一是非常感谢您能为先生撰文，二是嘱我对文章中提及的《晴川阁修复记》的表述欠妥处予以转告。‘张老这篇有名的《晴川阁修复记》刻碑树立于晴川阁内，由著名数学家、武汉大学教授李国平院士书写，堪称珠联璧合，相映成趣。’实际上该文的书写为张先生亲自手书小楷，并非由李国平院士书写。”笔者去晴川阁是几十年前的事了，记忆有误，张三夕教授也指出此点；这一差错后来文章正式在纸质出版物刊行时已经纠正。此文题目改为《张舜徽先生的文章艺术》，载于汉口学院主办的《校园文化研究》2022年第2期。

三十三岁的张舜徽是怎样当上大学教授的

今年8月5日是一代国学大师张舜徽先生110周岁冥寿。笔者所在《华中师范大学学报（人文社会科学版）》专门刊发了一组3篇文章以示纪念，有兴趣的朋友可以查阅。记得30年前的8月25日，老人家亲笔撰写了《八十自叙》，对自己平生读书、教书、著书经历有极为简约而完整的论述：

家世学业，祖若父皆喜聚书。两世所藏，四部常见之籍略备。幼时读书家中，先君子亲授经传文字、训诂诸书。早在童稚，即闻鸡而兴，嗜学不怠，一生早起之习，实始于此时。年十有七，遽倾严荫，于是负笈出游，求师觅友。及旅居燕蓟，博访通人，公私藏书，得观美富。弱龄还湘，为中学师，讲授之余，伏案不辍，教学相长，期于积微末以至高大。未几而倭寇入侵，流离转徙，生资荡然。从行惟骨肉数口，旧书一囊耳。身历百艰，仅得不死。年过三十，始都讲上庠，四方奔走，由是历丁壮迄乎耄耋，以教学终其身。生平无他事可述，讲习之外，唯读书数十年，著书数十种耳。（张君和选编：《张舜徽学术论著选》，华中师范大学出版社1997年版）

从《自叙》可知，张舜徽是没有受过现代学校教育制度训练、没有获得文凭而主要靠家学渊源，以及长期刻苦自学而成为一代国学大师的。从1932年起，20岁出头的张舜徽在家乡湖南长沙多所中学高中部任文史教员，前后达10年之久。自1942年9月起，他开始到大学任教。在湘期间，曾先后任蓝田国立师范学院讲师，北平民国大学教授、国文系主任，直至1946年移砚兰州大学（同时兼任西北师范学院）教授、中文系主任。要知道，这位无学历、无文凭、更无留洋经历的“三无”青年，担任大学教授时才33岁。而在兰州大学成为最年轻的部聘教授之一时，也刚刚35岁。新中国成立后，张舜徽一直任教于湖北武汉，在华中师范大学（及前身中原大学、华中大学）数十年直至去世。1982年，张老任历史文献学博士生导师，开始招收博士生。当时，全国任此专业博士生导师的仅他一人，他是这个学科最重要的开创者。张老领衔申报成功的历史文献学，其实就是国学。他一生刻苦读书、勤奋著书、用心教书，传承学术，成就卓著，泽被后人。

张舜徽先生在《自叙》中说自己“年过三十，始都讲上庠”，其实也就是30岁起到大学（“上庠”）任教。他起初是到国立师范学院当老师，钱基博、钱锺书父子当时都在那里任教，《围城》中的三闾大学就有这所大学的影子。张先生是怎样从一名中学文史教员“华丽转身”为高等学府教师进而成为大学教授的呢？起初，他是在长沙的文艺中学（即现在的长沙六中）任教，同时还在兑泽、雅礼等中学兼课。抗战兴起后，文艺中学迁到湘乡的杨家滩。张先生几经转折，从湘西来到湘乡再次应邀加盟文艺中学，在高中部教课。这里离蓝田国立师范学院也就几十里路程，两位湖南籍德高望重的著名学者骆鸿凯、马宗霍联手把青年才俊张舜徽推上了大学讲坛。毕业于北大的骆鸿凯（字绍宾，1892—1955），曾任教于南开、北师大、武大等名校，后任湖南大学与国立师范学院教授，兼湖南大学中文系主任。他精通文字音韵之学，其《文选学》一书至今影响都还很大。马宗霍（1897—1976）先后师从曾熙、王闿运、章太炎等，历任暨南大学、金陵女子大学、中央大学等校教授，后任蓝田国立师范学院国文系主任，湖南大学文学院院长。对于两位湘贤如何引荐张舜徽，李绍平《张舜徽先生与近代湘贤的交谊》（华中师范大学历史文献研究所编：《张舜徽百年诞辰纪念国际学术研讨会论集》，华中师范大学出版社2011年版）中有过详细论述。

舜徽先生与二人交往密切，而以识骆翁为早。其《忆往编》云：“舜徽早岁北游，即识先生于旧都；后同居长沙，往来尤密。舜徽以后进礼常从请益，而先生引为忘年交，论学析疑，谈则移晷。”不久，骆鸿凯为章太炎的小学名著《文始》作《笺》成，求序于舜徽先生，因作《文始笺序》以付之。其时，骆氏任教于湖南大学，舜徽先生则在各中学执教。抗战爆发后，在长沙的大中学校纷纷迁移出城。骆氏亦离长沙，改应国立师范学院之聘，移砚至湖南安化蓝田。而舜徽先生则随兑泽中学迁至湘西大庸西溪坪；后又应曹典球之聘，仍任教于文艺中学（其时该校已迁湘乡）。在这里，他因机会认识了马宗霍先生，并从此走上了大学讲台。对于马宗霍教授，舜徽先生早闻其名，倾慕已久。“及抗战军兴，国立师范学院方创立于安化蓝田。一时讲学其间者，多江、浙人；惟先生与骆绍宾先生以湘人任中文系教授。舜徽时任教文艺中学高中部，居湘乡杨家滩，去蓝田不数十里。尝以暇日访骆绍宾先生于国立师范学院。因骆绍宾先生之介，得与先生相见，聚谈甚欢。两先生因言之主者，招舜徽移讲席至蓝田。”可见舜徽先生之所以能进入大学，除了自己的主观努力之外，也与老一辈湘贤的提携引荐分不开。

事实确实如此。年轻的张舜徽无疑是一匹千里马，在他30岁时遇到了伯乐，而且是两个伯乐。骆鸿凯先生当时已是知名的大学教授，年龄上算是长辈，居然请二三十岁的中学青年老师张舜徽为自己的著作写序。舜徽先生在《湘贤亲炙录》中说：“先生平易近人，无所矜饰；复冲虚抑退，不耻下问。于书传偶有遗忘，辄询之舜徽。盛德谦光，令人感慕。”这也算是学林佳话了。舜徽先生在蓝田国立师范学院工作了两年多，一般说他在这里是讲师，也有说是副教授的，据湖南省档案馆馆藏国师档案《本院人事登记表》（卷宗号61-1-23）载，1938年至1946年在国师任教的教授或副教授就包括钱基博、马宗霍、骆鸿凯、谭戒甫等人，张舜徽也名列其中。（伍成泉、贾海鹏：《张舜徽先生学术的湖湘情结》）该文已收入华中师范大学历史文献研究所编，华中师范大学出版社2011年版《张舜徽百年诞辰纪念国际学术研讨会论集》。从中学到大学，其学术舞台、事业平台无疑是更大了。舜徽先生十分珍惜这新的岗位、新的平台，认真教学，勤奋读书，专心著述，从写于这个期间的《壮议轩日记》（华中师范大学出版社2018年版）可见一斑。先生弟子周国林教授在点校后记中说，从这些日记中我们可以知晓“大师是怎样炼成的”。读过日记，方知此言不虚。

张舜徽先生在国立师范学院工作了两年多，1944年就聘于北平民国大学。这次直接是作为教授被聘用的。伍成泉、贾海鹏在《张舜徽先生学术的湖湘情结》一文中说：

北平民国大学是当时著名私立大学，为国民党元老马君武所创。抗战爆发后，该校南迁湖南，初址于溆浦，后又迁至宁乡陶家湾。该校聘李肖聃先生担任中文系主任教授，李先生以年迈故荐张先生以自代。先生于是自蓝田徙家至陶家湾。主讲北平民国大学期间，先生曾延请杨树达、李肖聃、刘宗向、陈鼎忠等学者到陶家湾讲学，朝夕聚谈，极一时之乐。

原来张舜徽先生的教授当得如此简单和顺利，不需要自己申报，没有专家组评审，也没有激烈竞争。北平民国大学曾聘请李肖聃先生任主任教授，不久后他以自己年纪太大为由推荐张舜徽代替自己。我想，这要是在今日，那是万万不可能的。李肖聃（1881—1953），以字行，长沙人，清末生员。1911年日本早稻田大学毕业。1913年任梁启超秘书。其后历任北京政法专门学校、长沙商业专门学校、湖南大学教授，北平民国大学主任教授。这位年长舜徽先生30岁的李老先生与他是老相识、忘年交。张先生在《湘贤亲炙录》中这样写道："先生为人和厚，喜谈笑，与世无忤，而博览强记，尤熟于湘中掌故。初为中学师，后乃任教湖南大学，前后二十余年，仍兼授中学课。舜徽早岁任教长沙各中学时，尝访先生于顺星桥寓庐，谈论竟日，因知其学蕴浩博，甚敬重之，由是过从较密，相与赏奇析疑。先生长于余三十年，在当时中学教员中，最为老师。顾谦退自抑，引为忘年交。偶成诗文楹联，辄以示舜徽；又时时从余索阅近作。舜徽尝以读《说文》、《尔雅》、三礼、《毛诗》诸笔记，呈先生求指正。先生奖许逾情，谓今之年少而肯埋头从事朴学者不多，以君用力之勤，成就殆不可量。勖勉有加，甚可感也。"那时候，李老隐居乡间，开门授徒，还曾专门请舜徽先生去小住两日，为其弟子讲《礼运》《儒行》诸篇。老人家陪舜徽先生登堂时，诏其弟子曰："此湖南特立拔起之学者张先生也。"舜徽先生说自己："闻之悚然，益坚奋厉之志。先生奖掖后进，乐道人善，皆此类已。"

可见，李肖聃先生之所以举张舜徽以自代，除了忘年之交、乡亲之谊，主要还在于对其人品和学问的充分了解与高度认可。在中学任教和蓝田国师期间，张舜徽先生已有不少著述（虽未公开发表），在教育界和学术界得到广泛好评，尤其是在蓝田期间，他完成了自己的开山之作《广校雠略》，奠定了学术事业的扎实基础。当时北平民国大学校方，也就听凭李老先生的推荐，毫不犹豫地聘请了张舜徽为主任教授。我们没有看到张先生入职该校的具体时间，如果是1944年8月底以前，他就还没满33周岁。两年后的1946年，舜徽先生应国立兰州大学校长、湖湘耆宿辛树帜先生的邀请，受聘于兰州大学，成为年轻的部聘教授，在那里至今流传着他刻苦攻读的学术佳话。

在民国时期，二三十岁就当上大学教授的并不罕见，但那大多是留美、留欧或留日的“海归”。他们毕业于海外名校，头顶硕士、博士的耀眼光环，衣锦还乡，风光无限。像张舜徽先生这样连小学都没进过，也无任何学位和其他头衔的“土鳖”，能在三十出头即当上大学教授的实在是凤毛麟角。正因为他自己是自学成才，是从中学教师转入大学任教的，后来对与自己相似经历的青年学人就格外关心和倾力帮扶。章开沅先生在《良师·难友·芳邻——难忘共同走过的那些岁月》一文（华中师范大学历史文献研究所编：《张舜徽百年诞辰纪念国际学术研讨会论集》，华中师范大学出版社2011年版）中，写到这样两件事。

章先生介绍：他是自己苦学成才，所以也很同情爱护那些自学成才的后辈。例如程涛平，就没有读过什么正规大学，主要靠自己刻苦钻研并在楚史研究方面脱颖而出。他报考华师文献所研究生时，我因以前与他同在《历史研究》获奖，曾略为其向舜徽先生介绍相关情况。舜徽先生对程涛平非常欣赏，慨然允许报考并最终录取。事实证明，程涛平不仅在楚文化研究，而且在武汉市相关历史文化景点的营造方面都作出了重大贡献。

章开沅先生接着还讲到他1983年引进苏州的中学老师唐文权到华师中国近代史研究所任职的事。唐文权只是大专毕业，没有本科学历，自然也没什么学位证书，且长期在中学任教。慧眼识才的章开沅先生看中了这位年轻有为、成果颇丰且后劲十足的青年才俊，但在作为人才引进上报时，受到省教育行政部门以“没有大学毕业证书”为由的阻拦。不久，教育部高教司司长正好到华师调研，看望章开沅先生和舜徽先生。借此机会，章先生反映了引进唐文权遭遇的困难。章先生写道：“舜徽先生怒形于色：‘不应过分强调学历证书，我连小学毕业证书都没有呢！’司长为之动容，答应代为向教育厅转达这个意见。”不久，这个问题就顺利解决了。不过这已是后话，但后话也好，闲话也罢，至今似乎还值得咀嚼，令人深思。

【说明】

2021年8月5日，是当代国学大师、华中师范大学已故教授张舜徽先生110周岁冥寿。《张舜徽集》4辑20册由华中师范大学出版社于2004年至2010年间陆续刊行。今天推送此文，以示对一代国学大师的缅怀与纪念。

2021年8月9日

【附注】

此文微信公众号“出版六家”2021年8月15日推送。读者“宝神针”（微信名）留言：“千教万教教人求真！千学万学学做真人！这是对张会长（张舜徽曾任全国历史文献研究会会长）的最真实写照！”

“是李肖聃先生举荐我去的”

前些时，我在“出版六家”微信公众号推出了一篇文章——《三十三岁的张舜徽是怎样当上大学教授的》。我们知道，张先生当年从中学转到大学任教，并在很年轻的时候就当上了教授，是“千里马”遇到了“伯乐”，“伯乐”之一就有李肖聃先生。说起这对忘年交，后来还有故事呢。

张老的长子张伯申、长媳雷爱华在《秋天的思念——回忆父亲张舜徽先生》一文中讲了一段往事，有点意思。“文革”期间，作为“反动学术权威”的张舜徽先生日子无疑是很难过的。文章写道：“……看着父亲日渐憔悴的身体，母亲成天提心吊胆，整夜整夜失眠，两位老人在痛苦的折磨中煎熬，让我（们）担心不已。”即便在那特殊的苦难岁月，人们也还苦中作乐，偶有趣事或高兴的事情：

想不到，有一天父亲回家后看起来心情还不错，主动和我们一起聊天，并给我和母亲讲起了白天发生的趣事。在批斗时，红卫兵拍着桌子问父亲：“你解放前一直在长沙教中学，为什么一下子就去了兰州教大学，你一定有后台，老实交代谁是你的后台？”（其实此时父亲已在多所大学任教。）父亲答道：“是李肖聃先生举荐我去的。”红卫兵听后更是不依不饶地追问：“这个李肖聃何许人也？还称什么先生?!”父亲不慌不忙地回答：“这个李肖聃先生啊，就是李淑一的父亲！”听到这个回答，红卫兵们你望望我，我望望你，哑口无言了，当时随着毛主席的《蝶恋花·答李淑一》的歌唱遍了大江南北，诗词无人不知，无人不晓。因为他们要追问的后台，就是毛主席诗词《蝶恋花·答李淑一》里李淑一的父亲，这不是捅了天大的娄子么？

今天的年轻人，恐怕知道李淑一的并不多见；至于她的父亲李肖聃先生更是无人知晓了。李淑一（1901—1997）是杨开慧中学时候的同学、闺蜜，她和丈夫柳直荀（革命烈士）都曾是青年毛泽东过从甚密的好朋友。年仅29岁的杨开慧于1930年11月被反动军阀杀害，对此人们早已熟悉；而柳直荀死于党和红军内部的极左之祸，或许知之者就不多。1932年9月，曾任中共湖北省委书记、红二军团政治部主任、红六军政委、红二十五师政委、红八师政委等职，为巩固和发展革命根据地作出重大贡献的柳直荀在湖北监利因“肃反”运动中被残忍杀害，时年34岁。

李淑一的父亲李肖聃先生（1881—1953）是湖南长沙人，现代著名的文史专家和教育家，主要论著有《湘学略》《星庐笔记》《都门杂记》《湘学叙录》《中国文学史》等，杨树达先生称其“博涉经史，能为文章”。前些年湖南推出的“湖湘文库”汇集有《李肖聃集》。李肖聃先生于1911年从日本早稻田大学毕业，1913年曾任梁启超秘书。其后一直在教育界工作，先是在长沙的湘福女中、省立一师等校任教（到一师任教就是杨开慧的父亲杨昌济先生所荐），后来担任过长沙商业专门学校、湖南大学教授，迁湘的北平民国大学教授兼中文系主任。抗战中，严辞拒任长沙敌伪维持会会长职。中华人民共和国成立后，任湖南军政委员会顾问。20世纪50年代初期，毛主席不仅在给李淑一的信中附笔问候老师李肖聃先生，还在儿子岸英、岸青兄弟到长沙时，要他们去看望老人家。

张舜徽先生抗战时期先是在蓝田国立师范学院任教，两年多后转到民国大学担任教授。他在中学任职时就认识李老，时常往来，到民国大学出任教授一职确实得益于李肖聃先生的荐举。李绍平《张舜徽先生与近代湘贤的交谊》对此论述比较详细：

（李肖聃）其为人博学谦冲，为众所钦。尤熟于湖湘掌故，所著《湘学略》《星庐笔记》等。舜徽先生早年任教长沙各中学时，曾到顺星桥肖聃先生的住所去拜谒他，谈论竟日，因知其学蕴浩博而甚敬重之。他比舜徽先生大三十岁，而折节引为忘年交。由是过从日密，相与赏析奇疑，交流学艺。

张舜徽先生与李肖聃先生此前有交往，此时更密切，此后还有佳话，前文已有所陈述，不再赘言。舜徽先生自己回忆到大学任教授经历说：“迨抗日军兴，舜徽随学校转徙四方，旋任教国立师范学院，安砚蓝田。先生则隐居于乡，开门授徒，讲学不倦。迨北平民国大学南迁，初止溆浦，后又徙于宁乡陶家湾，跟先生所居仅三十里，因就聘为中文系主任教授，而弟子想从问学于家者不辍。自以年迈不可兼顾，乃辞去民国大学讲席，荐舜徽以自代。舜徽乃自蓝田徙家至陶家湾。”就这样，年轻的张舜徽当上了民国大学中文系主任教授。看来，无知的红卫兵怒斥张舜徽先生到兰州大学才当了教授实属信口雌黄。所谓“开后门”之说更属无稽之谈。

2021年12月20日

【附注】

此文微信公众号“出版六家”2022年1月9日推送。网友“朗月清风”留言：“这个黄黄山和李肖聃和我曾祖父是知己，还有我二叔爷30岁就是湖南大学的教授，当年只有26岁。”老领导李以章教授留言：“张舜徽先生是少有专心做学问，且取得无人企及的文献学成就的著名教授。华中师大文科的顶尖人物！”

章开沅先生与“华大学人研究书系”

一

章开沅先生谦称自己是“桂子山之子”，我则认为老人家是“桂子山之魂”。这20多年来，因为工作关系，与老人家接触不算少。我一直习惯地称呼老人家为“章老师”，这样更加自然而亲切。

1999年5月，我调到华中师范大学出版社任总编辑，3年后接替社长（转企改制后兼任董事长），到2016年底离开（还兼任了董事长近一年），前后差不多是18年。做出版，我戏称自己是“啃老族”，“啃”文化老人，“啃”学术老人，“啃”革命老人，津津有味地“啃”，乐在其中，回味悠长。我们先后出版了张舜徽、钱基博、韦卓民、杨东莼、黄曼君，还有章开沅老师等老一辈学人的个人文集或全集；另有“辛亥革命百年纪念文库”“苏州商会档案丛编”“道家道教文化研究书系”“科举学研究丛书”“文学院教授文库”等大型文史类项目的承前启后，不断推进。这些文集全集、丛书文库的陆续推出，得到校内外专家学者充分认可，也得到出版业界同仁一致好评。而这些出版项目，特别是老一辈学者文集或全集的策划、编辑与刊行，或多或少、直接间接都得到了章老师的关注、关心和支持，其间也凝聚着老人家的智慧与心血。

或许是基于出版社那些年经济效益的稳中有升，尤其是有一批又一批可以立得住、叫得响、传得久的好书不断面世，章老师给予我们的编辑出版工作较多鼓励和赞誉。2015年12月22日，出版社在桂苑宾馆举行成立30周年的小型座谈会，90岁高龄的章老师亲临会场并发表了充满温情又催人奋进的讲话。他说："人是'三十而立'，华师出版社今年也是30岁，出版社三十而立是立起来了，而且是有高度、有影响、有活力地立起来了！"斯人已逝，其教诲和勖勉言犹在耳，那幅场景、那番话语仿佛就出现在昨天，一直深深地铭刻在华师出版人的记忆里。

章老师与学校编辑出版机构（包括我本人）的关联就是一种"书缘""文缘"，那些大型丛书套书、多种人物文集的台前幕后，总是藏着许许多多精彩而温暖的故事，书里书外的世界让人感怀。这篇小文，我就专门说说老人家与"华大学人研究书系"的前世今生。

二

"华大学人研究书系"的运作要从钱基博先生说起。大约从2004年起，出版社酝酿制定"十一五"发展规划，其中一个重要项目就是整理刊行规模庞大、内容丰富的《钱基博集》(后来出齐是24册)。作为国学大师、华中师大的老一代知名文史学者，他1957年去世前后将个人藏书、文物字画等全部捐献给了学校（现在学校博物馆就是以钱老的捐赠为基础建立起来的)。我们对外发布整理刊行钱老文集的消息，应该是在2006年五六月份。当时远在新疆一个公司任管道工程师的傅宏星看到了这个"喜讯"，大为兴奋。"70后"的宏星兄可不是一般的"理工男"，工作之余他绝对是超级"文史迷"，已经"迷"到专家级水平，属于"民间学者"档次，撰写和发表了多篇文史论文，编纂出版有多种论著，而手头正好还有一本《钱基博年谱》"待字闺中"。

傅宏星将这本《年谱》寄给仰慕已久的章开沅老师，请他拨冗指教。章老师在百忙中还真抽时间认真阅读了此书，感觉写得不错，于是让秘书刘莉老师把书稿转交给我看看，并说华师出版社若能出版无疑是很好的事。章老师都说不错的书我自然不敢怠慢，赶紧浏览一遍，又请文史专家，也是钱老的学生曹毓英老师仔细审阅（曹老师还是编辑《钱基博集》最初的倡导者和主要编纂者)。得到比较一致的肯定性意见后，便立马列入增补选题上报。这本《年谱》于2007年2月正式推出，而傅宏星书后撰写的《致谢》"补记"

落款日期为2006年10月17日，可见这出版速度无疑算是较快的。随后，我们和历史文化学院一道邀请傅兄宏星参加纪念钱基博先生诞辰120周年的学术讨论会，其间与他具体商谈加盟编辑《钱基博集》事宜，出版他压在箱子里8年之久的《吴宓评传》，还有配合章老师张罗他破格攻读中国近现代史博士学位等，其间有不少一波三折、峰回路转的故事，堪称学林“佳话”，章老师曾鼓励我有机会写写这段往事。这个只好留待以后再说。

言归正传，回到为什么要策划“华大学人研究书系”。2003年10月，100周年校庆隆重举办，出版社配合学校推出了相关系列图书。当时我就想，我们这所迈向110周年的高等学府，如何更全面、更系统、更深入持久地梳理悠久的发展历史，传承百年学脉及人物精神（尤其知名专家学者、杰出管理干部），这无疑是个很好的“抓手”。与傅宏星《钱基博年谱》的不期而遇正好是个契机。

我把以《年谱》为起点推出一套“华大学人研究书系”的想法写信告诉了章老师，并请他撰写“总序”。老人家欣然答应，托刘莉老师让我先写点较具体的编辑意图、出版设计方面的文字供其参考。过不多久，章老师的序言就转交给了我。虽然其中采用了我的一些构思和提法，但那些最精彩、最有思想光芒的文字皆为老人家自己所加，如第二自然段：

现今高等教育的整体，无论从规模、设施、师资与教学科研水平哪一方面来看，都远远超过自己历史上的那些前身。但这些前身毕竟为今天学校的迅速发展奠定了良好的基础，它们的校园、师资、学生、图书、设备，不仅是历史的遗迹，而且至今仍然为学校的持续发展做出贡献。历史本身就是一种资产，一种无可替代的宝贵资产，其中包含的有些重要无形资产甚至远远高于其相关联的有形资产。由于这方面的感悟日深，许多精明的高校管理者都极为重视保存本校的历史，除档案文献以外，还努力维护古老的建筑、景观乃至旧有的典籍、设备，用意在于彰显其悠久而又丰厚的历史文化底蕴。

在章老师看来：“更重要的工作恐怕还是要数延续学脉与传承精神。高校不是一般的教育机构，乃是学术文化延续的载体。学脉是学科滋生繁衍的谱系，精神是众多学科群共生互动焕发的校园神韵，而兼任两重载体而流光溢彩于百年岁月之间的则是那一代又一代的杰出学者。”章老师还引用前人的话——“一时代有一时代之人物，一时代有一时代之学术思想”，并结合大学及本校实际加以阐发。

章老师的这篇“总序”立意高远，静水流深，其建议或设想切实可行，具有可操作性。因此，短短几年，这套书系我们就推出了十多个品种，包括《钱基博学术研究》《恽代英年谱》《张舜徽与清代学术史研究》《张舜徽的汉代学术研究》《张舜徽学术论著阐释》《陈时教育思想与实践》《黄溥教育思想与实践研究》《韦卓民年谱》《韦卓民纪念文集》《刘盛佳学术与人生》《探索者的足迹——刘守华民间故事研究六十年》以及《章开沅学术与人生》等。其中，韦卓民先生的纪念性文集还是章老师亲自担任的主编。

三

2017年1月3日，这应该是我回到学报编辑部工作刚满一个月的时间，章老师托刘莉老师发给我一篇他本人的文章——《春江水暖鸭先知　似曾相识燕归来——两岸民国史研究追忆》。刘老师的邮件这样写道：“范社长，新年好！为一如既往地支持您的工作，章先生嘱我向您呈上一文，敬请查收。他衷心希望您在新的岗位一切顺利！”短短数语，纸短情长，如和煦春风，温暖人心。对于泰斗级名家的大作，编辑部如获至宝，文章刊登在当年的学报人文社会科学版第5期。

回到学报编辑部工作，没想到我本人与“华大学人研究书系”的联系不是疏远而是更紧密了，只是角色由过去的出版方变成了作者方。连续几年，我策划主编了5本书，都是列入这个书系的。它们是：《永远的怀念——忆陶军》《永远的怀念——忆介公》《永远的怀念——忆高原》《熊铁基的学术人生》《永远的芬芳——忆梅莉》。其中前三种组成一个小系列——“永远的怀念”。运作这套系列图书，我免不了要惊动章老师，因为三本纪念文集的主角——陶军、刘介愚、高原——均与章老师有着既深且久的密切关系。章老师跟这几位领导、战友兼同事，相识于战火纷飞的20世纪40年代后期，又一道随所在的中原大学（刘伯承、邓小平、陈毅等在河南创办）南下武汉。新中国成立之初，中原大学教育学院、华中大学、中华大学合并成立新的公立华中大学，直到后来成为华中高师、华中师院，再到今天的华中师范大学。他们四人几十年患难与共，风雨同舟，且先后都担任过学校领导，章、高还是直接搭班子的亲密同事。

2017年，是曾任华中师院教务长、副院长，华中师大顾问的陶军教授诞生100周年、逝世30周年，学报邓宏炎副主编协助我正式启动了《永远的怀念——忆陶军》的编写，并获得学校自主科研项目经费支持。大约2月底向章老师约稿，很快就得到反馈。我在3月20日的日记中有这样几句话：“下午收到刘莉老师邮件，内容为章开沅老师应约写的《难忘风雨同舟情——忆陶军》。91岁的老人了，令人感动！”我们知道，20世纪50年代任教务长的陶军，对已在学术界崭露头角的青年才俊章开沅老师格外青睐，寄予厚望。章老师那时就是学校重点培养的四个青年人才“苗子”之一。据说，陶教务长还在大会小会上多次号召青年教师要走“章开沅道路”。章老师这篇近7000字的文章开篇满怀深情地写道：“时间过得真快，我与陶军同志相识并共事38年，而他的猝逝至今也有30年。抚今思昔，感慨万千。”在回忆了两人交往的点点滴滴、若干难忘往事后，他这样结束全文：“再喊一声‘陶军同志’！风雨同舟38年，怎能忘记那些共同战斗的岁月，患难与共，艰危共担？我虽不是千里马，却始终难忘你的知遇之恩，正是你的关切、期许与多年的引导，才使我多少能为新中国的教育事业做出应有的贡献。你的名字已经为好几代华师人所铭记，并且将融入源远流长的华师学脉之中。”

这篇情文并茂的怀念文章，我们作为“代序”置于书的最前面。后来纪念介公、高原老的文集，章老师的文章也都是循例编排。《永远的怀念——忆陶军》在2017年12月印行，后来专门召开了一个出版座谈会。该书的刊行，在广大师生员工尤其是老干部、老教师和老校友中产生了热烈的反响。

四

“永远的怀念”系列图书的第二本是《忆介公》。“介公”就是老红军、老领导刘介愚同志，他德高望重，有口皆碑。他在华师担任主要领导前后有20多年（一度党政一把手一肩挑），在武汉大学也工作过七八年。华师和武大与刘介愚老书记熟悉的老干部、老教授都习惯地尊称他为“介公”或“介老”。在《忆陶军》告一段落时，我便着手《忆介公》的策划与组编（后期严定友编审协助做了大量编辑和统筹工作）。

查2018年日记，我是在3月2日正式向章开沅老师约稿的，同一天还给晏章万、王庆生等老领导发了约稿函。收到章老师的纪念文章是在5月30日。刘莉转来章老师文稿的同时，在邮件中特意交代：“遵章先生嘱咐，将先生所撰《怀念敬爱的刘介愚同志》一文呈上，敬请查收。此文先生很重视，很费心，虽已校多遍，但唯恐还有错漏。烦请刊发前编辑再校一下。”章老师此文的完整题目是《偶然相遇，终生相随——怀念敬爱的刘介愚同志》，全文长达14000多字。要知道，这时候，章老师已是即将年满92岁高龄的人了。老人家在回忆介公的同时，还写到杨东莼（东老）等老前辈。文章这样写道：

我于1990年辞去校长职务前往美国普林斯顿、耶鲁、加州大学等名校，访学前后达3年以上。介愚不幸于1991年初病逝，讣闻传来，未能诀别。此前，杨东莼先生病故之际，我也正在美国首次访问，未能见最后一面。这两位老校长对我都是恩重如山，几乎决定了我一生的命运，从此天人相隔，能不悲痛欲绝！

沧桑易老，岁月留痕。杨、刘二老以及那一辈学校老领导，虽已完全退出舞台，但他们的伟大劳绩永远铭刻于昙华林和桂子山的一草一木、一砖一瓦。眼前这满山葱绿，气象万千，蕴藏着世代流传的华师精神，其中就包含他们自身的博雅与刚毅品格，值得后来者永远铭记、传承与发扬光大。

收到章老师文章后，我“得寸进尺”，写信（9月18日）提出了进一步的要求：“您的文章我仍然作为‘代序’。另外，介公在华师任主要领导时间久，影响大，我想请您和王庆生老校长作为此书顾问，送上目录，请您审阅。”章老师、王校长都欣然接受我的建议，王校长后来专门出席出版座谈会并发表讲话。

我和严定友编审共同主编的《忆介公》在2019年12月正式刊行。12月30日，出版社主办了一个简朴而隆重的出版座谈会。事先我专门请章老师出席会议并讲话，老人家满口答应。但12月27日，章老师让刘莉老师送给我一封信，原文如下：

范军如晤：

年终事杂，恰好“碰车”，所以未能出席，殊感遗憾。特撰俚句，敬献介公，并向全体出席友人致意。

冬安

章开沅

2019.12.27

纪念刘介愚同志诞辰110周年

筚路蓝缕，以启山林。

春风化雨，润物无声。

泽惠桂子，世代难忘。

华师学脉，永放光芒。

愚生

章开沅敬礼

章老师无疑是碰到实在不好错开的重要事情了。但从这封简短的信中，从这四言八句诗中，从自称“愚生”“敬礼”的落款中，章老师对介公的一往情深和深切缅怀可谓溢于言表，感人至深。

五

和严定友编审一起做纪念老党委书记高原的纪念文集，还得感谢高原教授的高足、国家行政学院许耀桐教授，还有华师党委组织部吴锦琴老部长。正是他们的提议和热心帮助，才使我下决心再接再厉往前推进这个“永远的怀念”系列图书的运作。2019年9月18日，请章老师当《忆介公》一书顾问的那封信中，我还提出了另一个请求：“另外，明年是老书记高原同志百年诞辰，我计划编一本《百年高原》的纪念文集。该书一是请您赐稿，二是想请您和杨宏禹老师担任顾问，提供指导。”2020年初，一场突如其来的疫情打乱了生活的节奏，也按下了江城武汉的暂停键。查日记记载，我是到了6月2日，才请刘莉老师向章老师“催稿”。章老师过去办事从不拖延，答应了的事总是很快就有回复。这次疫情的影响确实太大，加上老人家此时已是94岁高龄。我都不忍心再多说什么，反倒是老人家说十分抱歉，会尽快交稿，但现在写不动了，大概只能写个一两千字的短文。过了大约一周，刘莉就转来章老师的文章《高风亮节，良师战友——忆高原》，有3000多字。这也许是老人家去世前写得最后一篇长一点的文字了。文章一如既往的如行云流水，收放自如，又言约意丰，情文俱佳。开篇写道：“我对东北，对东北人，特别是众多的东北流亡者，怀有特殊的感情，每听到《我的家在东北的松花江上》这首歌，总是怆然泪下。当然，就关系之密切而言，当以高原为最。”文章从战争年代两人相识写起，重点谈到20世纪80年代中期他们作为党委书记与校长的“黄金搭档”，短暂、和谐却毕生难忘。

1986年4月4日，高原书记不幸去世。时任校长的章老师曾在4月18日的华师校报上撰文《行军礼告别》。此时此刻，章老师抚今追昔，再次向九泉之下的老战友以军礼致敬。在这篇新撰写的怀念文章结尾处，章老师回忆说：“高原离世时，我曾随侍在病床前，听到他反复交代家人，‘不能再麻烦组织了。’不计名利，自奉甚薄，低调做人，老实做事，这就是高原。他对我如同良师战友，所以我在哀悼时以军礼为他壮行，现在我已步履维艰，只能独自再次行军礼纪念他的百年寿辰。”

纪念高原老的集子，正式出版时书名还是由《百年高原》改成了《永远的怀念——忆高原》，华师出版社标注的版权页上出版时间是2021年4月，实际见到样书已到6月初。而此时，敬爱的章开沅老师已经永远离开了我们！斯人已逝，大师远行，而音容宛在，懿德与风范长存。

在“华大学人书系”总序中，章老师说：“我们希望，这套丛书的推出可以激发对前辈学人的深入研究，从而弘扬百年华大的学术传统，以期华大学脉世代绵延！”我相信，桂子山人一定不辜负章老师的殷切期望，切实加强对一百多年来一代又一代杰出学人的深入研究，不断推出新成果，铸就好品牌。对于章老师本人，我们也期待专家学者，尤其是章门弟子加大全面研究的力度，加快成果推出的速度。以前这套丛书曾经刊行过《章开沅学术与人生》，这次又将出版“追思集”。我们盼望有关章老师的评传、年谱、资料汇编、专题研究论集等成果源源不断地面世，让百年华大学脉永续，让大师的精神与学问沾溉士林，泽被万代。

2022年3月20日

【补记】

5月28日，是敬爱的章开沅先生逝世周年祭日。此文是为本校中国近代史研究所组编缅怀章老师的“追思文集”而作。

2022年4月24日

【附注】

此文微信公众号“出版六家”2022年4月26日推送。来自上海的网友“砾漠先生”留言：“章开沅老师是著名的历史学家、教育家，德高望重、德艺双馨！桃李不言，下自成蹊！”校友黄发忠留言：“华大学脉与学魂。老兄所为功在千秋。应该再编一本《永远的怀念——忆开沅》。”此文已收入《章开沅先生追思集》（华中师范大学中国近代史所组编，华中师范大学出版社2022年5月出版）一书。

高山景行　泽被后人

【前记】

今天（2020年11月22日），华中师范大学在武昌桂子山举办纪念原党委书记高原教授百年诞辰的座谈会。此文是我在上午会议上的发言大纲，提前在微信公众号“出版六家”上推送，为表示对高原教授等老一辈优秀党员、领导干部、杰出学者的景仰之情。

很高兴也很荣幸，今天能参加纪念高原先生诞辰100周年的座谈会。这几年，我张罗着做了华大学人研究书系，之一是《永远的怀念——忆陶军》，之二是《永远的怀念——忆介公》，之三就是即将面世的《永远的怀念——忆高原》。最后这本书原来我取的名字是《百年高原》，2018年开始酝酿，2019年启动征文时还用的这个书名，目的就是用以纪念高原老百岁冥寿，后来考虑到系列图书形式上统一，表述上规整，还是改成了现在这个名字。因此，我算是这次纪念高老活动的“始作俑者”吧。

过去在出版社，我和同事们热心于老学者、老专家文集和全集的编辑刊行；到学报后我又忙碌着组织编撰与推出有关老领导、老革命、老教育家的纪念性集子，是一个标准的“啃老族”——学术啃老族、文化啃老族，且乐此不疲（明年我们还将推出纪念熊铁基教授米寿的《熊铁基的学术人生》一书，在学报社科版组织专栏纪念张舜徽先生诞辰110周年）。有人说我做这些，一不算项目，二不算成果，也没有什么奖励，吃力不讨好，纯属奉献。其实他们不知道，我自认为这不是“傻”，自己不仅没有“亏”，还大“赚”特“赚”了。因为从老人们那里我不仅感悟到了做管理的智慧，做学问的真谛，更受到了为师与为人的深刻启迪。当老师也好，做干部也罢，都需要少说空话，多干实事，少说鬼话，多干人事。这些老领导、老党员、老教授的生平事迹，让我们更加坚信：公道自在人心，历史会有公论。岁月无情人有情。经过时间的淘洗，历史的检验，那些真正学高身正、求真务实、贡献卓著者，才会长久地为人们所深情怀念，被百年校史铭刻在册。高原先生正是这样的人。

高原老书记是东北人，身材高大，形象伟岸，加上他又姓“高”，确实可用一个“高”字来概括。我想说的这个“高”，还包括：高尚的品德、高贵的灵魂、高远的眼光、高超的艺术、高深的学识。

说高原同志品德高尚，既包括公德也包括私德。作为南下干部、革命老战士，他是真正不忘初心、牢记使命的共产党员。他怀揣崇高理想，不忘初心与使命；他坚信马列，学习马列，宣传马列，研究马列；他投身教育，热爱教育，为了高等教育事业尤其是华师的建设与发展鞠躬尽瘁，死而后已。章开沅先生的怀念文章用了“高风亮节良师战友”做标题，最后深情写道：“（高原）不计名利，自奉甚薄，低调做人，老实做事，这就是高原。他对我如同良师战友，所以我在哀悼时以军礼为他壮行，现在我已步履维艰，只能独自再次行军礼纪念他的百年诞辰。”

灵魂之高贵这类话现在人们很少提了。我觉得大学要引领社会风尚，要成为社会的良心，做时代的灯塔，这就需要有一批灵魂高贵、人性善良、不与世俗同流合污之人，需要“精神贵族”。高原同志经历过革命年代战火的洗礼，也经受了残酷政治运动的考验。张厚安老师在书面发言中，说他营造了一种和谐宽松的学术氛围，对持有不同意见者不扣帽子、不抓辫子、不打棍子，总之是“不整人”，这“成了科学社会主义研究所的一个好的传统”。其实，高书记这种风尚，不仅表现在科社所和政治系任职期间，也体现在他人生的各个阶段和各个方面。由此我想到人民出版社原社长曾彦修的那本《平生六记》，想到这位从延安走来的老共产党人、高级干部的名句：“微觉此生未整人！”他后来出的一本书，书名就是《微觉此生未整人》。

本月20日《光明日报》以“我与北大中文系”为专栏名，刊发了整版的一组文章。其中古典文学教授袁行霈先生的《学者最重要的就是格局和眼光》，这几天在网上流传很广。他在文末写道：“学者最重要的就是‘格局’

和‘眼光’，再加上‘胸襟’和‘气象’。”读此文时，我很自然地想到了作为大学教授、作为学术领袖的高原先生。他无疑是担得起“格局”“眼光”“胸襟”“气象”这几个词的。对于高原教授开创科学社会主义学科的功绩，大家都很熟悉。张厚安老师、徐勇老师的回忆文章，则不约而同地写了高老当年如何组织编写《通俗政治学》一书，及其对于华师政治学的奠基之功。胡原老师的口述，提及今天马克思主义学院的建设、社会学院、法学院和公共管理学的学科建立与发展，其实都是高原教授当年主政政治系、科社所时播下的种子，到后来陆续生根发芽，以至长成了大树。从这里，无不可以看出高原教授高远的眼光，还有格局、胸襟、气象。袁行霈先生说好学者除了上述四个词八个字，“还应该做一个厚道的人”。从我看到的若干篇回忆文章，听到的若干个故事或传闻，大家也都公认老书记为人之真诚厚道。

至于“高超的艺术”和“高深的学识”，一着眼于高原同志的领导策略与方法，一侧重于他的治学和著述。这两方面，在我们征集到的文章中，高原同志的同事、下属、学生都多有描述与概括。刚才听到的多位领导、老师的讲话中，也有涉及，我就不再赘述。

最后，我要深深感谢关心、理解、帮助我们编辑出版《永远的怀念——忆高原》的学校领导，宣传部、政研室、社科处、档案馆、出版社、学报编辑部的诸位朋友，特别是政国院、中农院各位领导，王建国、严定友两位老师出力尤多。我还要专门感谢高原教授的儿子高荆洪老师、女儿高翔女士、孙女高怡文老师，他们满含感情地积极配合，倾其所能地全力支持；感谢年逾八旬的吴锦琴老部长、感谢中央党校（国家行政学院）许耀桐教授，他们不仅自己认真撰写、反复修改完善回忆文章，还经常帮我出谋划策，多方联络作者，提供各种信息。

尽管我们已经相当努力了，但纪念文集还是留有不少遗憾。我想，倘若晏章万书记还在世，他一定会像过去那样去翻阅资料，查询档案，写出感情真挚、内容充实的怀念文字；还有杨宏禹教授，据吴锦琴老师告诉我，老人家已经打好了纪念文章的腹稿，可惜匆忙间他被带到了天国。老成凋零，逝者已矣，痛哉！我们编辑这类纪念集子，组织这类纪念活动，是在与时间赛跑，与死神争夺。在深切缅怀德高望重、功勋卓著的高原书记、高原教授的今天，让我们也记住那些为百年华师的发展、为美丽桂子山的建设付出了毕生心血、汗水与智慧的老领导与老教授们！

2020年11月21日

【附注】

此文微信公众号“出版六家”2020年11月22日推送。文章推送后，网友留言甚多，此处选取几则。(1) 人云不云（网名）：“值得永远纪念的高原及开创华师大事业的一众先贤！我以为，师范者，为师之范也，其始于孔子，流传千年生生不息，唯开创与传承方得为范。所以范先生为贤者作传以纪，实乃传承与开创之善举。捧读中华历史者皆知，以实著史者，著者终将立于史。是以称范军先生所为，堪当上善之誉，不以己誉图之者，身后必以誉垒之。”“我以为，华师大的师风师德是一个渐进式积累丰富的过程，但奠基人却功不可没。后来者添砖加瓦哪怕至高至伟，没有坚实的基础与开阔的局面，那都是难以达成的。所以我们今天要隆重缅怀王自公，刘介公，陶军公，高原公，乃至后来者郎君诸公，皆因为他们开创并延续了中国几千年的传统，即授业解惑开创并传承的文化遗产，并且不拘泥于儒家百科而与时俱进如马列之本土化。这个进程我们都是在场之人。”(2) 徐勇：“我当时只是一个打杂的，确实与高老师直接接触少。但后来做学科建设才体会到高原老师的奠基成就。”(3) 郭方：“开创华师事业的先贤，永垂校史！”(4) 高翔：“作为高原的女儿有幸参加了今天纪念父亲百年诞辰的活动，聆听各位领导和父亲曾经的学生、同事的讲话及回忆，让我更加全面地了解了父亲学识渊博，思维敏捷，严谨治学，高风亮节，为人低调，为人师表。感谢范军老师为了让老一辈教育家的精神得到传承，在编辑纪念父亲的书籍上做了大量的工作。”(5) 风信（网名）：“‘高人’逝去久矣，不能‘望其项背’！”(6) 彭立：“‘啃老’不疲，功德无量。”(7) 佚名：“高原教授开创了科学社会主义理论教育和研究，构建了其内容和理论框架，使科学社会主义成为我校的一级学科，永载华中师范大学史册。今天的华师人，在高先生的基础上，我们该如何继承与发扬光大呢？值得深思。”

章开沅先生在海外这样过大年

一

广东人民出版社的《章开沅海外访学日记》（2022年1月，本文引用章先生文字皆出自该书）于近期面世。曾担任粤人社社长多年的老朋友金兄炳亮是该书的策划者之一，2018年来参加我张罗的第二届华中学术传播论坛时还去面见章先生，进一步商谈其日记出版事宜。他知道我对书人书事、大学故实有些兴趣，便在第一时间将带着淡淡墨香的新书快递一册，让我先睹为快。遗憾的是，章老已于2021年5月28日仙逝，此书便成为他的遗著了。斯人已去，新著犹在，适逢旧历新年，更加让人怀想。

章先生说他自己“基本上没有写日记的习惯”，“平生真正说得上是日记的，只有1958年下放劳动锻炼，在草埠湖农场先后写成的《下乡日记》与《上山日记》，前者主要是记录如何学种棉花，后者则是叙述日夜奋战大炼钢铁”。“文革”时章先生的文字手稿包括这两本日记都被拿去审查。后来，日记，还有若干所谓“交代材料”发还。被伤透心的章先生“一气之下把这两本日记连同相关‘交代材料’乃至《昼梦录》（章老早年长短文稿的自编本——引者注）统统烧毁，大有‘不留文字在人间’的气概”。现在看来，这些宝贵资料的销毁着实有些遗憾。

“十年浩劫”结束，章先生将之看作知识分子的“日月重光”和“又一次解放”。老人家回忆说：

20世纪80年代，思想解放潮流把我们这批年过半百的昔日“民主青年”

又复推向历史前沿，并且逐步走向世界。我们全身心地投入高等教育和历史学科的重建，每天似乎都有做不完的事。所以心甘情愿地充当铺路石子，让广大青年更为平顺地走向光明未来。

忆及当年峥嵘岁月，章先生说自己“很后悔没有用日记保存这段‘黄金时代’的心路历程”。直到90年代出国访学，较长时间漂泊异乡，老人家“又有了写专题日记的兴趣”。这些日记，比较完整的是1990年至1994年所写部分。章先生海外访学日记内容很丰富，价值也是多方面的。笔者这篇小文在“出版六家”微信推送时，正好是农历的大年初一。文章就选取过年最核心的几天（大年三十、正月初一和初二），从日记所载来看看章先生二三十年前在海外是如何过春节的。章先生在海外的4个春节，分别是在美国的普林斯顿大学、耶鲁大学、加州大学圣地亚哥分校和中国台北度过的，本文着重说说先生在北美的3个春节吧。或许我们从章老的日记中，从他过节的日常琐事中可以探寻出一代学术大师、杰出教师和谦和君子的成功“密码”或蛛丝马迹。

二

章先生海外访学日记始于1990年8月的只身赴美。他是先到香港参加完“近百年中日关系研讨会”后再从东京转机去美国的。8月11日的日记开头写道：“上午8时30分离家，怀玉（章先生夫人黄怀玉老师——引者注）送我到机场，临别依依，但只能隔栏相望。千头万绪，会心而已。”

1990年旧历是庚午年。庚午年的除夕阳历则是1991年2月14日。章先生这天的日记记载如下：

全天写作。下午收到海运寄来《辛亥前后史事论丛》七本，但未附信。有电话来邀23日共进晚餐，说是international group（国际集团），但自报姓名太快，似为Memphersen（Nancy母亲），又好像Anderson，不好意思再问，姑漫应之。

除夕，包馄饨做年饭，鸡肉馅，不加酱油，江南风味，正如怀玉所言：“自得其乐。”马敏电话贺节。又与Parichart电话叙旧，泰国也过春节，并约泰国再见，未知何年何月？

次日即春节（2月15日），旧历辛未年的正月初一。这天章先生所在的普林斯顿“下午阵雪”。独在异乡为异客，但老人家并不孤独。日记写道：

昨晚睡迟。醒来已是七时，急打电话回家，与怀玉互相拜年，并谈家中情况，雪梅（章先生小女儿——引者注）也不断插话，情绪似乎很好。赵军从日本打电话拜年。

下午又接怀玉信、汤伟贺年片。怀玉云家中一切都好，雪梅TOEFL、GRE考试成绩均优，唯限于所谓留学新政策，手续麻烦较多。信中附剪纸颇精美，昕昕画的金鱼亦有稚趣，聊解海外思念。遂即写回信寄出。

晚至（王）文生家吃年饭。自从到Princeton以后，已在各家过了四五个耶诞节，预计又要吃三四次年饭。罗玲（王文生妻）做菜愈益精美，胜过一般餐馆，三人边吃边谈，兴味无穷。八时返舍，稍看电视，未几即睡。

这个春节，章先生有家人的牵挂，弟子（马敏、赵军，一在美国，一在日本）的问候，校友（汤伟，时在美国）的贺年，还有朋友（王文生夫妇）的邀约，可谓“莫愁异国无知己”。汤伟老师是我读大学时中文系副书记，当属此时还是华中师大校长章先生的“旧部”，而王文生先生80年代在武汉大学任教，我们使用的四卷本《中国古代文论选》他是副主编（主编为德高望重的郭绍虞先生）。20世纪80年代后期90年代初，汤伟老师、王文生夫妇先后移居美国。他乡佳节遇故交，我想章先生一定倍感亲切和温暖。在普林斯顿大学期间，章先生与王文生夫妇过从甚密，日记中屡有记载。

对于一个学者来说，学术永远是最重要的。除夕那天章先生是“全天写作”，而“极冷”的正月初二（2月16日），他又重启了工作模式，日记头一句即“全日伏案”。晚上则是温馨的小聚：“晚至Petty家餐叙，夫妇皆贺中国春节，食品多用中式餐饮。还专门请来一位海外传教士（到过中国、日本与东南亚各地）的后代，与一对老年夫妇作陪。此次没有音乐演奏，从容共话家常，他们每次接待安排均有特色，从不流于虚套应付。”正可谓“海内存知己，天涯若比邻”。章先生则把外孙女昕昕画的金鱼送给美国夫妇留念，“稚气童画备受赞赏”。此情此景，我不禁想到似有必要将美国少数反华政客与友好的美国人民区分开来。

三

辛未年的除夕是1992年2月3日。一转眼就是壬申年的大年初一和初二了。这个春节，章先生与上个春节明显不同，主要原因是夫人黄怀玉老师此时已来美国数月（秋季抵达）。这个时期（先后8个月），章先生转到耶鲁大学继续访学，主要是在耶鲁神学院图书馆特藏室“潜心检阅先师贝德士博士的一千余卷档案文献”。这次访学的直接成果是“研究中国教会大学史的处女作《中国教会大学的历史命运——以贝德士文献为中心》”，其副产品则是后来有极大影响的有关侵华日军南京大屠杀罪行资料的搜集、整理与研究。

辛未除夕之日是星期一，“晴冷”。章先生日记云：“上午至特藏室工作，下午至银行存钱，又至旅行社洽购机票，甚贵，不得要领，回来打字改稿至夜晚。今天是旧历除夕，夫妇团年，红烛一支，聊表乡思。”壬申春节（2月4日，大年初一），章先生上午仍旧去特藏室工作，“下午联络机票未成（2月14日有新票价），在家打字改稿。晚看录像《野山》（颜学恕导演），并同怀玉与雪梅畅谈（今年是阴历大年初一）”。此时，小女儿雪梅已在美求学。正月初二（2月5日），“上午在资料室工作，下午改稿。4时许与怀玉出外散步，在朝鲜店买面条归”。举案齐眉的老夫妻团聚一起，过年更加简单，章先生分秒必争地查资料，做研究。用“年味略淡，伉俪情深”来形容这个节日或许是较恰当的。

四

从1992年5月到1993年6月，章先生应美国著名学者周锡瑞邀请，到加州大学圣地亚哥分校（UCSD）历史系担任客座教授，成为他“在美国居住最久最愉快之地”。自然而然地，壬申的除夕和癸酉（1993年）的春节就在这里度过。这个春节显然比上一年多了些节目或乐趣。

除夕（1993年1月22日），日记云：“上午看高阳《翁同龢传》，云：‘翁同龢的性向与际遇，志气与才具，责任与权力，兴趣与任务，地位与作风，皆不相侔，甚至相反，种种不平衡的积累，祸己、祸君、祸国，这是时代的悲剧。……然而，他是恺悌君子，结局之凄凉，令人寒酸。’（台北1986，第1页）颇有见地。下午至办公室，王丽萍问杭州公园有关问题（popular culture 流行文化）。又有一林姓学生索推荐信，报考graduate（研究生）。”白天照常工作，除夕夜则有了一些过年的意思：

今夜为农历除夕，与怀玉安然度岁，炒小菜数味，可乐代酒，异国过年，亦有风趣。晚看转播春节联欢节目，肖志伟电话拜年。

接下来的正月初一、初二，似乎更加热闹欢快一点，颇有些祖国传统节日的味道。1月23日：“农历正月初一，此间一无动静，国内早鞭炮声震耳矣。全日看《翁同龢传》，晚董玥、钱纮开车来，同去Paul（毕克伟）家吃饺子，约20人聚会，并个人表演唱歌，我唱《解放区的天》，众皆应和，日本妇女领唱《国际歌》。子夜始归。”看来，这个大年之夜过得有点“嗨”。次日（正月初二），继续正儿八经过了一天的节：“上午至公园小坐，难得浮生半日闲，冬季曝日，老来乐趣。下午看联合电视台（台湾）春节联欢节目，杂乱无章，庸俗低劣。台湾虽自嘘经济起飞，而文化品位之低俗，令人嗟叹。晚，邻居（武汉来的）老小三人来聚谈。与邓缵绪通电话，约星期二下午4：30去他家（Irvine 尔湾）。”

接下来的正月初三（1月25日）是星期一，章先生又投入了紧张的工作：

“上午备课，下午182B课，又增加数人，教室已满，甚为融洽，比上期尤过之。”在美三年，如果说前两年章先生以读书和研究为主，最后一年则“主要精力确实是投于教学”，他和周锡瑞合作开设“中国史料学”课程，后又增添“中国古文选读”通选课。在教学相长过程中，章老说自己“与较多的学生形成了相当密切的融洽关系，他们经常会打电话或到我家恳切求教”。老人家回忆说：“我上通选课的教室位置甚佳，是一座依山傍海的大教学楼，在第9层。讲坛面向的阳台有大幅落地窗，教师举目可见风平浪静、浩瀚无垠的太平洋。那遥远的看不见的对岸就是我的祖国家园。”

当时已六十五六的章先生“倦游思归”，但离开美国后又被一众学界老友策划运作、诚恳邀请至日本和台湾地区继续讲学与学术交流，直到1994年3月8日方回到武汉，回到桂子山。

2022年1月29日

【附注】

此文原打算在2022年2月1日即辛丑年正月初一微信公众号“出版六家”推送，因得知章先生日记出版之事曾有不同意见，故出版方希望暂不宣传，文章也就未如期发布。这里为首发。

老处长当年“圆了一个谎”

这里说的老处长是我们华中师大首任研究生处处长，姓高名先鋹。在研究生处成立之前，他就是研究生科的“高科长”，可说是华师研究生教育起步阶段的见证者、参与者，也是华师研究生教育管理的开创者、先行者。享年88岁的高先鋹老处长上月中旬悄悄地“走”了。老人家在遗嘱中明确表示“不发讣告”“不开追悼会”“不开告别会”，骨灰撒到长江里。这份遗嘱立于2006年5月，十分简明，其中还专门交代孩子“党费为我交齐”。

我得知老处长逝世的消息是在名为“桂子山”的微信群里。这个群是20世纪80年代毕业的一批华师老研究生设立的，主要是文科研究生。那时候一年只招硕士博士数十人，全部在读研究生加起来也就两百人左右，都住在西区学生宿舍2栋，彼此交往密切，大多相互熟悉。在“桂子山”发布老处长去世消息的是王国华老师：

沉痛悼念华中师范大学研究生处第一任处长高先鋹先生逝世。他是华中师大一位了不起的教育家！一位让众多研究生敬仰的优秀教育管理专家！一位充满人性关怀的、和蔼可亲的思想启蒙者……高先生之风尚，山高水长……

接下来，当年的研究生们纷纷在网上留言，深切缅怀老领导。有人回忆他那时如何开风气之先，创办全国第一家《研究生学报》；有人说到他对要外出调研的研究生申请经费的报告，费用不减反加；还有人提及他如何破例让三个研究生都跟导师一起去北大听课。大家的发言中，给我印象最深的是

“高处长圆谎”的故事。网友“人猿相揖”写道：

高先生轶事一则。郭国灿系从湘潭大学考读华师近代史的博士，毕业后自谋职（业）至深圳市政府办公厅综合处。我来深后与郭常聚。一日，郭谈起，当日若不是高处长出手相救，本人将卷铺盖走人。我问其详。答曰：当日去市人事局调配处办正式入深手续，该处姓郑的处长，湖北人，身处要职态度较为傲慢，厉声问是统招还是委培？那时深圳规定只收统招不收委培研究生。郭当然回答是统招，郑满腹狐疑，操起电话，拨通华师研究生处，上天有眼，接电话的恰巧不是别人，恰巧是高处长，以他对研究生分配事务的熟悉，二话不说答曰统招。郭遂得以顺利入职。因为实在预计不到郑会当场打电话，因而事前也没与高处招呼，完全是场不期而遇的遭遇战。高先生，您（对）学生的体恤爱护是随时可支付而不需要任何准备。您做过的好事，大家都没忘，大家永远记得，永远怀念您！

因为当年跟“事主”郭国灿兄很熟悉，对于这件轶事也就格外感兴趣。应该是1989年的时候，我和爱人成家不久，住在东区学生宿舍10栋的5楼的一个单间（还是朋友们让出来的），国灿兄则借住在我的斜对门。那时他正用一个木制床板当写字台，挥汗如雨赶写博士论文。我们俩忙里偷闲，喜欢互相串门聊聊天，话题集中在明清和近代思想文化方面，记得还曾商量合写一篇《中国近代史上的“尚力”思潮》，还有其他想做的选题。后来各自忙碌，合作止于设想。专家对他的学位论文评价很高，据说导师章开沅先生也很满意，并有与委培单位湘潭大学商议，留他在华师近代史所工作的意思。不知何故，后来他去了深圳，在那里发展很不错，我时有所闻。但他毕业分配时的这段小插曲，我则是头次听说，这也算是华师研究生教育史上的一段佳话吧。

我1985年本科毕业接着读研究生时，主政的正是高先鋃处长，但我与他没有直接交往，倒是毕业几年后，入住北区集资的鸳鸯楼（一室一厅），与他女儿高山和女婿雷良波是楼上楼下的邻居。偶见高处长，也就点头示意而已。但没多久，雷师兄就带着家人去珠海创业了。我后来对高处长有所闻，是知道他快退休时并不愉快。据说有人兴风作浪，暗中整高处长，但详情我也不甚了了。

好在历史是公正的，人们心里有杆秤。借用“桂子山”群网友留言结束这篇短文：“我们81级、82级的华师研究生用自己的心血扎一硕大的花圈献于高先生灵前供奉。好人不死，好人永在！”我相信，华师83、84、85……级的研究生也会默默献上心香一瓣。

2022年1月2日

【附注】

此文微信公众号“出版六家”2022年1月4日推送。网友留言选取几则：(1) 潍县刀笔吏（网名）：“为人师者，是真正要为学生考虑、关心学生的，它不是一句空话，而是真真切切、实实在在，每一位好老师都会刻进学生的心中。人生能遇到一位好老师，是很幸运的事，他能用他的方式‘呵护’学生的成长。”(2) 周国林：“高处长真是一位了不起的教育家！”(3) 姜美珍：“音容笑貌如在眼前！好人永在！”(4) 孙宪明：“一个个慢慢地离我们而去！高老师温文尔雅的形象，至今让人记忆犹新。一句善言成就一个人的一生，让被成就者因一句爱心之言感恩一辈子。一位有爱心，一位知感恩。这是当时良性社会人们做人的思想境界！”

学林杂俎

六十岁后好著书

本月20日，就是业师熊铁基先生九十大寿（虚岁）。内容厚重、装帧精美的九卷本《熊铁基文集》（后简称《文集》，华中师范大学出版社2021年12月版）也在不久前正式面世。

熊老师论著中的部分专著和论文，我以前认真看过，还给个别著作写过书评。这次比较系统地阅读《文集》，部分是重读，而大部分是首次学习。翻阅完后还是很有感触，本打算写一篇《桂子山上的学术常青树》，现在觉得还是改为《六十岁后好著书》更接地气，更让人一目了然。熊师在《文集》的"自序"中有这么一段话：

因为我活得比较长，而写作生涯中有一个突出的现象，大多数研究成果是60岁前后特别是60岁以后出来的。我想人生不必要像坊间说的那样：60岁告老还乡，70岁打打麻将，80岁晒晒太阳，90岁躺在床上。我的经历是60岁以后可以干事，可以干较多的事。

熊师是1933年4月20日出生的，那么满60岁就应该是在1993年的4月间。按常规，60岁这个年龄正是一般人办理退休手续，准备颐养天年之时。但熊师的1993年，却是喜获丰收的一年，更是蓄势待发的一年。他本人的《回忆录》（见《文集》第九卷）中有一节，用的标题就是"红红火火的1993年"，开头一段这样写道：

1993年年底的日记最后写了一句："1993年开门'红'，'红到底'。""全年八次外出。元月三日，参加文化通志首次会议（全体）；二月，《汉唐文化史》出版，去长沙发行；申报博导，去广州、深圳；八月，香港参加第34届亚非研究国际会；九月，南昌秦汉史会；十月，登上武当山金顶（按：参加国际道教文化研讨会）；十一月，西安老子会，参观法门寺；十二月，上海吴泽先生祝寿，廿九日，得到完全肯定消息，被批准为博导（按：早期博导由国务院学位委员会审批，1993年是最后一批，俗谓之‘国评博导’）。”

由此看来，1993年熊师的“红红火火”名副其实。《回忆录》还写道：“这一年的主要科研成果是完成了《秦汉文化志》的书稿。”“该书作为百卷本《中华文化通志》之一，1998年才出版，那是后话，但这本《秦汉文化志》有一定独立的价值。2007年，上海东方出版中心出一套‘断代文化史系列’丛书，以《秦汉文化史》之名出版，书稿我未做任何修改，补写了一个后记做了些说明。2018年，北京新世界出版社又以《秦汉文化史》同名出版，除掉了我给上海的那个后记，书腰上写了一些广告语：‘一部了解秦汉时期历史文化沿革的入门经典读物。’除了‘经典’二字过誉之外，其意义和作用是合适的。”

熊师这本《秦汉文化志》刚出版后送过我一册，我便写了一篇《自为经纬　成一家言》的读后感发表在《华中师范大学学报》（人文社科版）1999年第3期。对这篇短文，熊师好像还比较认可。记得东方出版中心重版该书时，熊师和我说打算把书评置于书后，可能由于全套书的体例问题，最后没能放进去。而在这次编选的九卷本《文集》的《自序》中，老人家旧事重提：“1993年我参加了大型丛书《中华文化通志》的编写，写了一本《秦汉文化志》，是有点思考的（当时范军写了一篇有思想的书评）。”其实我纯属门外谈玄，放言无忌而已。

从学术领域来说，熊师的着力点和贡献主要在秦汉史和道家道教研究。如果前一个方面是60岁及以前的研究重点，那么道家道教尤其是老学史、庄学史（老庄学）的开拓与建设，则主要是60岁之后的事。关于道家道教研究，熊师在《文集》的《自序》中概括说：“主编和合作撰写的《中国老学史》与《中国庄学史》，我发起组织并自己动手撰写（《中国老学史》的秦汉以前部分、《中国庄学史》的隋唐以前部分)。这两本书在社会和学术上的影响都比较大,《中国老学史》出版以后,加印了四五次。《中国庄学史》先后在湖南人民出版社和福建人民出版社(增订本)两次出版。实际上可以说是开辟了老庄学史研究这样一个新的领域(紧接着我还组织出版了《二十世纪中国老学》和《二十世纪中国庄学》),后续的还有断代的和专题的老学史以及多卷本的中国老学通史出版。”

熊师前中期的秦汉史研究,更多的是一种个体性学术活动,无论是成名作《秦汉新道家略论稿》(1984年)的问世,还是合著《秦汉官制史稿》(1985年)的刊行,抑或是《秦汉军事制度史》(1990年)的出版,无不主要是以一己之力,在秦汉史这块学术沃土上奋力开掘。1993年以后,熊师有了更加明确而自觉的带团队、建学科的主体意识。在老学史、庄学史研究粗具规模之后,熊师牵头的道家道教研究中心成立(2002年)。以中心为依托,道家道教研究团队承担各种项目,组织学术论坛,培养高端人才,推出系列丛书,成为历史文化学院一个响当当的学术品牌。“按照时下的标准,有重大课题(如‘老子集成’‘老学通史’),有重大奖项(如《老子集成》获湖北省一等奖等),有成批的科研成果(如出版了二十来本《道家道教文化研究书系》的著作),有重大活动,前后举办了三次‘全真道与老庄学’的国际学术研讨会,同时正式出版了三套会议论文集(2008年,2012年,2016年,每四年一次,有连贯性)。”(见《文集》第九卷《回忆录》)由于我本人的学术领域不在道家道教方面,相关重大课题、重要活动我均较少参加,但作为曾经的职业出版人,我亲自见证并积极推进了“道家道教文化研究书系”的运作。

谈及自己的学术经历,熊师在《回忆录》中说:“因为‘学术’是我‘人生’的一个重要部分,特别是到了晚年,我不但没有离开,60岁以后似乎越干越有劲,也许闭目之日才是结束之时。”在道家道教研究领域开疆拓土的同时,熊师对于秦汉史的探讨并未停止。2001年,在《秦汉新道家略论稿》基础上大幅度增订完善的《秦汉新道家》在上海刊行;2013年,年满80的熊师十年磨一剑的个人专著《汉代学术史论》出版(该书后来获得教育部社科成果二等奖)。在《汉代学术史论》的《后语》中,熊师说:“有生之年，我还将继续学习、思考、研究，以期有更多更好的新发现。”

“莫道桑榆晚，为霞尚满天。”作为桂子山的学术常青树，我们期待并相信熊师能够也一定会不断推出新成果，贡献新发现，步入新境界。周有光先生百岁之后还常有新作见诸报刊，有论著出版发行；我们坚信：身体硬朗、精神矍铄的熊师正在迎来学术生涯的晚霞满天！

2022年3月13日初稿，4月7日改定

【附注】

此文微信公众号“出版六家”2022年4月10日推送。网友留言选取数则：(1) 董泽芳：“欣闻熊铁基先生九十大寿时出版内容厚重的九卷本《熊铁基文集》，极为感佩，深表祝贺！花甲磨练经风雨，多少白首叹桑榆。桂山学术常青树，六十岁后好著书！”(2) 李鸿：“孜孜不倦的学术泰斗。”(3) 张晓敏：“六十岁后好著书，鼓舞人心！”

另，董泽芳教授获赠《熊铁基文集》后，于2022年4月25日再次赋诗二首。一则：常人花甲叹无穷，感公六十著书丰。秦汉唐史经纬织，军政学制纵横通。疏理老庄填空白，探究全真立新宗。桂山学术常青树，熊文九卷贺寿翁。二则：年登耄耋人不老，书山信步乐逍遥。忠党忠教崇学术，爱校爱生尚德操。无冕校长歌真情，有趣真者唱风骚。智仁和乐身心健，再盼期颐奉寿桃。

为学术的人生

20世纪60年代初，生活·读书·新知三联书店出版了一本书，书名叫《为书籍的一生》。这是俄国出版史上最著名的出版家绥青的个人回忆录，它生动再现了绥青怎样从一个农民、学徒成长为一名杰出出版家的传奇经历。这本书一直很受中国读者欢迎，一印再印，前几年还有新版本问世。

前些年，广西师范大学出版社策划刊行了一本书，书名叫《为学术的一生》，名字显然有模仿上一本书的痕迹，但内容另有特点。此书是金景芳、钟敬文、邓广铭等44位现代学术大家在不同学科领域书写的个人备忘录，也很有价值，流传广泛。

由此，我想到今天这个“文集”和“纪念集”出版座谈会，想到如何概括熊铁基老师的人生经历、教育生涯与学术贡献。我觉得，说熊老师的一生是“为学术的一生”，再恰当不过了。这也就是我将原先拟定的书名《熊铁基学术与人生》改为《熊铁基的学术人生》的缘由。以前，我们出版的“华大学人研究书系”出版了类似的纪念集多种，包括《章开沅学术与人生》《黄曼君学术与人生》《刘盛佳学术与人生》等。我最近考虑，按照不久前出版的《钱锺书的学术人生》（王水照著，中华书局2020年版）来取名纪念熊老师米寿的集子（纪念章先生等人的文集书名也当这样更好），应该更合适一些。一字之易，含义有明显的区别。“学术与人生”二者是并列关系，是“学术”与“人生”的相加。“学术人生”是一个词组，合二为一，是难分彼此的融合状态，“人生”就是“学术”，“学术”也就是“人生”。作为一个纯粹的学者，其精神世界、日常生活、业余爱好等，无不与学术有直接或间接的关联。熊老师八十大寿时我写了一副寿联：“治秦汉史史德史才兼备；研老庄学学品学风俱佳。”也是完全着眼于学术的。

熊老师一生确实是把个人的兴趣、职业和志业很好地结合在一起了，近70年教书育人，提携后学，读书著书，乐在其中。

记得是在十四五年前，台湾花木兰文化出版社派人到武汉组稿，熊老师知道我的博士论文还没有出版，就热心引荐我与出版商联系。结果是我那自己并不满意、压在箱子里多年的博士论文很顺利地由花木兰正式印行。不仅如此，花木兰还从华师出版社购买版权，出版了我的另一本著作《商务印书馆企业制度研究（1897—1949）》（合著）。章开沅先生给这本书的台湾繁体字版写了序言，此书后来有幸获得了武汉市社科优秀成果一等奖。

记得上十年前，熊老师电话找我要刚刚出版不久的《钱基博集》第二辑（5册）。我答应让总编室小伙子送去，而熊老师点名让李宗奇送书。见了面，我才知道李宗奇是个美女青年编辑，当时刚从历史文化学院硕士研究生毕业应聘到出版社下属的鸿图公司任职。以后，凡是要给熊老师送新书、送点心之类的，我就直接找李宗奇了。这次，《熊铁基的学术人生》就是由李宗奇担任责任编辑。她尽心尽力，认真负责，工作很出色，得到熊老师和各位作者好评。

记得四五年前吧，熊老师说他一年写了8篇论文，其中有4篇要发表在权威期刊上。这话他应该对多人在多个场合都讲过。80多岁的高龄，还在坚持做课题，出专著，论文还一篇接一篇地“出笼”，真是宝刀不老，学术之树常青，这很让我辈汗颜。熊老师还一一盘点自己学术上开拓的新领域，发表的新观点，以满满的学术自信总结既往，并自我期许进一步的开拓和创新。

这就是耄耋之年的熊老师，沉醉于学术，忘情于科研，孜孜不倦，笔耕不辍，不知老之已至。他以学术为生活方式，为生存方式，老而弥坚，成果迭出。明代洪应明在《菜根谭》中有这样几句话：“日既暮而犹烟霞绚烂，岁将晚而更橙橘芳馨。故末路晚年君子宜精神百倍。”这几句话用在熊老师身上很贴切，只是最后一句我想把“末路”改成“夕阳”，“君子”用“先生”二字代替。不知大家以为然否？

最后，我希望熊老师的个人回忆录（或自传）早日完成并出版，也期待熊门师友早做谋划，着手熊老师评传、年谱及相关专题论著的编写。我觉得，对一个优秀学者包括自己老师最好的纪念，莫过于整理其成果，传承其精神，弘扬其学术。学术的生命在于薪火相传，绵延不绝，继往开来。让我们心怀梦想，守望学术的尊严，一起努力前行！

2021年12月28日

【附注】

此文微信公众号“出版六家”2022年1月2日推送。这是笔者在2021年12月29日举行的《熊铁基文集》《熊铁基的学术人生》出版座谈会上的即兴发言，成文时略有改动。九卷本《文集》近400万字，是熊铁基先生60余年学术生涯所取得的科研成果之总结性著作，主要涉及秦汉史和道家道教文化两个研究领域，包括秦汉新道家、秦汉文化史、官制史、学术史、军事制度史、中国老庄学史等的专题研究，以及古代史、道家道教文化研究的学术论文，序跋、杂文、回忆录等。《熊铁基的学术人生》由范军策划、组稿并主编，华中师范大学出版社2021年12月出版。此书共分三篇，其中上篇为“学术春秋：熊铁基与史学研究”，介绍熊铁基教授的学术主张、学术成果及学术影响，同时，还有对熊铁基教授进行的访谈。中篇为“师友漫话：熊铁基的教书育人”，作者以饱满的感情回顾与熊铁基教授相识、相交的点滴，其中有对熊铁基教授人格魅力的回顾，有对其有趣生活的回顾。下篇为“师门忆旧：熊铁基与研究生培养”，综合呈现熊铁基教授为学、治学、教学的独特魅力。从整体上看，既有对熊铁基教授学术思想的阐述，又有对其乐观向上态度的描述，内容积极向上，行文如流水，是一本可读性较强，且具有教育意义的书稿。

百年学府的一道独特风景

今年是敬爱的熊铁基先生米寿之年。两年多前，我与同门几个师兄吴琦、刘固盛、赵国华等酝酿为老师米寿做点事，形成的共识是出版一套多卷本《熊铁基文集》，另编一册纪念性集子，届时再开一个出版座谈会。文集之事，熊老师亲自选篇、编目、分册和打印，固盛、国华二兄从旁协助，出力尤多。纪念性集子的工作主要由我来张罗，熊师再传弟子肖海燕副教授后期帮忙做了大量收集整理与编排校核的琐碎工作。

现在呈现在诸位面前的这本《熊铁基的学术人生》收录八十多篇文章，分为上、中、下三篇编排。上篇“学术春秋”，对先生一生史学研究进行了多角度全方位的解读，其中既有对先生秦汉史、老庄学、道家道教研究诸方面学术成就的综合性探讨，也有若干相关学术书评，同时还收录了几篇访谈性文章。中篇“师友漫话”的近三十篇文章，关涉熊老师学术活动与日常生活的方方面面，作者既有本校文史专业的教师，也有校外的专家学者；既有校部与院系党政干部，也有出版机构的编辑朋友。这组文章与下篇的“师门忆旧”共同展现了熊老师丰富多彩的人生“风景”。下篇文章的作者都是熊老师培养出来的博士、硕士，还有再传弟子。学生们抚今追昔，无不饱含深情，文章大多写得真挚感人，朴实生动，充分展示了铁基师为师、为人、为学的风范和影响。

再过两年就是我们学校一百二十年华诞了。作为“华大学人研究书系”之一的《熊铁基的学术人生》，也算是我们为学校双甲子提前所做的一点准备吧。章开沅先生在为上述“研究书系”撰写的“总序”中曾特别强调“延续学脉与传承精神”的极端重要性，指出：“学脉是学科孳生繁衍的谱系，精神是众多学科群共生互动的校园神韵，而兼任两重载体且流光溢彩于百年岁月之间的则是那一代又一代的杰出学者。”就我校历史学科来说，张舜徽、钱基博、章开沅都是百年历史上非常杰出的学者，熊铁基老师无疑也是目前还在世的最杰出的历史学者之一。我们编选这本集子的目的和意义，正在于弘扬学术精神，传承百年学脉。

这本纪念集的策划与组编，从一开始就得到学校领导和有关部门，特别是熊老师所在的历史文化学院的重视，彭兄南生副校长作为熊师的学生和同事，又是分管出版工作的校领导，欣然提笔撰文以示大力支持。学校出版社、学报诸位同仁始终关心集子的进展，及时安排打印、编校、设计，落实生产进度，使得出版计划得以如期完成。最后，我们再次感谢为本书编写、出版付出辛勤劳动的各位朋友，也祝福熊师铁基先生健康长寿。“岂止于米，相期以茶。”待到熊师白寿、茶寿之日，我们将再刊行《熊铁基的学术人生》第二版、第三版。

2021年6月17日

【附注】

此文微信公众号“出版六家”2021年6月22日推送。文章是为范军主编《熊铁基的学术人生》(该书作为“华大学人研究书系”之一由华中师大出版社刊行）撰写的“后记”。此文微信公众号推送时，一个自称“老同志”(网名）的人有一段留言，不是说熊铁基老师，而是谈桂子山上的桂花树，有点意思，兹转录于此：“桂子山上桂花香。华师位于‘桂子山上’。1960年以前的桂子山空有其名，全山找不到一棵桂花树。华师宣传部高原部长，代表院党委作动员报告，全院师生共同努力，一定要让‘桂子山上桂花香’。为响应院党委号召，困难时期虽无饭吃，但同学们啃着高粱馍，在漫山遍野种上一尺高的桂花树。2013年，华师110周年校庆时，我返校参加庆祝，看到当年我们种的桂花树，已是四人拉手都围抱不住的苍天桂花大树了！早已实现了桂子山上桂花香！”(引者注：四人围抱不住的估计是香樟树一类，不太可能是“苍天桂花大树”。)

从《邢福义文集》想到的

很高兴今天参加学校出版社、语言研究所和文学院联合举办的《邢福义文集》（以下简称《文集》）出版座谈会。大前天出版社送来装帧大气、印制精美的全套文集，皇皇巨著，十一大本，看着就有一种高山仰止、景行行止的感觉。邢老师著作的单行本，我手头有多种，如《汉语复句研究》，老人家送了两本给我（重了）。那本很特别的《寄父家书》（未收入《文集》），我是带着崇敬之情从头到尾认真拜读的，深受教益，读后感慨良多。

翻阅邢老师的《文集》，不由得想起30多年前我读硕士时导师曾祖荫教授对我说过的一句话。记得当时曾、邢二师一起出差，参加了某项评审（可能是国家社科基金项目一类）。回来后，曾老师和我闲谈，说他这次开会与邢老师住在一起，相互交流颇多。曾老师说："邢老师他们语言学研究比我们文学研究做得好多了。"我理解，曾老师此话既是指邢老师个人的学术研究成就，也是就整体语言学与文学研究相比较而言的。80年代中后期的文学研究还是很热闹很兴旺的，新学科、新理论、新方法、新概念层出不穷，但总体感觉是立足本土、注重原创不足，对西方的东西囫囵吞枣地生搬硬套比较多见。当我们认真阅读邢老师文集，加上刚才听了几位语言学专家的发言，我的感觉是邢老师非常了不起，语言学尤其是现代汉语研究的成就非常了不起。几十年过去了，文学研究虽然也有变化和发展，但与语言学研究仍旧存在差距。过去对邢老师的"小句中枢说""句管控""名词赋格"等重要理论，"两个三角""三个充分"的研究方法或思路，我不太明白，似懂非懂，刚才听了几个专家通俗易懂的讲解，特别是举例说明，有一种豁然开朗的感觉。邢老师一直倡导"研究植根于泥土，理论生发于事实"，始终注重从语言现象尤其是人们习以为常的语言现象中敏锐地发现问题、探寻规律，形成自己独到的理论体系和研究方法，对汉语语法研究的推进和中国特色语言学的建设，发挥了极为重要的作用。

由《文集》出版，我还想到许多年前邢老师的“冠军”之说。记得是2005年前后，学校在咸宁碧桂园召开学科建设方面的务虚会。邢老师在会上有个重点发言，他开头说了一段话，大意是我们华师是一个“三流大学”。如果说北大、清华是“一流”，其他若干985名校可算是“二流”，华师自然在“三流”之列。在大学的激烈竞争中，三流大学要想得高分，总分靠前，那是很难的。我们这样的学校肯定拿不到“全能冠军”，但能不能在某些领域、几个学科有所突破，力争“单项冠军”呢？邢老师说，那是完全可能的、可行的。现在看来，邢老师不仅是“单项冠军”的倡导者，而且是成功的践行者。60多年来，他主攻现代汉语语法学，也研究逻辑、修辞、方言、文化语言学等问题，在多个专门领域取得了开拓性的成果，一系列汉语研究理论在海内外产生重大影响。我们学校中国语言文学学科能首批进入国家“双一流”建设行列，就是与邢老师，还有刘守华老师等“单项冠军”大有关系的。前天，也是在这个会议室，召开了新时代故事学理论建设研讨会暨《刘守华故事学文集》出版座谈会。刘守华老师是个一辈子“追故事”的人。说他是中国民间故事研究第一人，国内外都是认可的，那套大型的十卷本故事学文集就是最好的证明。邢老师、刘老师等老辈学人的研究成果和治学经验，给后辈如何为人为学，对学校如何进行学科建设、人才培养，具有多方面的启示。

要感谢邢老师，最后将个人文集放到华师出版社出版。王先霈老师担任出版社总编辑时支持语言所推出“华中语学论库”（现已出版数十种），希望邢老师自己的重要专著也放到这套丛书中。后来，邢老师的《汉语复句研究》《汉语语法学》等拿到了商务印书馆出版，我们表示理解。作为补偿，邢老师帮华师出版社主编了双效俱佳的《现代汉语》高校教材，另有个人自选集在本校出版。至于多卷本文集，我大概在十年前就和汪国胜老师商量，希望邢老师早点启动编纂，当时老人家没有同意，但出版社几任领导班子一直没有放弃，始终盯着这个项目。就我所知，邢老师老家海南的出版机构，还有东北师大出版社都有为邢老师出大型文集的意愿，文集最后还是花落桂子山，这是邢老师的信任，也是华师出版社的荣耀和职责所在。

《邢福义文集》出版了，我想后续还有一些工作需要只争朝夕、快马加鞭来做。邢老师的自传、回忆录、口述史等我们还没有见到。记得前几年，我的博士生导师熊铁基教授说他每年还写多少篇、发多少篇论文，我说您赶紧别写文章了，尽快写个人回忆录。某些专题的论文，其他人也可以写，但自传、回忆录等无人可替代。熊老师虽然今年已经年满九十，但身体、精神都不错。大概八十五六岁时动笔写回忆录，很快写就十多万字，已经收录在了他的多卷本个人文集（第九卷）中。章开沅先生在世时就出版了他的口述自传（北师大出版社2015年版），整理了《章开沅海外访学日记》（去世后广东人民出版社2022年出版），另有《回归大学之道——章开沅口述史》（华中科大出版社2022年刊行）。邢老师近两年身体状况不是太好，我们期待老人家早日康复，也建议语言所同仁配合邢老师做好个人口述史的相关工作。至于对邢老师书信、日记及其他相关文献资料的搜集整理，对邢老师人生历程、学术经历及成就的综合性或专题性研究，也可以早点提上议事日程。

最后，我还要感谢邢老师对我个人的关心与厚爱。前几年，邢老师曾几次三番希望我能回文学院多做一点工作，老人家甚至用很煽情的话来鼓励我。我深知自己德能不足，才疏学浅，且学术上不入中国语言文学专业主流，只能做点敲边鼓、打下手的辅助工作。我很乐意在总结中文专业百年学科史、学术史方面做些力所能及的事，近期就受学院委托，组织编撰《学缘漫忆》一书，这里也欢迎在座各位从学缘的角度，写写邢老师，写写其他老辈华师学者，让华师这所历史悠久的大学之百年学脉，代代相传。

2022年7月12日

【附注】

此文微信公众号“出版六家”2022年7月16日推送。系笔者根据2022年7月10日在“《邢福义文集》出版座谈会”上的即兴发言整理而成。7月23日，华中师范大学语言研究所官微转发。

由《王先霈文集》说开去

今天怀着崇敬的心情参加王老师文集的出版研讨会。记得王老师讲过一件事，有一年他和南开大学罗宗强教授参加一个学术活动，同住一室。晚上两人躺在床上聊天，说到张舜徽先生时，罗教授忽然坐起来穿好衣服，他说不能这样随意地躺着闲谈张先生，否则是对老人家的不敬。张先生是了不起的大学者，是真正的国学大师，罗老师对舜老尊敬有加，就像斋戒先得沐浴更衣。我们今天谈王老师的为学为人，谈王老师的著作，也是满怀敬畏之情的。

翻阅厚重而精美的八大本皇皇巨著，勾起我许多美好的记忆。我是中文系81级的（到桂子山今年正好40年），大学期间曾祖荫老师讲“文学概论”，周伟民老师讲“古代文论”，王老师则开“文学评论”课（这是中文系一门新课）。记得王老师上课时，口袋里装着写在小学生作业本上的讲义，但老师讲授时总是把小本子放在讲台上，很少或者基本不看。他的这个讲义经整理完善，以与范明华老师合著的方式由华中工学院（现华中科技大学）出版社正式出版。样书是明华老师和我骑着自行车去拖回来的。王老师和周老师合著的《明清小说理论批评史》，洋洋六七十万字，大约是在1985年毕业前夕由我找了上十个同学誊抄一遍。当时复印、打字都很不方便，书稿还是以手抄为主。这部书稿要求用繁体字来抄，同学们认繁体大多还行，但写起繁体字来就很吃力。后来，我们几个同学用老师所付的抄稿子的钱去餐馆美餐了两顿。我的本科毕业论文做的陆机《文赋》文学思想研究，初稿居然拉拉杂杂写了近3万字。王老师是我本科毕业论文的指导老师，非常认真仔细地批阅我的论文，提出了许多修改意见。记得几次应约去王老师住在二附中的家里，谈论文修改之事。那时还真不是戴网红教授说的“本科生论文答辩逗你玩”。现在想想，当年那不成样子的蹩脚文章耽误了老师不少宝贵时间，当年要懂事的话我真该写短一点，至多写个七八千字。

1985年，我和李兄建中，还有中文系两位在职的青年教师范明华、王济民一起读古代文论研究生（孙子威老师名下则有毛宣国、白少玉、孙立三个“文艺理论”方向研究生）。当时是三个导师（周伟民、曾祖荫两位老师和王老师组成指导组，周老师是组长）带我们4个学生。建中兄的毕业论文做《世说新语》的“才性论”（他提前半年毕业），我则选了王夫之的文艺美学思想研究为题。但毕业后，我与文学和文学研究渐行渐远，没有能像李建中兄那样沿着导师指引和开拓的学术之路继续前行。如果说影响，王老师对我更直接的影响可能还是在出版方面，包括工作和研究。

1999年四五月间，王老师因年龄原因从出版社总编辑岗位退下来，由我接任。王老师是出版社历史上第四任总编辑，我算是第五任。一转眼20多年过去了，我今天的年纪就是王老师当年的年纪，真是时光匆匆，岁月如梭。就在1999年年初，王老师张罗成立了编辑学研究中心（后来根据学科发展情况更名为出版科学研究中心），我当时在学报编辑部，听说是王老师点名让我参会并做发言。已逾七十高龄的出版局老局长蔡学俭先生与会，还讲了话。正是在王老师的亲自运作下，2000年挂靠在文艺学专业（当时新闻系还没有硕士点）下招收了第一届编辑学两名硕士研究生（夏兴通、高娟），王老师亲自任导师，我协助指导。到2001年，我们编辑学专业招收了三名学生（李嘏娜、胡其山、刘英），王老师、吴柏春副总编和我分别指导。这是我第一次独立招收硕士生。2002年，王老师和我各招收了一个学生（李潇、方玮）。再后来，王老师便没有继续在编辑学这个方向招生（吴柏春老师也就招了一届）。王老师把我带入研究生教育之中，可说是扶上马还送了一程。后来，新闻学有了自己的学位点，新闻传播学一级学科硕士点也获批了，学科建设得到较大发展。在文学院领导和刘九洲教授支持下，依托传播学专业的编辑出版方向持续招生十多年，并取得了良好成效，段维、董中锋、周挥辉、严定友、曾新、梅莉等多位出版人和专业编辑先后担任了研究生导师。华师的出版教育和出版研究在全国也算小有名气了。饮水思源，正所谓前人栽树后人乘凉，王老师当年为我们栽下的这棵小树如今已然长大成材，枝繁叶茂，且未来可期。

到了2010年，文学院为了支持新闻传播学科建设，同时也带动学院除了传统汉语言文学专业以外的其他方向（如影视）的老师，考虑在一级学科博士点下增设文化传播学二级学位点（张三夕教授牵头）。因为有了编辑学专业研究生教育上十年的积累，也有了相对丰硕的学术成果和比较整齐的师资队伍，"出版文化"便作为文化传播学的四个方向之一（另外三个是文学传播、影视传播、新闻传播）纳入其中。这个博士点2012年获批，2013年正式招收两名博士生（王光艳、欧阳敏），指导老师为张三夕和我。到今年，文化传播学已经招收了九届博士生，毕业了六届。王老师虽然已经退休多年，但依旧十分关心我们的博士点建设，关心人才培养质量和学术研究情况。

就华师出版事业的发展、出版工作的推进来说，王老师在短短的三年多时间里为我们奠定了很好的基础，尤其是开启了新的航向，擘画了新的蓝图。从1996年到1999年几年间，王老师在出版社总编辑任上兢兢业业地工作。华师出版社于1985年成立，在王老师任职之前的出版社各方面也有一定发展，尤其是在中小学教辅方面做出了成效，同时注重服务学校教学科研，形成了一定经济实力和社会影响力。王老师上任后提出要确保"菜篮子、米袋子"，那就是坚持做好做精中小学教材教辅。另一方面要加大学术文化著作的出版力度，那叫"花钵子"。王老师和朱峰社长都特别强调出版社的双效统一，强调出版社不仅要生存，还要体面地生存。从1997年开始，出版社推出了"桂岳书系"（首期出版杨东莼、韦卓民、詹剑峰、张舜徽、钱基博学术论著选），习惯上称之为"五老丛书"；"桂苑书系"（徐勇、李宇明、朱英、何建明等人专著）则是以刊行本校优秀中青年学者的代表性专著。这两套书注重百年老校的学术积累和学脉传承，反响都很好。此外还承担了大型项目《湖北通史》的编纂出版任务。在高校教材建设的这个短板上，王老师希望以点带面来实现突破。经过他的艰苦努力，王庆生校长主编的《中国当代文学》两卷本从上海文艺出版社拿了回来（正好到了版权期），王老师自己主编的文艺学系列教材三本也在这期间正式出版。这几种书，加上《中国当代文学作品选》四册，《实用写作教程》《形式逻辑》等，都是发行量很大的中文专业精品教材，双效俱佳。后来，王校长和王老师主编的教材都获得了教育部优秀教材奖，文艺学系列教材还是一等奖。这些奠基性的工作为我们此后的高校教材建设开拓了新路。

沿着学术积累为主的路子，我们后来将“桂岳书系”扩展到十种（加了黄溥、包鹭宾、章开沅、邢福义、熊铁基的学术论著选）。在此基础上，出版社成立了专门的学术出版中心，开始着手编辑出版本校著名学者的多卷本文集或全集。到我离开时，出版的人物文集、全集有六大套（另有辛亥百年纪念文库、科举学研究丛书、高考改革研究丛书、文学院教授文库等），涉及张舜徽、钱基博、杨东莼、韦卓民、章开沅、黄曼君几位华师历史上的著名学者（最初启动张舜徽集时，是没有任何资助的）。现在新的出版社领导班子抢抓机遇，继往开来，学术出版特别是人物文集的编辑出版更是快马加鞭，除了王老师的文集，邢福义、熊铁基、刘守华、张光年等人的集子也都在运作之中，值得期待。我现在回头编学报，相比而言，觉得出版特别是文集、全集出版重点要“眼睛向后看”，关注老学者、老教授；而学术期刊更多地要“眼睛向前看”，目光紧盯住中青年学人尤其是有潜力的年轻教师和博士生博士后。

高校教材建设无疑是大学出版社的工作着力点之一。王老师当时开了头，布了局，我们后来只是萧规曹随，沿着既定方向加大了力度，加快了速度。前些年成立的高教编辑室、高教分社，都是意在把高校教材作为一个板块来做大做强。国家评选“十一五”高等学校规划教材（胡亚敏老师参加了评审）时，我们出版社中文专业教材有11种入围，当时仅次于北大出版社。王老师主编的文艺学系列教材，我们也由3种扩展到上十种（其中有在座的胡亚敏老师的《比较文学教程》，李建中主编的《古代文论》）。现在虽然出版技术有了新的发展，融合出版日新月异，但“内容为王”的大学出版，高校教材始终是一个重要的抓手。

要谈王老师的谆谆教诲，谈我本人受教获益的事情还有很多。我疏于走动，几个导师处极少登门请安。只是时常与王老师微信互动，交流一些觉得有用或有趣的信息，有时把“出版六家”要推送的“桂子山语丝”闲文发王老师教正（《桂子山语丝》刊行时还请王老师拨冗作序），我还喜欢发点音乐，主要是西洋乐曲让王老师愉悦身心（读文集才知道王老师喜欢戏曲，但对戏曲我是一窍不通）。王老师的人品学品、道德文章对学生辈的我们影响是潜移默化的，是十分持久的。若说还有其他方面的熏陶，那就是李建中兄讲的“兼性”，理性、博大和包容。当今社会纷繁复杂，各色人等无奇不有。做点学术尚可关起门来自娱自乐，但若做管理，与人打交道，则更需要涵养、胸襟和气度。从王老师那里我慢慢学会尽可能团结好人干实事，团结能人干大事，团结坏人不坏事。虽然努力朝这个方向去做，努力让自己也有一点“兼性”，但离理想的目标还差得很远。最后祝愿王老师健康快乐，学术常青！

2021年4月18日

【附注】

此文微信公众号“出版六家”2021年4月25日推送。《王先霈文集》由华中师范大学出版社2020年10月出版，总计8卷，300余万字，收录了著名文艺理论家和评论家王先霈先生的文学理论论著、评论文章、散文随笔，对其学术成果进行了系统梳理与集成，也从侧面反映了我国当代文艺理论的发展脉络。《文集》的所有篇目均由王先霈先生精心挑选而定，收录其自1960年发表作品以来数十年间的研究成果。主体内容为一至六卷的文艺理论著作，包括《文学评论教程》《文艺心理学读本》《文艺理论学科地图》《明清小说理论批评史》《小说技巧探赏》《徘徊在诗与历史之间》等，涉及中国古代诗学、中国文化与中国艺术心理思想、文学文本细读以及文学理论。七至八卷主要收录王先霈先生多年的文学评论、作品序跋、学术随笔、演讲以及怀念学术界和文学界师友的文章，立意深刻，文风淳朴。

曾老师的“根据地”

一

曾祖荫教授是我读硕士时的第一导师，我则是曾老师的开门弟子之一。1985年6月中文系本科毕业后，作为首届推免研究生，我接着攻读文艺学专业古代文论方向硕士学位。当时是三个导师组成一个指导组，周伟民教授担任组长，另两个成员为王先霈教授和曾老师。学生四人，其中范明华、王济民两位是中文系文学评论教研室的助教，77级本系毕业后留校任教。李建中是本系78级毕业生，那时在中南民族大学任职。除了我是应届、脱产，他们三人皆为往届毕业的在职研究生，也都年长于我。明华师兄担任过我们中文81级文学评论课的助教，且讲授过两节课，因此我对他一直毕恭毕敬地以范老师相称。

读本科时，三位导师都给我们上过课。曾老师讲“文学概论”，周老师讲“古代文论”，王老师则新开一门“文学评论”课。周、王二师，一位是我大四上学期中学实习时的带队老师，一位是我本科毕业论文的指导老师。1985年秋季入学不久，中文系的助教进修班开班。几位开明的导师意见是，不给研究生专门开课，而是让我们去听他们所上助教班的课，并说“可听可不听”。我自觉选择了“可不听”。不仅专业课不听，李本先教授的政治课也选择了“基本不听”。李老师是政治系主任，知名的马列专家，他给我们讲《反杜林论》，讲法是一句一句、一段一段的古文“串讲法”。我听了一次半（三节），后来就再没去上课了。

开学个把月后，导师组就进行了分工。王济民由周老师负责，明华师兄由王老师负责，李建中和我则分给曾老师。这个“负责”包括日常学习指导和学位论文撰写。此后，与曾老师联系自然就更多一些，后来（包括毕业留校工作后）喜欢有事没事就跑到曾师那里天南海北闲聊。虽然不爱上课，但专业学习还是蛮认真的，泡图书馆，逛书店，听讲座，写文章，外出访学（主要是游山玩水），当然也常常看电影、下围棋，倒也十分充实忙碌。学习上有了麻烦、生活上遇到困惑，都会去向“第一导师”求教。曾师总是用他那不疾不徐、举重若轻又略带幽默的点拨让我云开雾散。听着老师那一口“标准”的湖南益阳普通话，总有一种温暖而踏实的感觉。

导师指导学生读书做学问，除了“言传”，还有“身教”。有时候，潜移默化的“身教”往往润物细无声，其影响更大，也更持久。建中兄和我，都注重从导师的治学路径与风格中揣摩学习，而曾师的“学术根据地”正是我们的一个“观测点”或“临摹样本”。

曾老师是有明确而自觉的“根据地意识”的学者，这或许与他早年的军旅生涯有关。在中文系，有过从军经历的教师不止一两人，如钱基博先生年轻时在旧军队当到了中校；曾经留学日本的胡雪教授，上过黄埔军校；而曾任中文系党总支书记的胡宜兰老师、讲授外国文学的奠自佳老师，都上过朝鲜战场。但就我所知，他们或是幕僚，或为文艺兵，都没有带兵打仗的经历。而曾师不仅当过兵，而且时间较长，还曾有过湘西剿匪的传奇履历。

我们的三个导师，年龄最小的王老师1939年出生，1960年本校中文系毕业后留校任教。出生于1933年的周老师是中山大学1957届毕业生。与周老师同庚的曾老师则迟至1961年才大学毕业，算是王老师的正宗学弟。原来，曾师上大学时是“调干生”，其简历上显示：1949年9月考入湖南益阳地方干部学校学习。1950年1月，调入中国人民解放军益阳军事干部学校学习，后调入中国人民解放军第十二兵团文教研究班学习，在中国人民解放军工作到1957年8月，1957年9月进入华中师范学院（即现在的华中师范大学）中文系学习。据我所知，曾师在部队从“当兵的”，后来成了“带兵的”。当24岁的曾师1957年进入大学时，已经是有过8年军旅生涯的“老兵”（军官）了。

或许是因为早年经历的这段峥嵘岁月，让曾师从教后特别注重稳扎稳打，步步为营。在70年代，曾师参与过鲁迅著作的注释，80年代初期又和周、王二师以及黄清泉教授合编了《中国历代小说序跋选注》（长江文艺出版社1982年版）。后来，周、王二师继续沿着中国古代小说理论批评的道路前进，推出了洋洋六十多万言，具有开创性的《明清小说理论批评史》（花城出版社1988年版）。曾师则另辟蹊径，开始了自己的美学范畴研究之旅。

二

1986年，曾师出版了两本著作。第一本是与彭立勋教授合著的《西方美学与中国文论》（湖北教育出版社1986年版），其中彭老师写西方美学，曾师写中国文论部分。中国部分侧重研讨从“诗言志”说直至王国维的“意与境浑”说的丰富内容，并在具体分析中注重突出中国文论的民族特色。这是一本学术普及为主的书，不少专题都是从概念、范畴入手的，内涵丰富，深入浅出，该书发行后很有影响。另一本著作是《中国古代美学范畴》（华中工学院出版社1986年版，后简称《范畴》），这也是严格意义上曾师的第一本个人学术专著。该书的“内容简介”这样说：

美学范畴是人们的思维对美的本质联系的概括和反映。它对于艺术创作和美学、文艺理论研究都有着重大意义。本书以文艺的特征为中心，比较系统地论述了我国古代常见、今天仍有现实意义的情和理、形和神、虚和实、言和意、意和境、体和性等美学范畴，分别阐明它们形成的历史以及其基本美学特征。立论严谨，论述深刻，颇有创见，文字也通俗易懂。可供从事文艺创作和研究美学、中国古代文论、文艺理论的读者参考。

曾师在《后记》中，说这本书从构思、收集资料到定稿，前后花了好几年时间。它本来是作为选修课教材撰写的，因此力求条理清楚，例证充分，行文朴实。用教学来促进研究，反过来以研究提升教学，这正是曾师所追求的。该书出版后，台湾很快出现了盗版；再后来，讲规矩重诚信的台湾文津出版社正式购买版权，刊行了此书的繁体字正版。嘉川（邱紫华）有关此书的长篇书评刊于次年5月号的《文艺研究》上，责任编辑徐汉明也有评论文字登载于武汉的《书刊导报》。《范畴》先后获得过中国大学出版社优秀学术专著奖、湖北省优秀社科作品奖等荣誉，并被任继愈、方鸣等主编《二十世纪中国学术要籍大辞典》（中共中央党校出版社1993年版）、乔默主编《中国二十世纪文学研究论著提要》（北京大学出版社1994年版）收录。

《范畴》印行后，我陪曾师去华中科技大学（当时叫华中工学院）出版社（在校内）取样书、领稿费。领了样书，又到财务科开出支票，师徒二人便出学校正大门，到马路斜对面不远处左侧的银行办事点（位于路边高台阶上一排红砖平房的中间）取钱。那时还没有身份证，曾师亮出工作证。银行美女柜员盯着老师看了好久，问是不是本人。我瞅了一眼，原来工作证上可能是曾师十多年前的照片，颇有年轻军人的英武之气。而此时的老师已经年过半百，形象上明显有了些变化。我赶紧上前一步，义不容辞地证明那个“帅哥”就是近在眼前的吾师。这样，才顺利地取了钱。

曾师的学术潜质与实力早在读大学期间就有所显现。《叶紫小说初探》刊于1960年第2期的华师《学报》，当时他还是大三学生；更早是在大二时他就有评论文章发表。但曾师显然属于那种厚积薄发、出手谨慎的学者。关于美学范畴研究，在出书之前，他仅在本校学报1984年第4期发表了一篇《意境与民族审美传统》。因此，当《范畴》一书“横空出世”，立即让人有“惊艳”之感，既具创新价值，又十分扎实厚重，得到学术界广泛关注与好评。

当年轻学子学术未上路时，跟随导师的脚步在模仿中学习并非坏事。1987年，围绕美学范畴，我写作发表了大小三篇文章：一篇介绍《范畴》的短评刊发于湖北大学的《中学语文》杂志；一篇题为《吹尽狂沙始到金——读〈中国古代美学范畴〉》发表在《华中师范大学研究生学报》第1期，此文被人大报刊复印资料《美学》同年第10期全文转载，这也是我第一篇被人大复印报刊资料转载的论文；第三篇文章为《通变范畴的萌芽和形成》，也刊载在本校《研究生学报》上，显然有学步曾师的痕迹。后来，我还就“文质”“理趣”“诗眼”等古典诗学范畴写作并发表了几篇文章。

与我的浅尝辄止不同，建中师兄一直研究古代美学范畴，并将曾师开拓的事业不断发扬光大。他的硕士学位论文写的是《世说新语》中的“才性论”，以“才性”这个范畴为抓手展开研究，得老师真传。后来，他将“范畴”扩展为“关键词”、将“中国文论”扩展到“中国文化”，出版了《体：中国文论元关键词解诠》《元典关键词研究的理论范式》等专著，承担了国家社科基金重大项目“中国文化元典关键词研究”，并推出了系列成果，可谓薪火相传，学脉绵延。

三

如果说《中国古代美学范畴》是曾师“范畴根据地”的奠基之作，那么《中国佛教与美学》一书则是其巩固之作。后者1991年10月由华中师范大学出版社出版，台湾的文津出版社积极跟进，1994年便刊行了繁体字版。该书出版后《文艺研究》等报刊亦有书评推介和讨论。《中国佛教与美学》书名虽无“范畴”二字，但书的内容或主轴却是紧扣范畴展开的。全书除“绪论”外有八章，前3章是基础性内容，包括“印度佛教文化概说”“佛教与中国传统文化”“佛教与中国传统艺术”。后面5章，全部是从佛教与审美的关系切入，分别探讨佛教与妙悟、虚静、言意、境界、形像之关系。因此，完全可以说此书是《中国古代美学范畴》的拓展与深化。

其实，在《范畴》书稿刚杀青甚至写作的后期，曾师就已经开始关注并探讨中国美学与佛教的关系问题。记得是在1987年，我和同寝室阮忠、孙立兄等去汉口交通路古旧书店买书，还帮曾师代买过一套《五灯会元》。这是由宋代普济编著的一套禅宗史书，是将《景德传灯录》等5部禅宗灯录融汇、删改而成。读研的时候，汉口交通路一带除了古旧书店、新华书店，还有多家私人办的大小旧书店，我们时常会在北大门广埠屯坐公汽到江边，再转乘轮渡过江，然后步行约一公里到达目的地，买书和闲逛，乐而忘返。几乎每个月都会去个一次两次。

顺便值得一提的是，在建中兄张罗下，我写过一本《诗神的诱惑——东方诗歌史话》（海南出版社1993年版）的小册子；受邱紫华老师鼓励，申报并获批为教育部社科基金项目“佛教与东方诗歌艺术研究”。那时候，也曾买了不少佛学书籍，天天跑图书馆古籍部翻阅《大藏经》，可惜后来忙于出版社杂务，这个领域的研究没有坚持下去。当时能大胆涉足佛教，无疑是曾老师之影响所致。

很显然，20世纪80年代中后期曾师已在研读佛书，钻研佛教与美学问题。闲聊时，老师会自觉不自觉地谈及佛教，有几分参禅入道的意思了。在该书《后记》中，曾师说：“这本《中国佛教与美学》，原是为攻读硕士的研究生所准备的讲稿，初稿完成于1988年春。后来一直忙于教学和行政工作，无暇修改。又病了大半年。时光匆匆，不觉已过三年，现在重理旧稿，不胜感慨！”

重读《后记》，不禁让我回想起30多年前的陈年旧事。曾师说“忙于教学”那是大家都知道的，但“行政工作”如何却并非人人清楚。1989年，曾师出任中文系主任。就我所知，有过多年部队管理和学校政工经历的曾师，在粉碎“四人帮”后下决心回归教师队伍，专注于教学科研业务。当曾是自己老部下的党委书记戴绪恭教授请他“出山”担任系主任时，曾师是一口回绝的；几个回合下来仍无进展，戴书记说曾老师您是共产党员呢。这才让吾师无话可说，于危难之时走马上任，但说自己随时可能卸任。在那个多事之秋，曾师为了师生安全和大局稳定，殚精竭虑，几乎天天坐守办公室，操心劳碌。也正是那时候，教美学的彭立勋教授被调去深圳工作了，美学教研室邱紫华、张玉能、徐正非几位老师有意让我从工作不久的学报回中文系任教，这也正是曾师的愿望或指示。他派时任系行政副主任的吴毅华老师到学报联系调动事宜，后因种种原因，此事未果。曾师因身体原因，两年后辞去系主任之职。

中国化的佛教尤其是禅宗，援儒入佛，又道佛杂糅，不仅极大地影响了传统的文学艺术，也蕴含着深刻的人生哲理。沉浸于古代文化中的曾师，虚静自持，淡泊名利，有古君子之风。闲谈中，老师常告诫弟子“一个人好处不能占尽”，知道“得”，更要懂得“舍”。他本人总是身体力行，是经师，更是人师。听系里老师说，学校要报曾师为全国优秀教师，让他填个表，他在表上写“我有如下缺点和不足”，然后是“一二三四”。领导看了，哭笑不得，只好让他人代填。当年曾师专著出版（那时有个人专著的老师并不多），其他条件也很好，可以申报教授了。但当得知自己老师也要申报时，曾师主动撤回材料，说我怎么能和我的老师去争呢。60岁退休，他说退休要有退休的样子，不要再恋恋不舍，一天都不要多待，何必讨人嫌呢。退休后，曾师上老年大学，认真学电脑、学摄影、学中国画，有一次告诉我蜻蜓的翅膀是最难画的。我看到老师临摹的蜻蜓栩栩如生，翅膀犹如精美的琉璃。

四

其实，退休后的曾老师并没有放弃自己的学术根据地，他坚持不急不躁、不图功利地读书、写作。他的“范畴根据地”不仅没有丧失，而且更加稳固和坚实。这得说说老师后来的几本论著。

第一本书是《中国古代艺术范畴体系》（后简称《体系》），与陈竹合著，华中师范大学出版社2003年出版。这是曾师承担的中华社会科学基金“八五”课题（那时候国家项目很少），1995年因病转由陈竹教授主持。1992年课题组成立之初，曾师草拟了“关于中国古代艺术范畴体系的构想”，强调必须自觉学习和借鉴先进的科学的哲学—美学方法论，要求组员重读马克思的《资本论》，黑格尔的《小逻辑》《美学》，藉以学会运用一元透析、逻辑推衍及体系构架等基本方法。该书勒口上一段话大体表现了曾、陈二师的追求与目标：

> 相对于西方古典美学体系的完整和严密，长期以来，人们认为中国古代美学缺乏严密的逻辑，对这种观点我们一直心存疑虑，深信中国古典美学必有其内在的逻辑体系，为此才会延绵不息，历久不衰。审美实践的历史也证明，自先秦至明清，中国古典美学的基本范畴从未间断过。不论是从共时的拓展性上说，还是从历时的延续性上说，其深层必定隐伏着一条逻辑链，并由此逻辑链衍生出一个有机的潜在体系。我们的责任就是将这个潜在的美学体系提示出来。那种认为中国古典美学艺术范畴呈经验直观、感悟成理、散点思维等特性的观点，用来解释其实践理性特征无疑是正确的，但以之证明中国古典美学艺术范畴缺乏体系性则难以服人。

《体系》一书在重新审视和梳理中国古代审美史和范畴史脉络的基础上，提出中国古代艺术范畴的三个层级，并尝试构筑以辩证逻辑为核心和主线而展开的形式逻辑框架，进而充分阐释三级范畴间的逻辑转化。应该说，这个探索称得上攻坚克难，勇攀险峰，是极富开创性、前沿性和系统性的，具有重要的理论价值。毋庸讳言，它的学术史意义似乎还没有得到学界足够的重视。

这部56万字的著作编辑出版时，我正在出版社社长任上。记得陈竹老师打电话给我，说这本书他和曾师付出了巨大心血，质量是可以保证的，也是富有创新性的，很可能这就是他们最后一本学术论著，希望精装印制。这个小小的合理要求，我们当然予以满足。

五

不过，《体系》之后，曾师并未停止学术攀登的脚步，一本新的60多万字的个人独著于5年后面世。2008年3月，曾师所撰《中国古典美学》由华中师大出版社推出。这是老师应东方美学史专家邱紫华教授之约撰写的，列入“东方美学丛书”之中。该书是从东方美学的角度，概括并叙述中国古典美学的特点和历程。作者没有采用以美学家为纲或按朝代分章的结构方式，而是把美学史的叙述和艺术作品的叙述适当结合起来，把一般美学理论的分析和美学范畴的分析适当结合起来。并立足于中国古代广阔的历史文化背景和中国古代美学传承不绝的特有持续性，揭示其辩证发展轨迹和历史逻辑，阐明中国古代美学史的基本发展规律。全书五编，分别为巫史艺术时代、理性艺术时代、自觉艺术时代、古典艺术时代和启蒙艺术时代。中间的各级标题中即可见诸多美学艺术范畴与命题。这本著作，可说是曾师对自己《中国古代美学范畴》的赓续与超越。在《前言》结尾处，曾师写道：“1949年以来，中国美学史的研究从无到有，是很有成绩的。许多学者在这方面的成就，令我敬佩，也是我学习的榜样。我还是像在《中国古代美学范畴》前言中所说：‘决心追随大家，努力学习、学习、再学习！’”

顺便要提及的是，邱紫华教授一直想主编一套《东方美学通史》，在世时曾反反复复和我商议过多次，出版社也列入了重点选题计划，打算整体设计，分步推出。他本人写了《印度古典美学》，弟子写了《古希伯来美学》，加上曾师这本《中国古典美学》，本已初具规模，曙光在前。遗憾的是，天妒英才，病魔无情夺走了邱师宝贵的生命，也留下了东方美学史研究巨大的损失。邱师紫华从工人到博导，其传奇经历、拼搏精神和学术成就令人敬佩。曾师对我说过，“邱紫华像牛一样，你要向他学习呀”。邱老师去世后，曾师非常悲痛，赋七绝一首——《哭邱紫华教授》：噩耗传来惊似梦，含悲搦翰尽心酸！一字一词都断肠，一咏一吟亦泫然。

六

2010年前后，我们出版社和时任文学院院长胡亚敏、书记谭根稳商议，推出一套“文学院教授文库”。这套书前后出版了20多种，其中包括2011年8月印行的《中国美学范畴论——曾祖荫自选集》，这也可说是曾师为其“范畴根据地”做的一项固本强基的工作，也在某种程度上算是其个人学术生涯的一个总结。《前言》中这样写道：

这本论文集，是从我过去的文稿中，选择有关讨论中国古代美学范畴及其体系的部分文章，裒辑而成。为了使这个集子的主题更集中一些，篇幅更紧凑一些，有关其他内容的文章，这里一概不收，故定名为《中国美学范畴论》。

本集的内容大体分上、下两部分。上部分主要是讨论如何建构中国古代美学范畴体系的文章。体系问题比较复杂，是一个至今还没有完全解决的问题。不揣浅陋，我从不同侧面谈了些个人看法。现在把这些文章收进集子里，意在抛砖引玉，希望能引起读者的进一步讨论。下部分则是对一些重要美学范畴的个案分析。中国的主要美学范畴究竟如何厘定？如何分析这些很少有界说的美学范畴？有些问题仍然需要继续探讨。我的这些文章，是试图在这方面做些试验性的探索。既然是探索，自然难免有失误，希望读者指正。

曾师这本论文集，收录的基本上是公开发表过的文章，但亦有例外。如《提高研究美学范畴的思维能力》，就是他给研究生讲授“中国古代文论方法论”讲稿中的一部分。曾师说：“对我来说，无论是研究具体范畴，还是讨论范畴体系，都可以说是在啃硬骨头；花的时间和精力不少，收效却未必大。这就是本集所收文章的特点。”老师当然是低调而谦虚的。其实他对中国古代美学范畴研究的成就和价值，还值得学界更好地总结和梳理，尤其是对退休后出版的两本带有“啃硬骨头”性质的专著，尚需放到中国美学学术史上好好评说。

由曾师“啃硬骨头”之说，想到30多年前我做硕士学位论文《古典美学的落霞——王夫之文艺美学思想论》。当年曾师就说我“啃了一块硬骨头”，我深知虽然“啃”得很努力，也很吃力，但效果十分勉强。好在曾师对论文的批阅修改一丝不苟，常常是在某章某节处，要言不烦几句话，点石成金，一下子让文章升华不少。那时候全是手写稿，论文的初稿、二稿、三稿，从5万多字删改到3万多字，应该都还留着。老师批改作业的墨宝如今显得格外珍贵了。

曾师的《中国美学范畴论》主题集中，集腋成裘，形散而神聚。这部约20万字的论文集十分精粹。出版社与文学院约定，“教授文库”中的每本书可以在30万至35万字（个别集子出版时达60多万字），大多数老师的自选集都是超过30万字的，唯有曾师这本还“浪费”了十多万字的版面。由此，我们可以看出曾师治学之严谨精审，也可了解到美学范畴在其学术生涯中的重要地位和意义。

子曰：“智者乐水，仁者乐山；智者动，仁者静；智者乐，仁者寿。”既智且仁的曾师自然是既乐且寿。今年是曾老师九十大寿，谨以此小文祝恩师健康长寿！

2022年9月22日

【附注】

此文微信公众号“出版六家”2021年9月25日推送。《光明日报》2022年12月19日以《曾祖荫的“学术根据地”》为题公开发表该文，全国哲学社会科学工作办公室官网转发。选取几则朋友读后的留言：(1) 曾新：“细读全文，您写得真好！收放自如，文风朴实，文采飞扬。也让我更多了解我爸爸的治学之路和治学精神。”(2) 阮忠：“曾师一文看过了，唤起当年的回忆。你把握美学范畴这个点很好，始终扣得很紧。曾师一生都以它为核心做文章，昭示了重要的做学问经验。我看大作中是否可考虑把曾师关于古典美学范畴的论述引一点，以见曾师的见解不同一般。其他我觉得很好，写得很轻松，有生活气息。你说到当年李本先老师串讲《反杜林论》，真是那样，一晃30多年过去了。”(3) 孙立：“拜读了，写得很细致贴切，梳理得如此清楚也不容易。在学报、出版社干久了，总不忘为他人做嫁衣裳。印象中，曾老师是位慈爱而又幽默的学者。”(4) 李以章：“写得好，很动人。”(5) 彭立：“学贵得师，亦贵得友（清·唐甄）。”

一生做好一件事

一

人们总爱用“一生只做一件事”“一生做好一件事”来形容那些选定人生目标后锲而不舍、终有所成的杰出人物。把这个说法用到著名故事学家刘守华教授身上，无疑是非常恰当的。20世纪80年代初上大学时，刘守华教授曾担任我们中文系81级的民间文学主讲教师，我研究生毕业后留校工作，几十年来与刘教授多有接触，一直习惯地称呼老人家为“刘老师”。

最近，刘老师“双喜临门”。列入国家出版基金、湖北省学术著作出版基金项目的10卷本《刘守华故事学文集》（约460万字）由华中师范大学出版社正式出版。这部大型文集收录了刘老师60多年来有关故事学研究的主要成果，包括《民间童话概说》《故事学纲要》《中国民间故事史》《比较故事学》《民间故事类型研究》《道教与中国民间文学》《佛经故事与中国民间故事演变》等颇有影响的专著和代表性论文。此乃一喜。第二喜是从京城传来喜讯：经中国民间文艺家协会第十届主席团一致推荐，中国文联党组批准，特授予刘守华教授“中国文联终身成就民间文艺家”荣誉称号。该荣誉旨在表彰为推动中国民间文艺事业发展作出卓越贡献、德高望重的著名文艺家。为此，学校还专门召开了简朴而隆重的庆祝会，各大媒体也多有报道。

这“双喜”其实都是源于刘老师做的“一件事”——数十年如一日坚持民间文学特别是故事学研究。刘老师自己回忆，他第一篇与民间文学相关的文章《洪湖渔民的歌声》于1952年发表在《湖北日报》上。那时他还是家乡沔阳（现在叫“仙桃”，老家沔阳的作家池莉认为这个地名改得真不好）师范的一名学生。刘老师后来到省城武汉的华中师范学院（现华中师范大学）中文系继续深造，在大三那年（1956）发表了《慎重地对待民间故事的整理编写工作》（刊于《民间文学》杂志）。若从1952年算起，刘老师从事民间文学探索正好70周年；即便以1956年为起点，他的民间文学尤其是民间故事研究也是67个年头了。1957年，刘老师大学毕业留校，民间文学就成了他在桂子山安身立命的根基。无论是教学还是科研，也无论是本、硕、博培养体系的建立，还是更大范围的非物质文化遗产平台的构筑，刘老师始终将个人兴趣、教师职业和社会责任紧密结合起来，尤其是在故事学的园地辛勤耕耘，取得了一个又一个丰硕成果。他把自己一生所做的一件事比喻为“掘井”：“我做学问，就是把民间故事作为一口储量丰厚的油井，几十年来不断向深处开掘，不断地以新的发现奉献于人。”

随着老人家学术成果的陆续问世，包括《中国民间故事史》等著作的多语种外译，也因为作为大环境的民族民间文化和非物质文化遗产保护的升温，刘老师如今也是响当当的学界红人，广受高教界和社会关注。报刊上、网络上比较容易搜到各种与刘老师相关的信息，其中不乏梳理其人生道路、总结其治学经验、探究其学术贡献的长篇报道和专题文章。在此，笔者仅就个人所亲历和了解的，从“编辑忆旧”的角度，对刘老师一生如何做好“一件事”略加补充。

二

大约是1983年，刘老师给中文系81级开民间文学的选修课。虽说我的家乡离沔阳不太远，曾经同属荆州地区，小时候也听过不少徐苟三之类的机智人物故事，但始终没有培养起对民间故事的浓厚兴趣。因此，民间文学的课程我没有选修。但刘老师张罗的重要活动也偶尔参加，记得有一次请著名故事家刘德培老人来校作报告（也就是讲故事），我去凑了热闹。那个时候，刘老师给我的印象确实是很“民间”的，浑身散发出浓郁的泥土气息。我觉得，刘老师的形象和气质挺像江汉平原一带生产大队的大队长（如今叫“村长”或“村委会主任”）。后来看到刘门弟子有文章说他像“小队长”，看来是学生所见略同，只是“官阶”略有差别。记不清是读本科还是读研时，给刘老师搬过家。那时候没有专业的搬家公司，每逢教师搬家总是学生和青年老师主动帮忙，大家忙碌而快乐着。刘老师原先住在夫人陈丽梅老师工作的湖北大学，两室一厅的住房没什么像样的家具。我们的任务主要是搬书，一捆捆，一箱箱，那书实在是多呀，而且大都是与民间文学相关的专业书籍。

1988年我研究生毕业留校担任文科学报编辑后，刘老师就成了我的作者，而且是标准的核心作者。其实，从1960年开始刘老师就在学报发表文章，到1985年已经发了5篇。我担任学报编辑时，中文系做民间文学教学与研究的除了刘老师，再就是黄永林、陈建宪两位青年老师，后来加上更年轻的林继富。但我几乎每年都要编发一组甚至两组该学科的文章。作者当然不限于校内，刘老师就曾推荐给学报多篇外地优秀中青年专家的稿件，也偶有海内外名家文稿。1991年第4期的《学报》，刊发了刘老师《试论敦煌变文舜子至孝故事的形态演变》。此后，他差不多每年或隔年就在学报发一篇文章，其中有《论张三丰传说》《论中国民间故事史的建构》等。到1999年5月离开学报，我帮刘老师责编的论文就有7篇。几十年来，刘老师发表了400多篇文章，其中在本校学报上刊登的就有19篇之多，民间文艺学成为《华中师范大学学报》所认可的特色学科之一。

三

在我1999年5月被调到校出版社之前，刘老师已经在那里出版过《故事学纲要》(华中师范大学出版社1988年版)，在校外其他出版机构刊行过多种专著和教材。2002年，刘老师主编的《中国民间故事类型研究》在本校出版社推出，这是国家社科基金项目的最终成果，质量好、水平高、特色鲜明。记得是我担任这本书的终审，书出版后，我还写了一篇题为《精心打磨民间故事的“多菱宝石”》的书评，刊登在《中国图书评论》2003年第3期。刘老师这本书后来获得了教育部人文社科优秀成果奖。

推出一套关于民间文学研究的丛书，是刘老师多年的愿望。大约是在2004年上半年的某一天，刘老师在我的办公室兴致勃勃地谈起这个设想。他连丛书名都想好了，叫“桂子山叙事文学研究丛书”。对于刘老师的构想我立马表示认同，并表示愿意积极配合和大力支持。但对丛书名我提出了不同意见，一是“桂子山”三个字不合适，它不像北大的“未名湖”名扬四海，甚至远不及武大的珞珈山声誉卓著，建议不用“桂子山”，而取范围更广的词汇；二是“叙事文学”过于狭窄，恐怕将来一些好书难以收进去，包括不久前刚收到书稿的《灵性高原：西藏民间信仰研究》（林继富著）就是一例。最后我提出用“中国民间文化研究书系”为丛书名，特色虽不那么鲜明，但包容性更强，有利于丛书的长远运作；虚怀若谷的刘老师欣然同意。就在这年12月，林继富老师那本研究西藏民间信仰的论著作为书系第一种推出了。接下来，有《民间文化与荆楚民间文学》（黄永林著，2005年6月）、《中西叙事文学比较研究》（丁乃通著，2005年7月）、《民间叙事文学研究》（刘守华、黄永林主编，2005年8月）等陆续刊行。此后，该书系缓慢但还是持续地往前推进，到2018年，又先后出版了《中国民间故事类型索引》（丁乃通著）、《红安革命歌谣研究》（桑俊著）、《非物质文化遗产保护与民间文学》（刘守华著）、《文学的媒介遭遇——〈白蛇传〉叙事研究》（孙正国著）、《古代政治神话结构研究——聚焦中国纬书神话与日本记纪神话》（梁青著）等。2009年，刘老师另一本著作《张天师传说汇考》也在华中师范大学出版社付印。这本书我建议放到熊铁基教授主编的“道家道教文化研究书系”中，刘老师也二话没说就同意了。2009年，刘老师的自选集《民间故事的艺术世界》被纳入“文学院教授文库”，也是在华中师范大学出版社刊印的。

还值得一提的，是刘老师向我推荐的萧兵教授《龙凤龟麟：中国四大灵物探究》书稿。这部上百万字的皇皇巨著富有创新价值，内容极为丰富，但原稿实在凌乱、混杂。我们花费了好几年时间，终于在2014年12月推出。该书厚厚两大册，出版后获得了很好的社会反响。还有一部名为《顺口溜初探》的书，是湖北襄阳市的一位退休干部刘炳银多年来用业余时间采集一万多则当代顺口溜而写成的，可能因为是时政歌谣，虽很有价值，却受人漠视。他慕名找到刘老师登门求助，刘老师指导他撰写成一部小书，还特地写了序文推荐给我，以支持作者寻求正式出版。刘老师对这样的“草根学人”尽心给予扶持，广受基层文化工作者的赞誉。

为民间文学学科发展和学术进步，刘老师做的另一件重要事情就是与中国民间文艺家协会负责人白庚胜联合主编《中国民间文艺学年鉴》。编纂这个集资料性、工具性和学术性于一体的连续出版物是具有开创性的，得到了中国民间文艺家协会、中国社会科学院民间文学研究室支持，文学院陈建宪教授出力尤多，黄永林教授也曾给予帮助。《年鉴》每年一卷，2001年卷是在2003年推出的，刘老师亲自撰写了《主编寄语》和《2001年民间故事研究概述》。这个《年鉴》到2013年，总计出版了10卷（2001—2010）。在我看来，《年鉴》纸质版的中断是很遗憾的。2008年，为了推荐这个很有特色和价值的连续出版物，我还专门撰文在《文艺报》上进行过宣传。这个《年鉴》2010年卷，“主编寄语”依旧是由刘老师撰写。《年鉴》虽标明是几家合办，实际上是刘老师独立、义务操持而推进完成的。第10卷因经费短缺而不能开印，还是刘老师亲自向杨宗凯校长求援，从校长基金中直接拨出3万元才得以付印出刊。我相信，这个《年鉴》对民间文艺学建设和发展的价值与贡献，将会随着岁月的流逝愈来愈显得重要与珍贵。

四

华中师范大学出版社的产品，依据其不同特点和功用，有所谓“花钵子”（学术精品）、“菜篮子”（高校教材）、“米袋子”（中小学教材教辅）的形象说法。其实，优秀的大学教材是可以为出版社带来两个效益，既叫好又叫座的。刘守华老师为了民间文学的学科发展和人才培养，一直很重视教材建设。人们常说，大学的基础是学科，学科的基础是课程，而课程的基础是教材。刘老师长期坚持在教材这个基础的基础上下功夫，成效十分显著。

1985年，刘老师独立撰写的《民间文学概论十讲》由湖北教育出版社出版，这是一本简明实用的大学教材。此后，他又出版了《中国民间童话概说》（四川民族出版社1985年版）、《故事学纲要》（华中师范大学出版社1988年版）、《比较故事学》（上海文艺出版社1995年版）。这些书籍既是研究性专著，又可作为大学高年级学生或研究生选修课教材使用。1992年，刘老师主编的《文化学通论》在高等教育出版社刊行。而他一生用力最多、影响最大的教科书，还是民间文学概论一类的两本书。

1993年，刘守华、巫瑞书主编的《民间文学导论》（后简称《导论》）由长江文艺出版社正式出版。这本由南方八所高等院校合编的《导论》，反映了20世纪80年代以来中国民间文学研究的新成果、新进展，体现了民间文学研究的新观念、新方法、新高度。有评论者说它着力突破我国民间文学综合性论著的传统体例，摒弃了民间文学研究的陈旧观念，改变了民间文学研究的单一视角与方法，融入文化人类学、民俗学、民族学相关学科的理念精髓，令人耳目一新。这本教材得到民间文学界一致好评，被众多高校选用。1995年，《导论》获得全国高校优秀教材一等奖。它本是刘老师首先同长江文艺出版社策划的，开始只设主编一人，因巫瑞书先生写作分量最重，便启用了双主编署名。

1999年，我到校出版社主持编务以后，就一直关注刘老师与同行合编的这本优秀教材，试图把长江文艺社这个本子拿回我社。鉴于版权和其他原因，后来我们决定另起炉灶新编一种同类教材，并力争申报国家规划教材。大学教材本来就可以多样化、个性化，只要质量高、特色鲜明，就一定会有市场。刘老师最后接受了我的建议，并提出与陈建宪教授共同主编。在两位主编的操持下，一本全新的《民间文学教程》（后简称《教程》）于2002年正式登台亮相。用“后出转精”“后来居上”形容这本《教程》，一点不为过。该书2008年修订后推出第二版，在新版“后记”中，两位主编写道：

鉴于许多的民间文学教师迅速更新换代，我们又组织了一次新编教材活动，由刘守华、陈建宪任主编，邀请十多所兄弟院校同仁，编撰了一部《民间文学教程》，经华中师范大学出版社出版后，被许多高校采用，曾多次加印。2005年，国家新闻出版总署和教育部下达了《关于申报高等教育“十一五”国家级规划教材的通知》，华中师范大学出版社在学校的大力支持下将一批教材选题申报，《民间文学教程》经评审获得通过，被列入“十一五”国家级高校教材出版规划之中。

这部教材2008年修订版出版，在国家大力压缩国家级规划教材品种的情况下，它又成功入选“十二五”国家级规划教材，实属难得。《教程》前后两版，一再加印，到2020年底，累计销售达到17万册，成为华师出版社响当当的大学教科书品牌，社会效益经济效益双丰收。也正是因为这部教材的广泛传播，刘老师在学术界和社会上的影响得以进一步扩大。

推出《教程》之初，我就和刘老师、陈建宪老师商议，希望做一套民间文学系列教材。后来将刘老师本人的《故事学纲要》推出了修订本（2006年），另有林继富、王丹的《解释民俗学》（华中师范大学出版社2006年版）加盟其间。至于酝酿中的神话学、传说学、中国民间故事史等教材，因种种原因未能落实到位。不过，这项工作刘老师并没有放弃，现在年富力强的孙正国教授也还在为此而努力，年轻一代的民间文学学人徐金龙、胥志强、张静、熊威已经成长起来，值得期待。

五

刘老师咬定青山不放松，在民间文学特别是民间故事这个领域深耕数十年，硕果累累，享誉海内外。2006年运作“华大学人研究书系”之初（华师出版社陆续推出，已有近20种），我就想请刘门弟子给刘老师编一本总结其学术成就与人生道路的书籍。后来，刘老师的高足肖远平、孙正国两位教授如约编了集子，该书封三“内容提要”这样写道：

20世纪80年代以来，国内外学术界关注刘守华的研究成果，刊发了评述其学术成就的文章近百篇，本书选自其中的60余篇辑成专书，以期展现刘先生近60年来的民间故事学研究面貌，为中国故事学的探索之路建立重要的学人坐标。钟敬文、贾芝、姜彬（天鹰）、刘锡诚、谭达先、乐黛云、过伟等学科领域的知名学者对刘先生的学术成果予以了关注和肯定。一些中青年学者，王向远、程文超、高丙中、万建中、萧放、苑利（月朗）、刘介民、王立、覃德清、陶思炎、黄永林（黄鹤）、刘晓春、蒋明智、林继富（林森）、范军、肖远平、孙正国等，也发表了评论文章。这些研究评介成书共30多万字，既充分肯定了刘先生在中国故事学领域的开拓性贡献和严谨执着的学风，也展示了刘先生所率领的学术团队（被誉为中国民间文学研究的“刘家军”）和华中师范大学民间文学学科良好的学术影响力，同时彰显出中国故事学在半个多世纪以来的发展历程。

说起这本集子的编辑出版，还有一段小故事。这本总结性集子我最初设计的书名为《刘守华学术与人生》，但刘老师不同意。他认为，出版社此前出版的《章开沅学术与人生》，还有刘盛佳、黄曼君等已故学者的纪念文集，用类似书名是可以的。但自己只是在某一个小的学术领域做了一点探索，不能拔高，妄自尊大不好。现在这个更显平实的书名《探索者的足迹——刘守华民间故事研究六十年》（华中师范大学出版社2014年版），就采纳了刘老师本人的意见。

其实，卓然成家的刘老师学术与人生早就浑然一体。他以学术为生命，以民间文学为志业，已载入中国学术史册。他扎根泥土，做学问扎实、朴实、平实，又雄健、进取、恢宏，得到包括季羡林、钟敬文、贾芝、姜彬等名流大师的教诲与勉励。不仅如此，刘老师还“土洋结合”，中外互动，立足本土又放眼世界，赋予中国民间文学现代色彩和世界意义。诚如肖远平、孙正国在《足迹》“编后记”所说：“刘先生不仅注重国内学术交流，也积极与国外学者展开学术交流，得到了俄罗斯李福清院士，美国丁乃通教授，日本饭仓照平教授、野村纯一教授，澳大利亚谭达先教授等国际著名学者的热情帮助，这种学术交流的开阔视野与博大胸襟，成为刘先生巨大的学术动力与学术资源，也使其成为中国故事学领域学术互动而形成的良好学术交流机制，追求学术自身的意义，引导创建了中国故事学学科。”“学者是一种力量，他们发现了真理，创建了学科，延续了学术的生命力。”“学者更是治学方法的创立者，正是因为他们独特的治学方法，我们才得以在研究者与研究对象之间寻找到面向真理、走向真理的有效途径。”

“吾侪肩负千秋业，不愧前人庇后人！”刘守华老师一直将钟敬文先生给他的这副题词作为座右铭，坚持不懈地深耕民间文学数十年，攀登了一座又一座高峰。如今已是87岁高龄的刘老师，依旧活跃在民间文学界，依旧漫步在林木森森的桂子山上，诲人不倦，笔耕不辍。从田家炳大楼的办公室下来，我时常会看到刘老师不疾不徐出入图书馆的背影。这是桂子山的一道风景，也是中国民间文艺学界的一座灯塔。衷心祈愿风景永在，灯塔常明！

2022年4月16日初稿，4月20日改定

【附注】

此文原载于《博览群书》2022年第7期，文章题目改为《一生只做“故事学”》。精简版则以《一生做好一件事：我所认识的刘守华》为题刊登在2022年7月1日《中国艺术报》。文章写就后，专门请刘守华老师、刘门弟子及民间文学专家指正，得到认可，也得到新材料、新线索，后做了适当补充完善。兹转录几则专家留言，其中不乏对本文的溢美之词：(1) 黄永林：“读了您写刘老师的文章，感到情真意切，事实清楚，完全符合实际。非常感谢！”(2) 林继富：“只有在身边工作的人才能写出这样有感情温度、才气横溢的文字。读这篇文章我十分感动，谢谢范老师！我1982年在桂子山上求学，1994年在桂子山上工作16年，始终在老师身边，每天生活、工作、学习都沐浴在春风里，快乐、进取而幸福！也感谢您对刘老师、我和华师民间文学的鼎力支持、帮助！前天我和刘老师通了很长时间电话，他特别提到对人才的培养，并且很多都成长为对国家有用的专门人才，他说以前没有注意这一块。”(3) 陈建宪：“写得非常好！把刘老师的成就和特点都写得很到位。”(4) 孙正国：“又读美文，实事求是，文采感人，名言佳句，记述平实，回味甘甜。史学名家的洞察，散文大家的文字，出版方家的道悟。”

累累硕果铸就美学丰碑

今年3月31日搜狐网有一篇题为《我国著名美学家张玉能先生逝世》（楚天交通广播记者胡松　通讯员季芳）的新闻报道。作者这样写道："玉篇叠叠新美学，能德巍巍耸杏坛。我国当代著名美学家、文艺理论家张玉能先生因病医治无效，于2022年3月17日凌晨4时55分逝世，享年79岁。追悼仪式于3月19日下午2点30分于武昌殡仪馆举行。""张玉能教授生前为华中师范大学文学院教授，南京大学、华中师范大学文艺学博士生导师，中华美学学会常务理事。为当代主流美学——马克思主义实践美学最重要的代表人物，长期从事新实践美学、席勒美学、深层心理学等方面的研究。继蒋孔阳、李泽厚、刘纲纪先生之后，为马克思主义中国化、中国美学学科的发展做出了卓越的贡献，他的成就将成为当代美学的一座丰碑与通向未来的里程碑！"

张玉能教授遗体告别仪式在武昌殡仪馆举行时，我和我们中文系81级的同学董中锋、彭公亮都参加了。虽然认识张老师30多年，80年代末还差点成了美学教研室的同事，但彼此交往不算密切，了解也不够深入。我们刚上大学那会儿，中文系一下子进了好多位硕士毕业的年轻老师，其中讲授美学、文艺学的就有张玉能（导师是复旦大学蒋孔阳先生）、邱紫华（导师是兰州大学刘让言先生）、徐正非（导师是山东大学周来祥先生）几个年近40的硕士毕业生。徐、邱二位分别给我们年级讲授"美学"和"马列文论"，张老师则为中文系80级开设美学课。据说张老师的课讲得很好，理性与激情交织，深受学生喜爱，可惜我无缘亲炙。

我研究生毕业后留校到学报编辑部工作，美学、文艺学板块是另一个编辑李显杰负责（他后来读了张老师的博士），因此也没有机会担任张老师文章的责任编辑。后来转岗出版社先后负责编务和社务十多年，张老师的书稿总是交由有文艺学、美学背景的编辑室主任和社领导陈昌恒、王文革、董中锋诸位具体处理。前几年我再回学报任职后，张老师依旧是我们的铁杆作者，但具体负责其文稿的则是新生代青年编辑王雪松博士。阴差阳错，我跟张老师总是保持着不即不离、若远若近的关系；由于张老师始终是我们学报和出版社优秀而高产的作者，且几十年从没中断，因此对他发表的论文、撰写的著作、主编的教材以及在学术界的影响，又是时时关注的；对其为人处事之正派豪爽，教学育人之勤勉敬业也是时有所闻的。为文稿、书稿，作为师长的张老师有时候也会在见面或通过打电话，征求意见，寻求支持；而我对张老师尽可能做到有求必应，做好服务。记得张老师还曾为一点麻烦的私事，希望我出面做点工作。遗憾的是，对于连清官都难断的家务事，我有些爱莫能助，张老师也表示了充分理解。

张老师一辈子热爱教育，沉浸于学术，献身学术事业。他治学严谨认真，写作高产且持久，在我所认识的专家学者中是十分突出的。即便是在生命的最后岁月，张老师还在读书、思考、写作，还在给期刊包括我们学报投稿。

对于人文社会科学领域的专家来说，人大复印报刊资料转载篇数多少、范围广狭、时间长短是一个重要的衡量尺子。查询“人大复印报刊资料”官网，我十分惊讶地发现张玉能老师名下的论文居然有485篇，这里除了两三篇是收录在《哲学文摘》《文艺理论卡片》上，有大约100篇张老师是第二作者，另有超过380篇全文转载的文章，皆是张老师独撰或任第一作者，在这300多篇中，合作的论文其实占比又很低。我曾查询过本校几个知名学者在人大复印报刊资料转载的情况，最好的大致在四五十篇，而张老师一人竟然多达近500篇，其学术创造力之旺盛、写作之勤奋高效实在令人惊叹。王先霈老师、胡亚敏老师都曾说张玉能教授是文学院的“劳动模范”“主要劳动力”，确实言之有据。粗略统计，张老师的论文除了收录在人大复印资料《美学》《文艺理论》两个专题文献中，另外16个相关专题也都有转载，包括《心理学》《伦理学》《文化研究》《社会科学总论》《中国古代、近代文学研究》《中国现代、当代文学研究》《外国文学研究》《语言文字学》《艺术学理论》《造型艺术研究》《舞台艺术》《影视艺术》《戏剧、戏曲研究》《马克思主义、列宁主义研究》《毛泽东思想研究》《中学语文教与学》等。这说明，张老师作为新实践美学的代表人物之一、作为著名的席勒研究专家，坚守主阵地，成果丰硕，卓然成家；同时又触类旁通，专博相兼，不断拓展新的学术空间，在文学、艺术学、审美学、美育等诸多方面形成了十分广泛的社会影响。近些年，中国人民大学人文社科学术成果评价研究中心、人大书报资料中心每两年评选一次“复印报刊资料重要转载来源作者”，张老师连续多次都是榜上有名，且位居前列。记得前几年，好像是中国知网也依据作者论文的影响因子（主要是论文被引用情况）评选出各个学科最有影响力的学者，张玉能老师在哲学类曾名列前三位。

在张老师数百篇论文中，有20篇是发表在我们华师学报的。他最初在学报露脸的就是那则小消息——《蒋孔阳教授应邀来我院讲学》，刊登在学报1985年第1期。《文艺的发展与人类的历史进程——〈论朴素的诗与感伤的诗〉评析之一》刊于学报1988年第1期，这是张老师的学术论文首次在本校学报正式亮相。我的印象中张老师的硕士学位论文写的是席勒美学思想，上面这篇文章当与其相关联。而2021年第3期学报上那篇《蒋孔阳“美是多层累的突创”的命题与中国当代美学》，则是张老师发表在我们刊物上的最后一篇文章。此时，张老师已是重病缠身。从那篇报道蒋先生到华师讲学的学术简讯，到最后研究蒋先生的美学命题，而今张老师也追随导师而去，一转眼三十六七年就过去了。特别值得一提的，是张老师这20篇论文被二次文献摘录、转载频率极高，除了《高等学校文科学术文摘》等，光是人大复印报刊资料就全文转载11篇（其中9篇在《美学》上，另外《文艺理论》《造型艺术研究》各有1篇）。有的文章成为高被引、高下载论文，如刊登于2005年第6期的《主体间性与文学批评》就被引用31次，下载1079次（截至2022年5月7日）。张老师的众多论文为华师学报、华师文学院文艺学学科乃至整个学校都是争得了荣誉的。

优秀的学者往往学术成果都非常丰富。我们学校出版社近几年编辑出版了文学院邢福义、王先霈、刘守华、黄曼君几位老教授的多卷本文集，人人成果丰硕，尤其是高水平论文不少，有的多达400多篇。张玉能老师无疑也是十分高产的杰出学人。有青年教师问张老师为什么那么能写，张老师笑称现在写文章就像打开了自来水龙头，哗哗地直流。文思泉涌，正是长期积累、不断探索的结果。张老师之所以被称为马克思主义实践美学的主要代表人物之一，正是因其有量多质优的论著作为支撑。北大陈平原教授说过，作为学者，长久不写论文是有问题的；人文学科很难有一篇论文定乾坤的。以学术为生命的张老师，一直葆有学术的活力和生命的激情，春种秋收，笔耕不辍，直至最后走向诗和远方。

张老师的专著有好多种，我经手的只有列入“文学院教授文库”的《新实践美学的传承与创新——张玉能自选集》（华中师范大学出版社2011年版）。我更熟悉的是张老师在高校教材建设方面的作为与贡献。1989年，张老师就编写的《美学要义》由华中师大成人教育学院作为函授教材内部印行。这本书1990年11月由本校出版社正式出版，受到青年学子尤其是广大美学爱好者的欢迎。1999年5月我到校出版社接替王先霈老师担任总编辑，王师亲自担任总主编的文艺学系列教材（包括《文学理论》《文学批评教程》《文学文本解读》）的拓展成果就摆在我的面前。这套教材由最初的3种扩充到上十种，在给出版社创造两个效益的同时，也支持了文艺学的学科发展。而这套教材，张老师一人就主编了3本——《美学教程》《西方文论教程》《马克思主义文论教程》。前两种是2002年推出，第三种是2005年出版。我记得《美学教程》原本打算请张老师的师弟、复旦大学朱立元教授担纲主编。后因朱老师有其他任务一时无法脱身，我们便向张老师求援，他二话没说，同时保质保量地主编了两本教材。《美学教程》因为编写质量高、有特色，还入选了普通高等教育“十一五”国家级教材规划。三种教材中，《西方文论教程》《马克思主义文论教程》皆出了第二版，《美学教程》则有2002年初版本、2008年再版本和2013年三版本。这些教材都已成为华师出版社的重要品牌，总计发行十多万册。除了这几本教材，张老师后来还为校出版社主编了一本通识教育的《艺术学教程》，也很受市场欢迎。

一代美学名家、桂子山上的教学名师、我们学报和出版社的优秀作者张玉能老师在今年三月永远地离开了这个世界。在我看来，已经告别尘世的张老师仍然活着，活在师友的心中，活在学生的心中，因为他的文还在，书还在，学术精神还在。五月的鲜花开遍了原野，五月的桂子山繁花似锦。我相信，一辈子爱美、探索美的张玉能老师会在另一个世界继续他的美学漫步。

2022年5月8日

【附注】

此文微信公众号“出版六家”2022年5月10日推送。转录两则网络留言：(1) 沈振煜：“玉能学兄硕果丰富深厚，治学精神坚忍不拔专攻绩优，实为同辈翘楚吾侪榜样。沉痛悼念学兄不幸早逝，建议再读学兄众多著述。”(2) 阮忠：“张老师这么丰硕的成果让人赞叹。他的勤奋耕耘，实在是后来者的榜样。我每次回桂子山，常在校园遇上快步行走的他，如今斯人已逝，让人叹惋!”

张三夕老师二三事

知晓张三夕老师大名大约是在1986年的阳春三月，那时我中文系本科毕业后刚成为研究生。作为华师百年历史上自己培养的“001号”博士，张三夕的博士论文答辩仪式极其隆重，答辩委员阵容堪称豪华，章开沅校长、邓宗琦副校长亲临答辩现场。答辩前，图书馆、历史系、学生食堂、研究生宿舍楼等处都张贴了大幅海报，“张三夕”和“批判史学的批判”几个字便深深地铭刻在了我的记忆中。但真正与其交往，以至以兄弟相称的“过从甚密”，还是在他“游子归故乡”——从海南大学重新回到华师中文系任教之后。转眼间也是整整20年了。作为学者、教师和师友相兼的张兄三夕，属于“高级而有趣”的类型，我在与之交往中值得回味与分享的东西很多，这里只说说我所了解、所亲历的三件事，或称“三个一”吧。

一

第一个“一”是一本教材——《中国古典文献学》。

这本教材是张三夕主编，华中师范大学出版社2003年3月出版，首印5000册，次年又加印了5000册，此后几乎年年加印。出版社的朋友告诉我，该教材两次修订，刊行3版（2003年、2007年、2018年），累计销售已达16万册。作为国家规划教材、国家级精品教材，《中国古典文献学》已成为华师出版社最有生命力和影响力的长销书之一。古典文献学虽还不好说就是“冷门绝学”，但肯定不是中国语言文学专业的主干或核心课程，一本选修课的小众教材能有如此大的发行量和如此久的生命力，实属难得。

三夕兄2001年11月重返桂子山，作为华师文学院学科建设人才被引进后，与王齐洲、高华平两位实力派学者组成了中国古典文献学教研室。这个“三剑客”的黄金组合，在不长的时间里就把华师古典文献学弄得风生水起，声名远扬。他到华师文学院不久，我则由出版社总编辑转任社长（2002年5月），学术著作出版策划、高校教材建设依旧是我很重要的工作抓手。记得那几年先后约请郑克鲁先生主编《外国文学简明教程》，刘守华、陈建宪老师主编《民间文学教程》，李建中师兄主编《古代文论》，王坤庆教授增补《教育哲学》，张维友院长修订《英语词汇学教程》等，这些教材皆有很好的社会反响和不俗的经济效益。请三夕兄主编《中国古典文献学》大约是在2002年上半年春日的某个下午，地点就在我三楼的办公室。接受任务后，他雷厉风行，很快拿出编写大纲和体例，立马组织除本院“三剑客”外，另有武汉大学、南京大学、东北师范大学、湖北大学等高校教授、副教授参与的编写班子，书稿也在不长的时间内高质量地交付出版社。三夕兄在教材初版《前言》中自信地说：“一本教材的特色和质量要靠编者的专业知识和学术水准来保证。可以毫不夸张地说，本教材的编写者都是‘术业有专攻’的教授，一半以上的作者是博士生导师，他们在文献学领域有很深的造诣。……我们这群编写者，或是同学师兄弟，或是校友朋友，平时在学术上多有切磋交流，这次合作编写教材，大家把多年的研究、教学心得提炼或融入到相关的章节中，彼此经常相互探讨一些文献学教学和研究方面的问题，可以说是非常愉快而难忘的。”

因为有一个好主编，一群好作者，加上作者密切配合出版社开展教材营销推广，《中国古典文献学》推出后广受欢迎，被几十所高校选用。每逢外出讲学、参加学术会议、接待前来交流的同行、线上友朋沟通，张老师总是不忘宣传和推荐这本倾注了编者心血，又确有创新、水平高且非常适用的教材。我也因为这本教材与他交往渐多，酒局频见，相知益深。在该教材第三版《后记》中，张老师诚恳地写道：“饮水思源，我首先要感谢华中师范大学出版社原社长范军教授，是他极力鼓动我来主编这部教材的。可以说，没有他当初的动议，就不可能有这部教材的产生。”

其实，应该是我和出版社要好好感谢张老师及其编写团队。我们的编辑和市场销售人员多次说，若是高校教材的作者都像张三夕老师这样，那编辑工作、营销工作就好做多了。人们常说，作者是出版社的衣食父母。善待作者，广结人缘，出版企业才会有更多好书稿，才会有更多的市场机遇和更大的发展空间。为了表示对三夕兄的感谢，我主动提出请他把1992年在台湾文津出版社出过的博士论文（繁体字版，印数不多，大陆难得一见），推出大陆简体字版。这样，《批判史学的批判——刘知几及其〈史通〉研究》在时隔8年后得以“荣归故里”，由华中师大出版社于2010年11月纳入“博雅学术文库”正式刊行。

二

张三夕老师的第二个“一”是一本学术集刊，也就是华师文学院和出版社合作出版的《华中学术》。

这是我们合作的另一个重要项目，也是古道热肠的张老师对华师文学院、对中国语言文学学科所作的重要贡献。作为学术集刊的《华中学术》第一辑是2009年9月正式出版的，编委会主任为胡亚敏院长，张三夕老师担任主编。在集刊“卷首语”中，胡院长满怀深情地写下这些言简意明的话语：

经过一年多时间的酝酿和准备，《华中学术》于2009年秋面世。

之所以筹办《华中学术》，其初衷是为华中师大文学院的教师提供展示学术成果的园地，使大家能够在这个园地里从容地耕耘和自在地挥洒；同时也希望以此构筑一个对话的平台，诚邀海内外同仁在这里以文会友，研讨磋商，享受思想交锋的快乐。

之所以定名为《华中学术》，是因为它生在中国的中部，我们希望经过数年或数十年的努力，使之成为中国中部学术研究的重镇。《华中学术》的核心是学术，它表达的是学人对学术的尊重、追求和坚守，并力图通过学术个性的张扬和学科之间的互渗打通以实现学术研究的开拓和创新。

《华中学术》由华中师范大学文学院创办，并得到华中师范大学出版社的支持，争取一年出版两期。文学院是一个拥有百年历史和深厚学术积淀的学院，汉语言文字学、文艺学、现当代文学、比较文学与世界文学、中国古代文学、民间文学等多个学科已形成或确立了自身的特色，由此形成一种整体优势。在“博学笃志”的院训下，文学院将继续坚持“中西融合、古今贯通”的理念，尽可能地吸收和借鉴人类丰富的文化遗产和当今世界前沿的学术成果；并以“严谨务实、勇于创新”的治学精神，在中国语言文学等领域形成自己的学术品格和研究特色，为中国文化的发扬光大做出贡献。

《华中学术》刚刚诞生，前面的路还很长，我们愿意像夸父那样锲而不舍，学术就是我们心中的太阳。

《华中学术》如期出版，按计划坚持每年出版两辑（后来由半年刊改为一年四辑），质量不断提高，影响越来越大。这中间张三夕老师付出了许多心血、汗水和智慧，是名副其实的主编。从栏目设计到作者组织，从内容编排到学术规范，从对外联络到内部协调，张老师无不费心费神，亲力亲为。孟君老师告诉我，记得她轮值《华中学术》责编时，在栏目主持人、责编编校后，三夕老师都会在打印稿上进行终审，每次红笔写得密密麻麻，极为认真负责，比一些专职的期刊主编还专业，还敬业，可谓严格把关，精益求精。

由于是学者办学刊，学术水准高，选题策划好，且注重学术规范和对外宣传，《华中学术》很快得到国内外学界同行和期刊界朋友的关注与认可，并于2013年成功入选南京大学中国社会科学研究评价中心的CSSCI集刊。这对华师中国语言文学学科能顺利进入国家高等学校“双一流”建设行列起到了极为重要的作用。2014年底，文学院举办“中文学科前沿问题探讨暨《华中学术》创刊五周年座谈会”，三夕兄在会上全面回顾了集刊创刊五周年的历程，重点介绍了《华中学术》在确保学术品质方面所做的工作，最后引用宋儒陆九渊名言“懈怠纵弛，人之通患。知之非艰，行之惟艰；靡不有初，鲜克有终，人所同戒”自勉并勉励同人，寄望《华中学术》能够常办常新，持续发展，成为华中师大文学院乃至国内中文学科集刊的品牌。

我校中国语言文学过去就有《外国文学研究》《汉语学报》两个传统的C刊（同时也是北大核心期刊，另有面向中学语文教育的北大版核心期刊《语文教学与研究》，学术集刊《新文学评论》），现在加上《华中学术》更是如虎添翼。一所大学的一个学科（学院）同时拥有3种C刊，在全国都不多见。这样的期刊学术平台对于学术研究、学科建设和人才培养无疑是有重要促进作用的。

《华中学术》进入CSSCI集刊序列以后，就有北京的某大牌出版社找上门来要拿去他们那里出版。该社正在集中力量打造学术集刊群的品牌，在全国各地网罗已经崭露头角的优秀集刊，到处采摘“成熟的果实”。我们华师出版社的另一本C刊集刊《近代史学刊》（也是2013年入选的）就被他们悄悄割了韭菜，收到篮子里了。文学院也有部分老师主张把《华中学术》拿到北京出版的想法。因为公私之谊，加上我的说服，深明大义、目光长远的三夕兄不为所动，坚持把该集刊留在桂子山，留在华师社，一直到今天。

作为学院所办学术集刊，除了发表学术成果、交流学术信息，还有很重要的功能就是传承学脉，让学术薪火不绝，学术精神赓续。为此，三夕兄专门策划了一个栏目叫“学缘漫议”，亲自四处约稿，撰写栏目“主持人语”。这个栏目从2011年开张到现在，已经刊登了近30篇文章，作者既有本校王先霈、曾祖荫、刘守华、陈安湖、王忠祥、尹均生等老辈知名学者，也有周光庆、张玉能、江少川、戴建业、周晓明、吴建波等中生代学人，还有一些外校的杰出专家如王兆鹏、傅道彬、刘明华、方铭、何新文、阮忠等。去年，本人去甘肃兰州大学参加相关学术活动，在那里了解到20世纪40年代后期张舜徽先生在兰大的一段学术“传奇”，回头以此为基础写了一篇闲文《桂子山学人的心理定力》。三夕兄看到后，和新主编汤江浩老师一起力主将文章在《华中学术》发表。我还跟三夕兄和胡亚敏老师建议，将集刊上“学缘漫议”专栏文章（适当再组织一点新的稿件）集结出版，作为学院青年教师、研究生的学习资料。这个动议，得到了他们的充分认可。我期待这本书的早日面世，也期待“学缘漫议”专栏能够长久地办下去。

三夕兄与文学院同道尽心尽力培育《华中学术》，从来是不计报酬，不图虚名的。尤其难能可贵的，是他有功不居，功成身退。他主动把集刊主编“禅让”给了“网红教授”戴建业，戴老师后来又如法炮制“禅让”给更年轻的汤江浩老师。岁月不居，人事更迭，但学术刊物薪火相传，品质不变，风格依旧。即便不在一线了，三夕兄仍然不忘初心，爱管“闲事”，时时关心集刊的建设与发展，时常出谋划策，建言献策，参与策划和组稿，积极宣传和推广。2020年，《华中学术》再次入选南大CSSCI集刊，刊物品质越来越好，影响也越来越大。

三

与三夕兄密切关联的第三个“一”就是一个学科——文化传播学。

这是一个从酝酿到起步，从初步成形到不断发展进步，已有10个年头的新学科。在这个学科的建设中，我们结下了更深厚的学术友谊。2011年6月，文学院新闻系主任刘九洲教授退休。学院打算从外校引进的一个人才，所有程序都已走完，但他忽然变卦说不来了。胡亚敏院长、谭根稳书记和刘九洲老师几经商议，决定由张三夕老师接替系主任，我则兼任系研究生导师指导组组长和学术带头人。我们两个非新闻科班出身的人有感于领导的信任和诚意，答应“挑土”（武汉的士司机临时代班的叫法）一年。这样，我和三夕老师就成了正儿八经的同事与搭档。这在我确实有点赶鸭子上架的味道，而曾师从于程千帆、张舜徽先生的三夕兄一直走的是“博通之路”，擅长“跨界思维”；他视野开阔，知识面宽，学术兴趣广泛，又有过担任学院领导的丰富经验，主政系务专业上虽是“客串”，管理方面却是得心应手，游刃有余。此后一年间，三夕兄多次举办新闻系内部学术沙龙，开新闻系系内学术交流之先河，年轻教师为之一振；张罗各种学术讲座，请进来走出去，尤其注重青年教师成长，倡导学术兴系，平时为人公道正派，处事公平合理，努力营造了良好的学术环境和工作氛围。新闻系很快气象一新，学风向好，老师们心情舒畅，劲头十足。遗憾的是，2012年9月，学校“力排众议”搞“拉郎配”，决定新闻系与信息技术系合并成立信息与新闻传播学院。这个学院仅仅存活了10个月，信息技术与新闻传播又分道扬镳、各自独立建院了。因新闻系离开文学院，三夕兄刚好一年“挑土”期满，我则“客串”新闻传播学学术带头人直到2017年。

正是因为那一年的“挑土”，三夕兄在文学院胡亚敏院长、谭根稳书记等领导大力支持下，开始谋划文化传播学博士点的建设，意在通过中国语言文学的实力和影响带动新闻传播学科的建设与发展。早在2011年三四月间，三夕兄就受学院委托牵头写出了文化传播学博士点建设的可行性报告。在充分调查研究的基础上，三夕兄集思广益，提出文化传播学的学科内涵、理论基础、人才培养方案，确立了文学传播、新闻传播、影视传播、出版传播4个研究方向，确定了各个方向的学术带头人。周晓明、刘九洲、李显杰和我分列4个方向的负责人，青年教师孟君副教授为学术秘书，负责具体材料工作。在三夕兄的运筹帷幄、积极推动下，文化传播学博士点申报成功，于2012年上报教育部备案，2013年正式开始招生。因为有的学术方向带头人另有其他任务，有的已到退休年龄，真正花费较多时间和精力参与这个博士点建设的主要是三夕兄和我两人，首届两名博士生也是我们各招一个。

在我们学科的师生中，三夕兄被尊称为“长老”，他则戏称我“范爷”。张老师像个不折不扣的“家长”，学术上对学生严格要求，一丝不苟，生活上则关怀备至，体贴入微。博士生预答辩、答辩之时，对于论文的摘要、关键词、注释、参考文献、图表标符，行文的语法逻辑，乃至“致谢”用语这些容易忽视的地方，张老师总是“锱铢必较”，甚至“吹毛求疵”，但确实让同学们受益匪浅，时常有醍醐灌顶之收效。评点时他往往用词尖锐而不失厚道，出语幽默又不乏深意，学生们听来非常提神管用，容易入脑入心。到2021年秋，文化传播学博士生已经招生9届（40多人），毕业6届（20余名），毕业生总体质量良好，受到学界好评与社会欢迎。

学高为师，身正为范；学为人师，行为世范。作为部属师范大学的名师，张三夕老师用自己的言传身教践行了“师范”二字。在学生眼中，张老师是严师，也是慈父，还是可以推心置腹的朋友，可敬、可亲又可爱，有德、有学还有趣。2012年，他以最高票当选为华师研究生会组织评选的“我心目中的好导师”（首届第一名是戴建业）。在我们文化传播学专业，三夕老师也是难得的好导师、好家长、好带头人。他对学术的敬畏，对规范的尊崇，对创新的追求，都潜移默化地影响着同专业的师生。从2017年开始，我连续张罗了四届“华中学术传播论坛”，三夕兄主持会议时从没有虚话套话，总是直奔学术主题，评点专家演讲或会议发言，切中肯綮，直指要害不留情面。外地有学者朋友跟我说，特别希望张老师评点自己的发言，但又有点“怕”他，因为他的“酷评”让人欢喜让人羞（愧）。这大概就是所谓“畏友”吧。

老话讲，家有一老，如有一宝。三夕兄是我们文化传播学的“一老”，所以我一再呼吁“长老不能走”。只要学科有重要活动，举凡招生面试，论文开题，博士答辩，还有其他重要学术活动，是一定要请“长老”回来“坐镇”的。有三夕兄来“站台”或“坐镇”，我才会觉得更有底气，更有胜算。

三夕兄已经退休数年，逼近“古稀”，但他无论心理、精神，还是身体、学术，都毫无老态与倦意。他经常与友朋自驾云游四方，夏季会去恩施野三关私宅消暑“打望”，至于酒桌上与周兄晓明“斗诗”更是“保留节目”，一直胜负难分；他还数次加入游泳大军，“万里长江横渡，极目楚天舒”。三夕兄在学术上恪守规范，严谨认真；在生活上乐于助人，趣味盎然，尤其懂得发现和享受日常中的诗意与远方。

笔者谨以这篇短文，祝贺张兄三夕从教50周年，真诚祝愿他永葆君子之风，永远健康快乐！祝愿他在未来依旧是书香伴着花香的日子里，学术青春不老，生命之树常青。等到三夕兄从教60年、70年之时，我希望有机会再写续篇，也期待三夕兄有更多新颖、精彩、丰富的故事让我们分享。

2021年3月8日初稿，10月22日改定

【附注】

此文微信公众号“出版六家”2021年3月13日推送，刊载于汉口学院《学校文化研究》2021年第2期，收入曾军主编《张三夕教授执教五十周年纪念文集》（凤凰出版社2022年版）。微信公众号推送后，有网友留言说，（读此文）有对做学问的启示，有对做出版的启发，更有对做人的启迪。

从《肖汉森自选集》想到的

学报老主编肖汉森编审的自选集摆放在案头。这本洋洋60余万言的个人文集，是肖老师几十年学术研究和工作探讨的结晶。文集的内容包括两个方面，一是有关纳粹德国和其他历史问题的研究文章，二是探讨编辑理论和实践的部分成果。翻阅这部散发着淡淡油墨芳香的新书，历历往事却涌上心头。细细想来，初入职场时在肖老师领导下工作的六七年，对我后来的学术研究与管理工作都具有重要而深远的影响。

一

20世纪80年代初我就读于本校中文系，本硕连读，1988年6月研究生毕业。本来是想留在系里当教师，但因中文系当年不进我那个专业（文艺学）的毕业生，学校便让我在学报和出版社中间二选一。当时的说法是，出版社经济收益比较好，学报更适合个人学术上的发展。我毫不犹豫地选择了学报编辑部，因为那时候硕士毕业生很少，自己正怀揣着学术的梦想。

到学报编辑部报到是6月中旬的一天，办公室主任罗美菊老师热情友好地接待了我。当时办公室还有王佶、李毅（资料员）两个年轻人。学报编辑部在六号教学楼的四楼，一上楼右侧阴面的几间房子。中间的大间为文科室，大约四五十平米，左右两边分别是办公室和理科室，各有20多平米。五楼最西头还有一大间资料室存放各类书刊，包括学报样刊。记不清是当日还是第二天，时任学报常务副主编肖汉森老师、理科副主编兼支部书记戴志松老师，一同在理科室与我见面（领导都没有单独的办公室）。除了例行公事的欢迎，介绍基本情况，提出工作要求，两位领导还专门谈及编辑学研究，希望我以后编研结合，加强编辑学的学习与研究；因为他们两位，加上文科室曹毓英主任、理科室彭守权主任刚刚合作主编了一本《编辑学概论》，已经交给出版社即将正式刊行。这本书于1989年由本校出版社推出，是当时全国为数不多、自成体系的编辑学论著。这是我第一次知道还有所谓“编辑学”，编辑出版也是可以做成学问的。

正式工作以后，肖老师在编辑部经常强调编辑学研究，鼓励青年编辑参加相关学术会议和培训活动，学报还以增刊形式连续几年每年一辑出版编辑学研究的专刊。那时我们外出参会，肖老师总是大力支持，但要求“带论文与会，带报告回家”。起初一年多，肖老师作为常务副主编主持编辑部日常工作，主编由副校长邓宗琦教授兼任（同时还兼出版社社长），大约是1990年，肖老师接替邓副校长直接担任了主编。在肖老师工作的最后七八年，全国编辑学的研究如火如荼地开展起来，中国编辑学会、全国高校文科学报研究会都是重要的倡导者和组织者。而肖老师正是这些学会、研究会最热心的参与者和组织者之一。那个时期，湖北的社科期刊研究会、省高校学报研究会异常活跃，各种活动、各个场合总可见到肖老师忙碌的身影。他起初是全国高校文科学报研究会的副秘书长，后来担任副会长；省里是社科期刊研究会副会长，高校学报研究会秘书长（会长、副会长由各高校相关领导兼任，秘书长实际主事）。除了组织各种活动，张罗学术会议，肖老师自己带头进行编辑学研究，尤其是结合学报实际工作展开研讨，发表了一系列论文，如《学报主编思考什么》《谈“主编难当”》《编辑思维规律特征刍议》《编辑原理浅议》《论编辑学研究对象、任务与方法》等，在大学学报界和全国编辑学领域都产生了较大影响。肖老师收录在自选集中的20多篇编辑理论与实务方面的文章，绝大多数是那个时期所写所发。

在肖老师的倡导和带领下，我和编辑部青年同事也积极加入了编辑学研究行列。1989年，我发表了大小文章13篇（多为研究生期间所写），主要还是集中在中国古代文论领域，包括《王夫之的艺术整体观》《王夫之的辩证审美观》《王夫之美学思想的总体特征》《关于古典浪漫主义文学理论的思考》《老子与图拉图的艺术本体论比较》等，其中有两篇分别被人大复印报刊资料和《高校文科学报文摘》转载、论点摘编。王夫之美学思想研究是我的硕士论文，一下子分成几篇都发表了（后来陆续又写作和发表了几篇关于王夫之的论文）。其他方面的研究也在积极探索，感觉自己那时候学术上还是信心满满、干劲十足的，似乎也不像现在一些硕士生、博士生和青年教师发文章这么困难和焦虑。也就在这一年，我尝试写了两篇编辑研究的文章，一篇是《试论编辑的“期待视野”》，发在内刊《高校学报研究》第2期；二是《如何实现大学学术期刊的社会化》，发表在《书刊导报》第17期。这两种报刊，前者是学报研究会所办，后者是校友李德复老师主编，都和肖老师关系密切。到1990年，我依旧坚守中国古代文学批评史的主阵地，但编辑学研究的力度有所加大，公开发表的三篇论文分别是：《试论编辑的“前观念”》（《编辑学刊》第1期）、《从编辑群体看编辑学者化》（《编辑学刊》第4期）、《试论编辑主体的“先结构”》（《华中师大学报》社科版增刊）。这几篇文章开始引起学者们关注，笔者试图将西方的接受美学、读者批评理论引入编辑学研究，大概让当时偏于经验总结和现象描述的研究者感到些许新意，至于编辑学者化等热门话题讨论的参与，还曾有人在报上与我进行争鸣，只是我无心恋战，没有回应。记得当时肖老师推荐，中国编辑学会还让初出茅庐的我担任了学会青年委员会委员，主任好像是后来担任过中国青年出版社社长的胡守文；全国高校文科学报研究会成立青年编辑委员会时，我被推举为副主任委员（主任委员为河南许昌师专学报主编靳青万）之一。

在学报工作11年后转岗至出版社，差不多又是十七八年后再回学报编辑部。归来已不是少年。一转眼就是30多年过去了，这大半辈子差不多算是职业编辑和职业出版人。干什么吆喝什么，后来在编辑出版方面的研究就没再间断，虽然渐渐把重点转到了出版史与出版文化，与早先的期刊研究、编辑研究已很不同，但毕竟有某些内在的关联。当年主要是因为肖老师的关系，我认识了刘杲、邵益文、阙道隆、吴道弘、刘光裕、林穗方、杨焕章、宋应离、王振铎、张积玉等编辑出版学界的大佬，并与其中的一些老先生成为忘年之交，一直保持着密切交往。

2016年底回到学报后，肖老师几次到我办公室交心谈心。一是对我的学术研究，尤其是编辑出版理论研究给予充分肯定，并希望不断推进，同时带领编辑部同仁多出成果。二是建议我能在全国文科学报研究会、湖北高校学报研究会多做工作，甚至发挥更大的作用（包括担任重要职务）。由于对社会活动我历来比较疏懒，加上本职工作以外教学科研、学科建设任务较重，没能去积极主动落实肖老师的想法。好在个人的出版史、出版文化研究及人才培养、学科建设，一直努力在做，且小有成效。前不久申报一个奖项，统计了一下，我自1994年推出《出版文化散论》这本著作以来，陆续刊行的编辑出版类论著（含独著、合著、主编）竟然多达15种，文章应在百篇以上。我在想，倘若不是30多年前肖老师的倡议和引导，我的学术研究之路很可能是另一番景象。对此说不上骄傲，但也用不着后悔。

二

记得是在1989年五六月份，中文系新任主任、我的导师曾祖荫教授派吴毅华副主任到学报编辑部协商调我去美学教研室工作之事。那年，美学专家彭立勋教授南下深圳，担任市社会科学院院长。中文系美学教研室邱紫华、张玉能、徐正非几位都是我的老师，邱、徐还曾是我们年级马列文论、美学的任课教师。平时与他们关系不错，几位老师便建议系里把我要回去。肖老师和戴志松副主编合计后，不同意放我走。可能是干了一年，领导觉得我还比较好学上进，是个“好苗子”，能够胜任编辑工作。咸宁师专余虹老师得知中文系美学要进人，便找到我和我爱人，希望我把回系里的机会让给他，因为他们夫妻两地分居，终究不是个办法。就这样，我继续留在了学报，一直干到1999年5月离开。

肖老师是1994年退休的，接任者为教育学专家董泽芳老师。1997年，董老师调离，东方美学专家邱紫华老师担任了主编。那几年，我先后担任文科室主任、副主编，1999年到出版社担任总编辑，3年后接任社长，2016年11月再回学报担任主编，直到2021年8月卸任。屈指一算，在管理岗位尤其是主要负责人位置上也做了超过20年。如何当干部、做管理，我的硕士生导师（之一）曾祖荫教授、博士生导师熊铁基教授等都给我某些教诲。特别是曾老师党政工作经验丰富，老成持重，又儒佛道兼修，教会我不少东西。而肖汉森老师的管理之道也让我受益良多。在《谈“主编难当”》一文中，肖老师讲了当好主编的8个“要有”，具体是：马列信仰、质量意识、政策观念、群众观点、公正品德、多维思维、牺牲精神、广博知识。这里的“群众观点”尤其给我启发。他强调办好学报要处理好几个关系，一是个体与群体的关系，二是民主与集中的关系，三是相信自己（领导）与相信群众的关系，四是学术民主与主编担责的关系，五是用好骨干与一视同仁的关系。我觉得群众观点核心是相信群众，依靠群众，调动每个人的积极性和创造性。肖老师说：“办好学报的基础工作，是处于前沿阵地的每个责任编辑的工作，没有责任编辑个体积极性创造性的发挥，学报是难以办好的。”

在肖老师领导下当编辑的那几年，工作愉快和谐而富有成效。我记得当时文科室几个责任编辑——沈继成、宋才发、李显杰和我，各自负责一个或几个方面的稿件，虽有集中讨论，主编把关（侧重于政治导向），但主要还是责编自己去组稿、编稿，全面负责自己那部分（尤其是学术上）。我组织的专栏，选用的文稿，培养的作者，好像从没有被肖老师否定过。那些年，起初还没有什么核心期刊之说（北京大学《中文核心期刊要目总览》第一版是1992年才发布），CSSCI期刊更是后来较晚才出现的。对学术期刊的评价，最重要的一个指标就是几大文摘刊物的摘录，人大报刊复印资料的转载等。记得当时湖南师大学报这方面数据很好看，在全国文科学报界“牛气冲天”，肖老师就带我们一起到长沙岳麓山下学习取经。此后，我们进一步加强选题策划，瞄准学术前沿，突出重点栏目，同时重视推出学术新人，刊物的质量不断加强，各项指标包括转载率也有了明显提升。

这些年我做出版，搞管理，先后还培养了20名博士、80多名硕士（含在读），在新闻传播学、文化产业学、文化传播学的学科建设方面也做了力所能及的工作，自己承担课题、出版著作、发表论文，应该不少于院系很多专职教师。也有人问我哪有时间来做这么多的教学科研工作和学科建设的事情，其实除了自己浓厚的兴趣，加上比较勤奋以外，主要还是得益于从肖老师、曾老师等老辈那里吸取的管理智慧和人生经验。当主要领导一是出主意，二是用干部，完全不必事无巨细事必躬亲。从消极角度说，是要会当“甩手掌柜”，放心、放手、放权。从积极方面说，就是相信群众，依靠群众，调动大家的积极性创造性。最后在学报做了五年主编（六个年头），应该说还是面临一些特殊的困难与挑战，但我们拿到了第三届全国社科百强报刊、全国高校社科名刊、湖北十大名刊等高级别荣誉。理科学报这几年进步也特别快，连续上了几个台阶，获得了不少赞誉。理科学报的发展与进步，毫无疑问完全是依靠先后两任副主编刘建超、严定友老师、编辑室主任曾群老师和各位编辑的群策群力。而文科学报在历史编辑梅莉编审不幸去世、政治编辑王敬尧主任调离到其他高校这种特殊情况下，编辑室依旧正常运转，且在导向把关、组稿策划、编辑加工等方面毫不松懈，取得较好业绩，确实是年富力强的曾巍副主编、曾新主任和各位编辑共同努力的结果。这几天，网上都在传播人大复印报刊资料2021年转载指数排名，我们华师文科学报在全国综合性期刊总排名中位居第23位（第24位为北京大学学报），排在我们前面的师大学报有北师大，是第16位。而在全国高校学报排名中，我们是第12位。这虽然不是我们刊物历史上最好的成绩，但考虑到这两年的实际情况，能够取得如此成效，且比上次又有所进步，还是很难得的。

今年7月，肖汉森老师就要满90岁了。积极入世、性格开朗的老主编用这本厚重的自选集为自己做了一个人生小结。想起30多年前与肖老师一起在庐山（同行的还有湖北大学学报青年编辑戴茂堂），登五老峰、攀三叠泉，年过半百的肖老师健步如飞，胜过我们几位二三十岁的小伙子。转眼间，我自己已是退休倒计时的年龄，也终于回到文学院（当年的中文系）做专职教师，圆了自己最初的教师梦。与肖老师比，我们依旧年轻，还应满怀激情地奋发向上，不断进取。我们也期待，已在向百岁攀登的肖老师健康更健康，长寿再长寿。

2022年3月30日

【附注】

此文微信公众号“出版六家”2022年4月12日推送。中国传媒大学从事期刊研究的李频教授阅读文章后要笔者代为问候肖老师，并索《肖汉森自选集》。武汉大学学报老编审吴友法留言说："我和肖老师是忘年好朋友，以前经常在一起参加学报会议和德国史学术会议，接触比较多。他90岁高龄，身体还好，很高兴！……我想在适当的时候去看望肖老师！"接替肖汉森老师担任过学报主编的董泽芳教授赋诗一首："少怀大梦上桂山，求学奉献九十年。反思纳粹填空白，探究编辑出新篇。重学扶新怀正气，克己谋公乐奉献。山静日长仁者寿，先生莫道桑榆晚。"

个人文集的出版与大学传统的弘扬

今天是2022年7月1日，在这个特殊的日子学报编辑部和学校出版社共同举办《肖汉森自选集》出版座谈会，作为特色党日活动，同时为学报老主编肖汉森编审庆祝90周岁生日。我觉得这是一件十分有意义的好事情。在此，首先要祝贺肖老师大作的正式出版，祝福肖老师健康快乐、寿比南山。

对于肖老师的“自选集”，我在不久前写过一篇“编辑忆旧”性质的文章——《从〈肖汉森自选集〉想到的》，已经在微信公众号“出版六家”推出，引起一些朋友，尤其是省内外学报界老朋友们的关注。董泽芳老师读了我的推文后，满怀感情赋七律诗一首，把肖老师的各个方面概括得很好。刚才董老师又进行了现场解读和发挥。上海《高校学术文摘》杂志社原社长姚申编审给我微信留言：“我和肖老师很熟悉，（肖老师是）学报界著名的前辈。前几天偶然翻老照片，还见到与肖老师的合影。如便请代问肖老师好！”北大学报老主编龙协涛教授、武大学报原副主编吴友法教授等均关注此文，吴老师还专门索要肖老师联系方式直接进行了沟通。为节约时间，上文已经说过的话不再重复，这里我补充谈两点感想，算是借题发挥吧。

第一个感想是，专家学者个人文集的整理出版是传承大学传统的重要载体，值得高度重视。一所历史悠久的高等学府，都会有自己好的传统，好的精神，有绵延不绝的学脉。而专家教授们的重要学术成果，正是我们继承传统、弘扬精神、赓续学脉的工作“抓手”。记得五六年前老校长章开沅先生九十大寿，老人家不同意搞任何祝寿活动，但校出版社配合历史文化学院在先生生日那天（7月8日），举办了《章开沅文集》（11卷本）出版座谈会，没请任何官方人员和新闻媒体记者，纯粹的学术性活动，效果很好，章先生及家人也很满意。最近，这类文集出版座谈会相关单位还安排好几场。7月8

日及7月10日，《刘守华故事学文集》《邢福义文集》两套大书的出版座谈会将先后举行。这些活动是学校双甲子庆典的前奏，也是“双一流”建设的题中应有之义，更是弘扬百年优秀学术传统的切实举措。

明年是我们华中师范大学120周年校庆之年，学校正在落实相关出版计划。其中一项就是刊行一套“华大经典丛书”，估计先出版20多种，也就是百年历史上有代表性、标志性的20多个知名教授的论著选集。其中，老中华大学陈时校长、华师老党委书记高原教授的论著集都是首次编选刊行，非常有意义。

由这些名家大师文集、选本的刊行，我的另一个感想是弘扬学校的传统不能仅仅停留在学校层面，不能总是聚焦于少数名流大咖，最好能下沉一级到院系，甚至是学报编辑部这样的二级单位和普通教授、干部。一所大学，真正一流的学者，堪称大师的人物，往往是凤毛麟角。而许许多多平凡的、普通的教授（包括编审、研究馆员、研究员等）、专职干部，也多有值得总结的东西，值得传承的东西。其中有些被历史尘土埋没的人物，实际上很有历史价值和学术贡献，也值得深入挖掘。前些年，我校出版社配合文学院的“211工程”项目实施，做了一套“文学院教授文库”，出了20多个教授（包括已经去世多年者）的个人自选集或选集。这对于梳理学院悠久历史、勾勒学术发展脉络发挥了很重要的作用。过去有些老辈学者述而不作（如石声淮先生、杨潜斋先生等），公开刊行的成果并不多，出版的个人专著更少。如今，众多学者的成果通过发掘整理，纳入丛书整体推出，就是一种积累，一种沉淀，一种传播。我们学报编辑部积极张罗、老干处给予资助、出版社全力支持的《肖汉森自选集》能够顺利出版，是肖老师本人“立言”（古人追求的“三不朽”之一）的确证，也是学报编辑部和学校优秀传统的一个积淀、一项成果，当然也是肖老师留给自己后代的一份宝贵精神财富。

最后还想说一点的是，肖老师中年以后主要从事学报工作，包括具体的编辑实务与管理协调，当然还有相关社会活动，为我们学报影响的扩大、学术事业的繁荣尽心尽力，作出了贡献。尤其是在把握导向、学术为本、编研结合、人刊双优等方面形成了华师经验与传统。后来董泽芳、邱紫华、王齐洲、王泽龙几任主编带领大家弘扬优秀传统，不断开拓进取，努力办出一流名刊，培养高端人才，可圈可点之处很多。2016年底，我回学报又干了6个年头整整5年主编，基本是萧规曹随，不折腾，沿袭多年来的好传统、好做法，也取得了点滴进步。从肖老师本人的经验，以及编辑部人才成长的实际看，期刊编辑不只是所谓“为人作嫁衣裳”，我们每个编辑人员完全可以为自己做几件漂亮衣裳，为学校发展、学科建设和整个学术事业的繁荣做出自己的独到贡献。我前年与曾建辉博士合作撰写《中国出版家　周振甫》（人民出版社2021年已出版）时，对此深有感触。周老一辈子就是一个普通的连室主任、副主任都没当过的图书编辑，但就是这个兢兢业业的普通编辑成了举世闻名的大专家、大学者，著作等身，影响极大。周老不愧为共和国编辑界的大国工匠，文史普及的一代大家，编研结合的杰出代表。肖汉森老师很早就倡导编辑学者化，倡导做周振甫先生这样的好编辑，这些年编辑部也确实培养了一批这种学者型的优秀编辑，包括退休的和在职的，包括去世的（如梅莉）、调走的（如王敬尧），也包括现在工作在一线的多位优秀编辑，我们确实形成了很好的经验和传统。目前，学校正在进行“双一流”建设，我觉得期刊这个学术平台、编辑这个重要群体，应该也可以大有作为，我也相信大家不会辜负肖老师，还有在座的彭老师等老辈学报人的殷殷期待。

最后，再次祝贺肖老师，祝福肖老师：夕阳无限好，晚霞更灿烂！

2022年7月1日

【附注】

此文微信公众号“出版六家”2022年7月5日推送。这是根据笔者2022年7月1日在“《肖汉森自选集》出版座谈会暨2022年庆‘七一’特色党日活动”上的即兴发言整理、增删而成。肖汉森老师自1956年毕业留校后，长期从事教学、科研、党务和编辑工作，曾任华中师范大学学报主编、全国高校文科学报研究会副理事长等职，退休后仍继续致力于纳粹德国史和编辑理论与实践的研究。《自选集》分两部分，第一部分25篇文章，主要研究希特勒统治时期纳粹德国的问题，探讨了希特勒法西斯专政的特征，希特勒统治时期的经济、外交与扩军备战以及德国人民反战等相关问题；第二部分26篇文章，聚焦编辑理论与实践，尤其注重结合工作实践，尝试构建期刊编辑学，深入探讨社科期刊编辑工作的规律，提出了一些建设性的观点。

从“老师姐姐”到“老师妈妈”

案头放着一本厚厚的大书，洋洋65万多字。由文学院退休教授吴满珍老师所编的《师生情缘录》，是一本很“特别”的书。说它特别，一是内容，既不是学术专著，也不是大学教材，更不是专业论文或诗歌散文之类的个人作品结集。二是意义，不是学术成果的呈现，亦非纯粹学脉的薪火相传，而是“爱”的见证、积淀与传递，是“爱在华师”的最好诠释。

知道这部特别的书稿，是在两年多前参加学校出版基金书稿评审之时。按照惯例，这类非学术性集子出版基金是不予资助的。但当时从推荐专家王先霈教授，到文学院的书记、院长，以至学校和出版社领导，都认为该书稿有特别的意义和价值，值得破例支持。翻阅散发着淡淡书香的《师生情缘录》，更觉其值得珍视。它是吴老师从数以千计的学生来信和相关诗文中精心编选而成的。收录的300多篇文章（含少量诗歌）分为贵州支教篇、华师硕士篇、中文本科篇、大学语文篇、14级“满珍班”篇、汉口学院篇及附录7个板块，以吴老师本人40多年教学生涯为经，以不同层次、不同地域、不同专业的学生和老师教学互动、情感交流为纬，通过学生校内校外、线上线下，或诗或文的鸿雁传书，关涉学业、工作、婚恋、家庭诸多方面的网络传情，具体、生动而丰富地记录了40多年来的师生情缘，充分展示了一位优秀大学教师“教书育人”的教育理念、“以生为本”的为师原则、“因材施教”的教学方法，而师者风范、人格魅力更是蕴藏其间。

翻出王师先霈教授2019年的推荐意见，其中提到“老师姐姐”“老师妈妈”的一段文字给我留下了深刻印象。王老师这样写道：

吴满珍与学生的关系不限于讲授者和聆听者的关系，她关心学生的生活，在学生遇到困窘时伸出关怀的援手，帮助学生规划人生，协助他们选择深造、就业之路，乃至协助他们选择人生伴侣。早年的学生叫她“老师姐姐”，近年的学生叫她“老师妈妈”，在我接触和了解的范围里，得到这样的称呼的教师相当少见。我们的教育、教学正在加速实现信息化、数字化、网络化、多媒体化，但是，无论技术如何先进，教师和学生的直接接触，教师的言传身教，是任何先进的技术所无法替代的。相反，科学越是发达，技术越是进步，爱的教育、情感教育，越是会凸显其重要性，“老师姐姐”“老师妈妈”的角色越是凸显其崇高和珍贵的价值。从这样的大背景看，本书具有一种特别的意味，是值得一读的。

一个大学老师，只有具备了对教育、对学校、对学生的深情厚爱，才可能年轻时“爱生如弟妹”，中年后“爱生如子女”。吴满珍老师在该书《编后记》中开门见山地说：“有一种职业最美丽，那就是教师。有一种情感最动人，那就是师生情。我是一个幸运的人，15岁时我当上民办教师，21岁时就成为大学老师。这本《师生情缘录》是我大学从教近40年来与学生之间情缘的记录，也是我教学生涯的缩影。”过去，人们喜欢把教师比作燃烧自己照亮别人的蜡烛。而陶行知说：“爱是一把钥匙，开启学生的智慧。”吴老师正是一个手持“爱”之钥匙者，开启了一代又一代学生的智慧之门。当然，她也是一盏明灯，尽其所能发光发热照亮学生的事业之路、生活之路。她既是经师，更是人师。

爱，是需要奉献、需要付出、需要长期坚持的。老干处何小红处长的序言中说吴老师“与学生亲如家人”；彭南生副校长的序言题为《一言一行皆关情》，说吴老师是“爱在华师”的典型代表，是华师大爱的体现者和传递者。他还引用了吴老师近期学生的现身说法：“导师在生活上对学生亦十分关心，由此得到了‘老师妈妈’的称号，享誉华师。她经常召集学生一起吃饭，有时候在食堂定包间，有时候在家里下厨房。席间，她总是忙着给大家夹菜，生怕有人吃不饱，学生临走时，还不忘让他们带回去再吃。过端午节，她也会把香喷喷的粽子、咸鸭蛋带到学校，让学生们在分享食物的过程中品尝到浓浓的节日滋味。一次，得知某学生缺钱，她毫不犹豫借出一大笔钱，帮助学生渡过了难关。”细细品读《师生情缘录》，我们发现学生眼中、心中的“吴妈妈”，诸如此类的感人事迹还随处可见。

大学老师有的以研究见长，有的以教学为主，王先霈教授说吴满珍老师属于后者。诚如王师所说，最近30年来，高等学校存在一个普遍的偏向，就是重研究而轻教学。在研究上取得成绩的教师能够较快获得回报，得到荣誉和实惠，专注于教学的教师其贡献不易得到明确的、看得见摸得着的肯定，这在公共课教师身上更明显地表现出来。我记得，在我们上大学的80年代初期这个问题并不严重。中文系老师个个重视教学工作，全身心地教书育人，“课比天大”成为大家的共识。吴满珍老师那时候在文艺理论教研室，但她支教去了贵州，而给我们上文艺理论、美学方面课程的主要是孙子威、王先霈、曾祖荫、彭立勋、陈竹、殷杰、李中一这些年纪稍长的教授、副教授，他们大多属于教学、科研都挺厉害的名师；像胡亚敏、范明华、孙振华、王济民等二三十岁的年轻助教只是担任相关课程的辅助工作。吴满珍老师那时候如果在华师，也可能就是我们的辅导老师。后来，知道吴老师转到大学语文教研室，长期从事这门公共课的教学了。

老实说，大多数公共课是“爹不疼娘不爱”、学生也不怎么待见的。但吴老师干一行、爱一行、钻一行，不仅用一颗爱心感动人，还练就一身本领培育人。对待学生，她如春天般温暖；对待工作，她有夏天般的火热。据学生回忆说，一般老师上课总是要点名，而吴老师上课是不用点名的，因为教室里始终座无虚席。就我所知，中文系一直有很好的教学传统，老师中教学名师、“名嘴”不少，他们的课堂都很火爆。如老辈的邢福义、黄曼君、王先霈先生，中生代的孙文宪、王又平教授，以及后来的“网红教授”戴建业等，皆擅长教学，听他们的课就是一种美的熏陶，一种艺术的享受。不过他们讲授的都是中文专业的主干课，如现代汉语、现当代文学、文艺学、古典文学一类。至于公共课，像“大学语文”这类不受重视的课堂，吴满珍老师能做到那样，实在是很不容易的。教学，现场效果是一个方面，持久的影响是更重要的方面。王先霈老师指出：“在教学结束之后，几年、十几年、几十年之后，学生回忆起从这门课程里得到的知识的增进、智力的开发和心灵的升华，是对于教师工作价值的最难得也最可信的评判。所以，可以说，这本书里学生们朴素的叙述和由衷的赞誉，是对吴满珍同志40多年教学的客观的、令人信服的评价。”

我们老是讲大学的三大功能——人才培养、科学研究、社会服务，其中人才培养是第一位的，也是最根本的。但近些年来，教学不被重视，育人第一让位给科研至上、项目为王，这多少有些舍本逐末。当今的大学，像吴满珍老师这样真正全身心投入教学的名师实在太少，以大爱之心几十年如一日地关爱学生的好老师实在太少，而我们编辑出版《师生情缘录》这类有特别意义的书籍也实在太少。如今，退休多年已经“奔七”的吴满珍教授，依旧青春不老，激情不减，活跃在校内外、省内外的教书育人岗位，传授真的知识，播撒爱的种子，浇灌美的花朵，东奔西走，春种秋收，快乐地忙碌着。我们也期待，吴老师能为《师生情缘录》再续新篇。

2022年7月6日

【附注】

此文微信公众号“出版六家”2022年7月19日推送。姜美珍老师留言写道：“有情人有心人，为人师表，春风抚慰！致敬吴满珍老师！”

为普通编辑树碑立传

5月10日，校出版社送来《永远的芬芳——忆梅莉》这本纪念集的样书。这是我和学报编辑部严定友、曾巍两位副主编（也是老搭档）共同张罗的一本有特别意义的图书。这本书的主角梅莉老师是我们华中师大学报编辑部编审，主要负责刊物的历史板块，同时兼任历史文化学院教授、博士生导师。她在2020年初那场突如其来的新冠疫情中，因为心脏病加重不幸于3月19日与世长辞，年仅55岁。

转眼就是两年多过去了，梅莉的音容笑貌还时时浮现在眼前，历历往事仿佛就在昨天。梅莉去世后，编辑部同仁十分悲痛，学校领导，历史文化学院的干部、教师，以各种形式进行悼念。期刊界、学术界的朋友们都为痛失这样一位优秀的专业编辑、杰出的历史学者深感惋惜。复旦大学历史学系、武汉大学历史地理研究所、华东师范大学学报编辑部等十多所院校的出版机构与教学科研单位，湖北省道教学会等社团组织，复旦大学武汉校友会及梅莉的同学好友、入门弟子等，也纷纷致函吊唁。

梅莉去世时，武汉正在封控之中。我们都没有机会看她一眼，也无法去殡仪馆最后送她一程，只好把悲哀和怀念寄托在诗文中，发表在网络上。为了记住梅莉，也为了不忘却江城那个寂静而寒冷的春天，我们萌生了编一本纪念文集的念头。对此，《永远的芬芳——忆梅莉》“编后记”中是这样叙述的：

梅莉老师离开我们已经有半年之久，其间编辑部有心在合适时间举办一场线下追思会以致哀思，无奈疫情的阴影一直笼罩着江城，至今也没有能实现。在桂子山重新恢复生机的今天，我们编辑整理这部纪念文集，以希告慰泉壤。

本书主要分为三个部分：第一部分收录了来自各单位及个人的唁电唁函；第二部分汇集了来自各方的纪念文章，既有亲戚的哀悼文字、编辑部同事们的深情怀念，也有学界师友的沉痛追思和学生对老师的怀念记忆；第三部分整理收集了梅莉老师身前主要论著的目录。

这个“编后记”落款日期是“2020年9月30日”。纪念集编就后，我们又向全国各地朋友征稿，陆陆续续收到一些新作。因为不是一次性齐清定的文稿，加上工作环节衔接上有些疏漏，以致专门约写的稿件未能全部收录，如中国人民大学何建明教授的《纪念梅莉老师》即是，十分抱歉。何兄建明在文章中对梅莉赞赏有加：说“她不仅是湖北道教史领域的领军学者，也为全国的地方道教史研究树立了典范。她的文章看似平实无华，实在新意迭出，论证严密，引证史料恰到好处，体现出深厚的学术自觉。我在人民大学的研究生教学中，经常将她的一些论文作为必读之作，让研究生们细心研读，学习作者从事宗教历史研究的学术方法和朴实无华的语言表达艺术。从学生们的讨论和发言中，我亲身感受到他们从中受益良多”。这是从纯学术研究角度来说的，而作为合格的学术刊物编辑，梅莉的眼光、严谨与担当精神，也得到建明兄高度评价。

记得多年前，河南教育出版社（后更名为大象出版社）的《寻根》杂志社为一个英年早逝的女编辑周雁（享年仅42岁）专门出过一本图文纪念集《忆周雁》（中州古籍出版社2005年版），给我留下了深刻印象。记得当时看到书讯，读过书评，不禁被那些有情有义的同行所感动。没想到，多年后我们也情不自禁地要为自己的同事做同样的事情。

从梅莉去世后的学界反应可知，她在史学界有广泛人脉，得到充分认可。记得最早发文悼念梅莉的是北京大学辛德勇教授，一篇题为《为梅莉小朋友致哀》的网文曾广为流传。这次我们收在纪念集中的怀念文章，作者除了本校一批历史学专家和编辑出版同道，兄弟高校和科研机构的有：武汉大学徐少华、鲁西奇、桂莉，复旦大学邹振环、黄洋、李剑鸣，山东大学刘家峰，南开大学余新忠，江西师范大学张艳国，湖北大学周积明、郭康松，湖北省社会科学院张卫东，中南民族大学段超，华南农业大学刘玲娣，华侨大学徐华，湖南科技学院傅宏星，五邑大学张国雄等一批优秀学人、史学“大牛”，还有后起之秀，其中长江学者、万人计划入选者等“帽子”人才就有好多位。不少同行专家都是得到消息后主动撰写的纪念文字。校内专家撰文的则有熊铁基、朱英、彭南生、沈继成、王齐洲、吴琦、刘固盛、黄尚明、付海晏、魏文享、何卓恩、洪早清、蔡丽娟、冯玉荣、冯会平等一众师友。

梅莉后来十多年一直致力于道教史研究，她不仅在史学界、期刊界受到大家尊重，在道教学术圈子里更是得到高度认可。熊铁基教授在《忆梅莉》中写道：“白发人送黑发人，是很令人感伤的。”“梅莉的人缘很好，和她交往过的朋友都印象深刻，去世消息传出，一个道教学术微信群好几十人表示哀悼，还有几位朋友致电给我。”一个心怀善意的人，一个工作敬业的人，一个学问扎实的人，人们就永远不会忘记他（她）。

梅莉是一个优秀的编辑，杰出的学者，她又是一个极为普通的人，平凡的人，无官无爵，没权没势。我们怀念她，是因为她既简单又不简单，既平凡又不平凡。曾任海尔老总的张瑞敏有句名言：“什么是不简单？把每一件简单的事做好就是不简单；什么是不平凡？能把每一件平凡的事做好就是不平凡。”我们从《永远的芬芳——忆梅莉》中，看到的正是这样一个不简单、不平凡的普通编辑。她的事迹对于在高等学校从事编辑出版工作、兼事教学科研的普通人来说，实在是很有启示意义的。

纪念集出版后，参加武汉出版社项目验收时我顺便送了一册给学兄、该社总编辑邹德清。次日，他通过微信给我留言说：

今天静下心来看这本书，内心十分感动。为一个普通学报编辑组织一本书，十分不容易，也是要带着对编辑职业尊严的认知和尊重来做的。这不是一般的境界。梅莉我也只是一般接触，但通过书对她有了进一步了解，她的生命充满了向上的能量和尊崇学术、尊重学人的品质，这是值得每个编辑学习的。您这个善事做得太有价值了。

我想，随着这本纪念文集的广泛传播，编辑兼学者梅莉的价值和风范将会被越来越多的人所了解和认可。前年武汉疫情期间，我和曾建辉博士完成了《中国出版家　周振甫》的撰写（人民出版社2021年已出版）。我们称周老为“布衣出版家”。这个一辈子连编辑室主任都没有做过的名编辑，是至今为止荣获中国出版最高奖——韬奋出版奖的唯一普通编辑。我们给周老的历史定位是“共和国编辑界的大国工匠”“学者型编辑的现代典范”“文史普及的一代大家”。在我看来，梅莉和周老是同一类人，具有类似的精神、品格与素养。倘若苍天有眼，假以时日，梅莉一定会在学术研究和编辑事业两个方面都作出更为杰出的贡献。

2022年5月17日

【附注】

此文微信公众号“出版六家”2022年5月24日推送。网友“Jennifer梅”留言：“深深感谢华中师大学报编辑部的范军主编、曾巍和严定友副主编，感谢华中师大出版社，感谢所有参与撰稿的作者。梅花虽逝，莉香永留！”姜美珍老师留言：“为普通编辑树碑立传！点赞！”严定友留言：“全文拜读，很多感想，干编辑出版这一行的，很值得读这本书，这篇文章。”

为华东师大七十周年校庆点赞

今年10月16日，上海的华东师范大学隆重举办了建校70周年庆典。《新民周刊》上有关于华东师大七秩华诞的报道（姜浩峰文）这样说：

“为普及与提高人民大众的科学水平而奋斗，为培养优秀的师资迎接文化建设高潮而努力。”1951年10月16日，在原大夏大学思群堂的主席台两侧，挂起了这样的标语。主席台上方，则悬挂着“华东师范大学成立暨开学典礼”的巨大横幅。全校一千多名师生兴高采烈地聚集在这里，见证了这一盛大庆典。

如此看来，今年华东师范大学的70年校庆是货真价实的，不掺一点水分的。近些年，几乎年年都有不同地方、不同层次的高校（也有中学）举办校庆活动，2021年尤其多。但仔细梳理一下，发现一所大学办70年校庆如今还真有点“寒酸”“拿不出手”“上不得台面”，许多大学少则是办校庆80年、90年，好多所都是100周年校庆，至于以110年、120年为期的也不在少数，而130年、140年校庆自然是指日可待了。

众所周知，我国的现代大学肇始于晚清（与封建时代的官学和书院直接关系不大），到民国时期有了较大发展。到20世纪50年代出现了大的裂变。那时候一边倒地学习苏联，通识教育转向专才培养；随着高等学校的院系及专业调整，大学格局、布局都发生了极大变化。当时，一些老大学的系科有分出去的，也有融进来的，新高校主要是专门（专科）院校纷纷成立，又大多以老学校的某些院系为基础，有分有合，有加有减，你中有我，我中有你。正因此故，旧大学整体沿袭不变至少是主体没有分解的，其实不多，这也就导致我们像北大、清华、南大、北师大等较为严格意义上的百年老校确实并不多。

如此一来，校史编写、校庆举办本身就变得有些复杂和困难了。而事实上，部分高校校史编写就显得随心所欲，校庆活动也曾乱象丛生，校史似乎已成任人打扮的小姑娘。例如，一所老牌学校成为八九所大学的“前身”和建校（不是办学）起点，大家都是百年老校，皆大欢喜；有的高校热衷于“寻根认祖”，后来又发现了新的“根”和新的“祖”，不惜“弃暗投明”，改换门庭，这样校史一下子延长20年30年的不少，甚至延长50多年的，也不乏其例。刚刚合并重新组建的新高校，过了四五年就要办百年校庆的事，也不止一次地见诸媒体。为争谁坐中国现代大学的第一把交椅，有高校把“官司”打到了教育行政部门最高层。如此等等，不一而足。有鉴于此，教育部发展规划司早在近30年前不得不委托著名高教研究和教育史专家刘海峰教授，就高校校史认定原则和标准，设立专门课题进行研究攻关。

就一所大学与另一所大学有无承接关系（如北京大学之于京师大学堂、天津大学之于北洋大学）而言，主要考察什么呢？就此，刘海峰提出了“关键因素原则”和“整体继承原则”。前者强调的是教师、学生、学校性质、办学层次四个关键因素在两校之间的继承关系。如“教师”和“学生”，原高等学校的系科和人员等，达到新设高校师生一半以上，应该可以追溯原高校的建校时间。后者讲“整体继承”好理解，若只是少量系科从另一高校迁过来的，就很难认同将另一学校的创办时间作为这一学校的建校时间。至于校址等，更不是关键因素了。武汉的湖北中医大学和湖北美术学院，20世纪80年代就在省里划拨的武昌县华林土地（原属华中师范大学，其前身华中大学办学在此地）上（部分），但这两所学校都是不可能把老华大作为自己的祖宗认领的。

实际情况是，按照刘海峰教授的两条原则，我们今天好多大学校庆的合法性、合理性都是要打折扣的。因为历来是法不责众，大家都这样也就无所谓了。陈平原教授在《大学百年》一文中说：

谁都希望自己的学校“历史悠久”，就看考据功夫是否高明——当然也受制于史料。在史料大致允许的范围内作文章，还是大有回旋余地的。君不见近年来中国大学纷纷溯源，且甚有成效，日渐“古老”起来了。

陈平原老师此文，是就他在东京神保町旧书店所买“写真集”《东京大学百年》读后的有感而发。他写道：“东京大学诞生于何年？如此关系重大的问题，其实并非‘写真集’的编委们所能决定。……相比而言，东大死守明治十年（一八七七）文部省关于将东京开成学校和东京医学校合并并改称‘东京大学’的条令，显得‘严谨’多了。不过人同此心，心同此理，编者还是意犹未尽，在作为附录的《百年史略》中，专设‘前史’一章，叙述从宽政九年（一七九七）昌平坂学校所创设，到东京大学正式成立，这七十年间与后来的东大有渊源关系的若干学校的情况。至于校庆，则不敢再往前推进一步。因为新学制取法西方，必须是像当年东大正式创立时那样设有法、理、文三学部以及医学部，方才能称为‘大学’。直到今天，日本人对‘大学’一词仍有比较严格的界定，并非所有的‘学校’都可以随便改名。这也是日本人的优点，学什么像什么，一般不走形。要么不挂牌子，要挂牌子就得能达到‘以假乱真’。”

在国人看来，日本人这不是“严谨”，是“迂腐”，是“呆板”，是“死脑筋”，也就是不会变通。要是我们，那就“灵活”多了，“办法总比困难多”，国内好些大学是把过去的“学堂”（其实大多不具备现代大学性质，达不到高等教育层次）作为自己“前身”的。否则，哪会雨后春笋般涌现出那么多的“百年名校”。本来只是一所大学的某个或某几个系科，迁出后整合其他力量办了新学校，整个老学校就算自己（新学校）的“前身”了，这更是屡见不鲜。现在看来，倒是堂堂的“双一流”A类大学——华东师范大学，很有点“迂腐劲儿”。早就有人指出，如果深挖的话，华东师大校史是可以上溯到1924年创建、号称“东方哥伦比亚”的大夏大学的。虽然没有把大夏大学作为办学的起点，但今天的师生仍旧以其他方法来纪念这段历史，这是完全可以理解的。前举《新民周刊》上那篇姜浩峰的文章中有这样一段文字：

当2021年第一缕金风吹拂起来的时候，上海虹梅南路5777号华东师范大学闵行校区东门，变了模样。新建成的东门，亦赋予了一个新名——大夏门。门虽是一座新校门，却寓意着故有的精神文脉之传承。如果回到中山北路校区，在丽娃河畔的校史馆内，则能看到华东师大建校初期位于中山北路的老校门。如今的大夏门，其形貌就是从这座自大夏大学时期就矗立于此的校门而来。

作者进而指出："假若追根溯源的话，这一文脉可以追寻到1879年的圣约翰，至今已经142年。"据知情人士透露，华东师大前身之一的光华大学就是在圣约翰大学基础上创办的，而圣约翰大学部分院系后并入华东师大，师大的数、理、化三系一直在圣约翰大学原址上课，直到1954年才结束。如此看来，华东师大稍稍"灵活"一点，"变通"一下，在两年前就举办140周年校庆也未尝不可。我之所以要为该校的70周年校庆"点赞"，正是由于他们在校史编纂、校庆举办上的严谨作风、认真态度和诚实品格，且能持之以恒。

对于一所高校来说，有悠久的历史、光荣的传统、高贵的血脉固然重要。编好校史、办好校庆无疑是重要的，也几乎是所有大学都很重视的。但是，如果离开了实事求是的精神，违背了诚实不欺的原则，不是秉笔直书，不求客观真实准确，就只好弄虚作假，结果很可能画虎不成反类犬，自欺欺人，最后成为历史笑话。换个角度看，校史、校庆又没那么重要得不得了。大家知道，北美名校哈佛、耶鲁、麻省理工、普林斯顿个个"牛气冲天"，论历史之悠久却远不及英伦的牛津、剑桥。就是美国国家的历史也远不及两所英国大学历史之久远呢。但谁敢小瞧美国那些常春藤名校呢！国内（包括港澳台）的高校，香港科技大学短短二三十年时间，就成了世界名校；伴随着改革开放和深圳特区崛起创建的深圳大学，如今不是把好多"百年老校"甩出几条街了吗！笔者所在的武汉，历史悠久的武汉大学无疑是高教江湖中的"武老大"，但在本地敢跟这所名校叫板的不是已经办过110周年校庆的华中农大，也不是即将举办120周年校庆的华中师大，而是20世纪50年代才成立至今不满70年的华中科技大学。

回到华东师范大学。尽管只办了70年校庆，但它一直与具有百年历史的北京师大双峰并峙，比翼齐飞。即便是那些综合性名牌大学，也从不敢小瞧它。因为人家特色在那里，实力在那里，优势在那里，影响也在那里！这些才是更重要的本钱。历史可以是财富，也可成包袱。不忘本来，终究还是为了未来。倘若一所大学老在那里说“我们本来不错”，“我们曾经阔过”，又有什么用呢?！关键的关键还是要立足当下，不慕虚名，明确方向和目标，求真务实，这样方可不断发展，行稳致远。已故著名历史学家章开沅先生说：“历史是已经画上句号的过去，史学是永无止境的远航。”大学校史研究与编写、校庆活动的举办，也是可以纳入大学史、高等教育史范畴的。倘若只有哗众取宠之心，而无实事求是之意，那么大学的校史、校庆无疑就会偏离正确的航向。

再次为华东师范大学70周年校庆点赞！

2021年10月21日

【附注】

此文微信公众号“出版六家”2021年10月24日推送。文章推送后，得到华东师大朋友们的认可。

大师名流的读书治学之道

肖东发、杨承运两位老师合编的《北大学者谈读书》（北京图书馆出版社2000年版）是早些年我从孔夫子旧书网上淘来的。以前大致浏览过，最近找出来重读一遍，确实是开卷有益，温故而知新。

对于为什么要编这本书，肖东发教授在《后记》中有交代："北京大学有一批又一批的学术大师。他们为什么要读书，读什么样的书和怎样读书，都曾有耐人寻味的独特见解。我们在1996年创办《燕园导读》小报时曾开辟了《北大学者谈读书》栏目，受到读者的肯定与欢迎。于是萌生了编这样一本书的想法。"

这本书的编选方法并不复杂，但内容却十分精彩、丰富，读来受益良多。吴小如先生在《序言》中特别强调学者成功的关键在于8个字——"勤奋努力，好学深思"。对于这本书的基本内容与编选原则、方法，他作了简要介绍：

本书以第一任北京大学校长严复（几道）居首，然后依每位学者出生的年份为序，直至目前作为骨干力量尚在母校任教的知名学者，共收集了58位作者的谈读书的文章（每人只收一篇）。其中绝大部分内容是介绍自己读书治学的心得体会的。除了具有缅怀前辈学者的纪念意义以外，还可以对青年知识分子的读书求知起到启迪指导的作用，同时也大体认识这一百年来北大在培养人才方面的总的趋势。

品读这58位北大著名学者（含少部分知名作家）谈读书、说治学的"夫子自道”，确实能体悟到其中“耐人寻味的独特见解”。下面我们就略举几位学者名流关于读书治学的真知灼见，以期窥一斑而见全豹。

严复校长在《西学门径功用》一文中指出：“大抵学以穷理，常分三际。”所谓“三际”，一曰“考订”，二曰“贯通”，第三层“谓之试验”。他显然是反对死读书、读死书的。严复先生特别重视“无字书”，认为“为学穷理，志求登峰造极，第一要读无字之书”。笔者所在大学的国学大师张舜徽先生也曾要求大学生、研究生重视“无字书”，会读“无字书”，看来是有出处的。

鲁迅先生的《读书杂谈》是一篇演讲稿，讲得形象生动，幽默风趣，也很能给人启示。他把读书分成“职业的读书”和“嗜好的读书”两种。对于“职业的读书”，他这样说：

所谓职业的读书者，譬如学生因为升学，教员因为要讲功课，不翻翻书，就有些危险的就是。……我们习惯了，一说起读书，就觉得是高尚的事情，其实这样的读书，和木匠的磨斧头，裁缝的理针线并没有什么分别，并不见得高尚，有时还很痛苦，很可怜。你爱做的事，偏不给你做，你不爱做的，倒非做不可。这是由于职业和嗜好不能合一而来的。倘能够大家去做爱做的事，而仍然各有饭吃，那是多么幸福。但现在的社会还做不到，所以读书的人们的最大部分，大概是勉勉强强的，带着痛苦的为职业的读书。

在鲁迅先生看来，“嗜好的读书”“那是出于自愿，全不勉强，离开了利害关系的。——我想，嗜好的读书，该如爱打牌的一样，天天打，夜夜打，连续地去打，有时被公安局捉去了，放出来之后还是打。诸君要知道真打牌的人的目的并不在赢钱，而在有趣，牌有怎样的有趣呢，我是外行，不大明白。但听得爱赌的人说，它妙在一张一张的摸起来，永远变化无穷。我想，凡嗜好的读书，能够手不释卷的原因也就是这样，他在每一叶每一叶里，都得着深厚的趣味。自然，也可以扩大精神，增加智识的”。这不禁让我想到《新概念英语》上的一篇小品，讲钓鱼之乐在于“钓”这种行为本身，而不在于钓到的“鱼”之多少甚至有无。

顾颉刚先生《初进学问界》一文给我印象最深的是读书治学要有“独立的勇气”，特别是不要被“偶像”束缚。他说：“我的心目中没有一个偶像，由得我用了活泼的理性作公平的裁断，这是使我极高兴的。我固然有许多佩服的人，但我所以佩服他们，原为他们有许多长处，我的理性指导我去效法，并不是愿把我的灵魂送给他们，随他们去摆布。对今人如此，对古人依然。”他还进一步阐发说：“我既不把别人看作神秘，也同样不把自己看作神秘。”

如果说顾颉刚先生侧重于谈读书之“道”，那么冯友兰先生87岁高龄写的《我的读书经验》，则“道”与“术”兼顾。他说自己7岁开始读书，到现在读了80年书，基本上没有间断。“我的经验总起来有四点：（1）精其选，（2）解其言，（3）知其意，（4）明其理。”面对浩如烟海的书籍，冯友兰先生分成“要精读的”“可以泛读的”和“供翻阅的”三种。而作为学者，或者从事专门研究的人来说，就应该“选定一些须要精读的书”。“这就是要一本一本地读，所以在一段时间内只能读一本书，一本书读完了才读第二本。”这一点实在是很重要的。我们看张舜徽先生的《壮议轩日记》，就知道他是如何一本书一本书地精读的。古语云：“案上不可多书，心中不可少书。”其中大概也包含如何精读专业书的问题，该精读的书，就要读懂读透，切不可同时看很多种书，东翻翻，西看看，这样效果会大打折扣。

《论读书》是林语堂先生的散文名篇，记得是收入了他那本畅销书《生活的艺术》之中的。他讲到学校读书有“四不可”，就是“所读非书”“无书可读”“不许读书”和“书读不好”。关于“所读非书”他是这样说的：“学校专读教科书，而教科书并不是真正的书。今日大学毕业的人所读的书极其有限。然而读一部小说概论，到底不如读《三国》《水浒》，读一部历史教科书，不如读《史记》。”由林语堂先生“教科书并不是真正的书”，我想到当代出版家韦君宜“读书稿不等于读书”的高见。当李昕（曾任三联书店总编辑）大学毕业刚入职人民文学出版社时，注意到老编辑同样是早些年名牌大学中文系毕业的，但几十年后差距却非常大，总编辑韦君宜说了一句意味深长的话：“编辑不能只是读稿子。”可见，“读书稿”与“读书”并不是一回事。林语堂谈读书之道、读书之趣也很有意思，比如他认为：“读书的主旨在于排脱俗气。黄山谷谓人不读书便语言无味，面目可憎。须知世上语言无味面目可憎的人很多，不但商界政要如此，学府中亦颇多此种人。”林语堂还说：“读书读出味来，语言自然有味，语言有味，做出文章亦必有味。”这也是他的夫子自道、经验之谈。

美学家朱光潜先生《谈读书》一文从学问与读书关系入手，指出：“学问不只是读书，而读书究竟是学问的一个重要途径。因为学问不仅是个人的事而是全人类的事，每科学问到了现在的阶段，是全人类分工努力日积月累所得到的成就，而这成就还没有湮没，就全靠有书籍记载流传下来。”术业有专攻，学问有领域，一个好学者都知道不能当万金油。朱光潜先生说：“做学问如作战，须攻坚挫锐，占住要塞。目标太多了，掩埋了坚锐所在，只东打一拳，西踢一脚，就成了‘消耗战’。”事实上，今日浮躁之风盛行，很多人急功近利，在做学问上随波逐流，蹭热点赶时髦者比比皆是。朱光潜先生的提醒至今不过时。谈到具体读书治学方法，朱光潜先生也是颇有心得，他写道：

读书要有中心，有中心才易有系统组织。比如看史书，假定注意的中心是教育与政治的关系，则全书中所有关于这问题的史实都被这中心联系起来，自成一个系统。以后读其他书籍如经子专集之类，自然也常遇着关于政教关系的事实与理论，它们也自然归到从前看史书时所形成的那个系统了。

他认为一个人心里可以同时有多个系统中心，这就像大系统还可有小系统，若干小系统构成一个大的系统中心。读书多了，中心若干，就要分门别类，要学会“储藏”，会记笔记，做卡片。今天我们使用电脑，使用数据库等，但也还是有个如何进行知识分类，如何加强学术信息的保存和利用的问题，只是具体方法和手段有所变化而已。

在西南联大任教时，朱自清先生写了一本小册子《经典常谈》，这本书很受读者欢迎，至今还一再重版发行。他为这本书写的《序》也收入了《北大学者谈读书》中。在这篇序言中，他开宗明义谈为什么要读经典：“在中等以上的教育里，经典训练应该是一个必要的项目。经典训练的价值不在实用，而在文化。有一位外国教授说过，阅读经典的用处，就在教人见识经典一番。这是很明达的议论。再说做一个有相当教育的国民，至少对于本国的经典，也有接触的义务。”朱自清先生《经典常谈》谈的是中国文化的基本典籍，包括《说文解字》《周易》《尚书》《诗经》《礼》《春秋》等。我估计，时至今日别说中等教育程度者很少有人系统读这些书，即便是大学文科生研究生认真读过这些经典的也是微乎其微了。在数字阅读日益发展，浅阅读、消闲性阅读、碎片化阅读愈发盛行的时代，如何面对经典、如何阅读经典已是一个值得关注的重要问题。

限于篇幅，本文不可能对《北大学者谈读书》中的精彩内容全面罗列，最后不妨采取格言警句摘录方式再选摘几个大家的读书“金句”：(1)“你如果不读别的书，只限于你搞的那一门的书里面，这是很不足取的，一定念不好，因为你的知识面太窄了，碰到别的问题你就不懂了。”（王力《谈谈怎样读书》）(2)“读书还不能只比数量，还得比质量，读什么书，读到了什么。”（金克木《谈读书和“格式塔”》）(3)“我爱在优美的音乐声中读书。”（胡经之《开卷有益乐无穷》）(4)“（《鲁迅全集》《顾准文集》）这是本世纪两个‘真的人’写的‘真的书’。”（钱理群《真的书》）(5)“读书不是装书。读书用脑子。脑子给了读书人，是让读书人读书时，能举一反三，能很强健地去扩大知识的。”（曹文轩《闲话读书》）好了，就此打住。

最后值得一提的，是这本《北大学者谈读书》后来在台湾的宇河文化出版有限公司刊行了繁体字版，书名改为《成就自己的阅读方法——北大学者谈读书》。记得是在兰州一个编辑培训班与肖东发老师一道讲课时，他赠送了我一册这本书的台湾版，另有一本精美的《北大问学记》。如今，亦师亦友的肖老师猝然去世已经多年，睹物思人，不免神伤。但愿在天国的肖老师也能有书香为伴，有学问相随！

2022年3月24日

【附注】

此文微信公众号“出版六家”2022年3月29日推送，正式刊发于《阅读时代》2022年5月号（下半月刊）。

杨伯峻这样当研究生论文答辩主席

说到杨伯峻（1909—1992）其人，大凡对中国传统文史有些兴趣的朋友都不会太陌生。他的《论语译注》《孟子译注》（皆为中华书局出版）一直是同类图书中最流行、最受欢迎的本子，数十年常销不衰。记得是在1982年，与杨伯峻同为湖南人的张舜徽先生（1911—1992）特邀请他来给我们华中师大文史专业的学生做学术报告，地点就在六号教学楼西头的阶梯教室。大教室座无虚席，窗户外也挤满了人，但杨先生讲的什么内容我则完全没有印象了。

早就知道杨伯峻先生是知名的文史专家，学问了得。但他后半辈子一直当普通编辑，是中华书局学者型编辑的代表之一，这倒是近些年才有所了解的。出生于书香门第的杨伯峻从小跟随叔父杨树达（著名语言文字学家）研习国学，后来又拜湖北籍“牛人”黄侃为师。30年代初，杨伯峻从北大中文系毕业后，起初在中学任教，后出入冯玉祥将军“幕府”（研究室），前后长达10年，然后辗转于中山大学、北京大学、兰州大学等著名高等学府任教。从60年代起，杨伯峻长期蛰伏于中华书局，直到1992年去世。据中华书局老人俞筱尧说，杨伯峻从北大调到中华书局时是1960年10月，此后30多年他便与古籍整理、编辑出版相依相伴，直到去世。他虽然于1957年被错划为“右派分子”（1961年“摘帽”），但因其在文史研究方面的学养、功力、成就及影响，仍兼任北大历史系教授、国务院古籍整理出版规划小组顾问等职。这样，杨伯峻身在出版界，而与学术界，尤其是高等院校一直保持着十分密切的联系。我们这里要说的他主持研究生论文答辩之事，即其一例。

杨伯峻主持研究生（可能是博士，相关文章没有交代清楚）论文答辩之事，当发生在20世纪80年代初期。北京师范大学启功先生的高足谢不谦复述过导师讲的这段流年“往事”：

前些年，师大历史系教授赵光贤先生，让启先生出面，请中华书局编审杨伯峻，来主持他的研究生答辩。杨老先生连珠炮，一个问题接一个问题，问得该生张口结舌狼狈万状。坐在答辩席上的赵先生，忍无可忍，拍案而起，冲杨老先生吹胡子瞪眼：“你以为你有学问，干脆问我得了！”杨先生一愣，回过神，也吹胡子瞪眼：“明明是你自己请我来主持答辩的！你这是什么态度？”提起拐杖猛敲桌子：“我是答辩委员会主席，我不通过！”说完，拄着拐杖，愤然退场。可怜该生竟未能如期获得学位。赵先生找到启先生诉苦：“启功啊启功，你怎么跟我请个书呆子来啊！”

谢不谦博士把这则往事写得活灵活现，趣味横生，让我们有如见其人、如临其境之感，杨伯峻、赵光贤两位老先生的可爱形象跃然纸上，栩栩如生。虽然事发20世纪80年代，但依旧有点民国风范的味道。后来，就读于中文系的谢不谦博士论文写就，但选题不是囿于文学，而是更偏重历史文化，毕业答辩按理就应该请些历史方面的专家。导师启功先生问他为什么显得有些紧张，他回答说：“我的论文是考史，听说史学专家都忒严肃，喜欢提怪问题，我咋能不紧张？”启功先生“喔”了一声后，便给他讲了上面这段故事。接着狡黠一笑：“他（指赵光贤）不是斥人家杨伯峻是书呆子吗？我这回有个好主意，就请他来做你的答辩主席。如何？”启功先生“摇头晃脑，哈哈大笑”，说：“嘿！看他赵光贤是不是书呆子！”赵光贤教授果然当了谢不谦同学的答辩主席，委员则有张政烺、陈贻焮等诸位文史大家，阵容堪称“豪华”。谢不谦说，答辩是在1991年1月17日。那天正是海湾战争爆发之日，凌晨时分，美国已经向伊拉克正式宣战。答辩开始前，启功先生笑眯眯问弟子：“打起来没有？”谢不谦一时没回过神来，愣住了，不知“老板”问的什么意思；师弟刘石在一边赶紧提醒：“美国打伊拉克！”谢不谦随即兴高采烈地朗声回答：“打起来了！打起来了！”全场哄笑，答辩委员也个个忍俊不禁。然后，众委员收敛笑容，正襟危坐，答辩会正式开始。这场答辩足足搞了3个小时，最后谢不谦有惊无险，终于过关。事实证明，赵光贤先生也确实不是“书呆子”主席。尽管盛传他平生为人耿介，崖岸高峻，率直敢言而不媚流俗，但终究是严而有度，让谢不谦按期毕业了。

现在又是答辩季，如今的硕士毕业生一年就是六七十万人，博士生也如过江之鲫。杨伯峻那样的答辩主席想必再无从寻觅，而赵光贤、启功这类导师也同样珍稀难见了。

一代大家杨伯峻先生除了那两本著名的“译注”，另有《文言语法》和《古汉语修辞》也颇具影响。晚年所著上百万字的《春秋左传注》，倾注心力，更见功力，尤其为海内外学者所称道，出版后获得“全国首届古籍整理图书奖”一等奖。湖湘老家的岳麓书社在杨先生离休后，推出了他的《白话四书》，以及《杨伯峻学术论文集》《杨伯峻治学论稿》等多种。现如今，杨伯峻先生这种堪称文史巨擘的学者型编辑，恐怕也将渐成绝响了。正所谓：“此情可待成追忆，只是当时已惘然。”

【主要参考文献】

［1］中华书局编辑部编：《岁月书香——百年中华的书人书事》（三集），中华书局2012年版。

［2］谢不谦：《追怀启功先生：我的博士论文答辩》，见“尔雅国学报”网站，2020年5月13日。

2020年5月20日

【附注】

此文微信公众号“出版六家”2020年5月26日推送。选登网友留言数则，或长或短，多有启示：（1）谭旭东：“妙章。杨先生的侄子杨逢彬原在武汉大学任教，现在上大（即上海大学）。”（2）石炜：（现在）“博士、硕士研究生和本科生培养质量，值得研究和重视。”（3）gary疏（网名）：“杨先生的《论语译注》最佳!”（4）星亮在天（网名）：“杨伯峻，吾之师。他是兰州大学中文系教授。他当年身体欠佳，不讲课，仅和青年教师与高年级学生座谈，并在兰大完成了《孟子译注》，以兰州大学中文系之名出版，后由中华书局出版。他治学严谨、细致，考证、核校，字斟句酌。和青年教师交流交往，谦让谦虚，平和亲切，是一位和气谦恭的长者，备受全系教师敬重，老教师对他也很尊重。周四全系教学工作会议，他很少发言。有时发言，简明扼要，中肯诚恳，备受大家敬佩尊重！后调回北京，我们出差北京看望他。他很关心兰大中文系的科研和青年教师的培养。兰大中文系青年教师感念他的师德。他是我们的‘经师’，更是我们的‘人师’！”(5) 卢仁龙：“徐中舒恢复招生后，自定规矩，每届必有一人拿不到学位，所有以后没有人报读他的了。”

书业闲侃

出版本质上是一种知识生产

近日，“百道网”推送了出版人张秋林一篇题为《出版是什么?》的短文。作者用了“出版是坚守”“是选择”“是创意”“是呈现”“是超越”“是传承”6个排比句来阐释自己的出版观，最后说：“出版是纠结在我们心中的一个如书籍历史一般古老的情结。”这种阐发无疑是一种略显随意的描述与诗情画意的表达。

手头有一本书，书名恰好也叫《出版是什么》，作者是曾任商务印书馆总经理的于殿利。于总这本论集从大历史观着眼，注重借助人文社会科学研究的总体理论、方法和范式，把出版放入人类文明进程中予以考察，力求揭示出版活动的本质和规律。我们从书中一些代表性篇目即可见其对“出版是什么”的理性认识与高屋建瓴的把握：《出版活动与人类的存在》《出版活动与人类秩序的毁与立》《出版构筑民族国家的文化根基》《论出版经济的文化性》。

此前，一些老辈出版人也很重视从宏观层面审视人类的出版活动。刘杲、戴文葆、许力以、王振铎等是其代表。刘杲认为，出版，经济是手段，文化是目的。他那篇《我们是中国编辑》充满激情和诗意，大处着眼，立意高远，也不乏理性的思考。虽谈的是编辑，其实关涉整个出版活动的价值与意义。王振铎80年代后期所撰《文化缔构编辑观》，把编辑出版活动的本质定义为“缔结构造成为整体的、社会通行的文化知识建筑物”。

与从宏观层面探讨出版活动不同的，是立足于微观层面从出版的价值链——编辑、印刷、发行等环节入手研究出版的本质。常见的“出版”定义（如将作品编辑、复制并向公众传播），还有以编辑活动为中心的种种论述，无不如此。于殿利曾指出：“编辑是为新闻出版而生的，出版因为有编辑才成其为出版，不因任何技术和工具而有所改变。”那些对编辑所下定义以及对编辑基本规律的讨论，往往也可以看作对整个出版活动的认识。早些年，有老专家用“双优”（优选、优化）来界定“编辑”，指出编辑是根据一定的指导思想，以相应的信息或著述材料为基础，进行优选创意和优化组合等综合性的精神生产过程，使精神成果适合于制作特定载体的创造性智力劳动。后来，又有年轻学者在此基础上有所创新，指出：价值判断与规范化是编辑活动的本质。这里的“价值判断”相比“选择”内涵更丰富，“规范化”也比“优化”或“加工”更准确、全面和深刻。

无论是从宏观层面还是从微观视角展开的出版研究，都有其独特价值和各自合理性。笔者认为，若立足于中间状态的出版组织（机构），从中观层面来看待出版活动，其本质特征应该是“知识生产”（当然，组织或机构的工作往往离不开具体的编辑出版个体，即便是总编辑，是社长或总经理等）。它上承宏观层面的文化建构、价值引导与文明推进，下接具体的编印发工作（如今融合出版这些环节已有新变化）。

直白地说，知识生产就是生产知识产品的活动或过程。它是一种劳动过程，本质上是一种价值生产过程。参与甚至主导知识的生产，尤其是价值的创造，这才是出版存在的合理性与合法性所在，是出版活动的本质特征。老出版人曾指出有两种出版，一种是“从有到有”（如作者自动投稿），一种是“从无到有”（完全是编辑自主策划）。即便是“从有到有”的书刊编辑活动，也可以展示编辑劳动的特殊意义，如周振甫编辑《管锥编》。谁能说周振甫的编辑加工过程不是一种知识生产和价值增溢？至于一些重要工具书的编写、修订和出版，都是浸润着出版人智慧和心血的知识生产。最近这些年，研究选题策划的论著汗牛充栋；大家如此高度重视编辑出版活动中的策划问题，正是因为它充分体现了编辑主体的价值，出版活动的意义。赵家璧之与《中国新文学大系》、巴金之与《文学丛刊》皆广受推崇，正在于他们对新文学知识生产与传播的积极意义和长远影响。

在编辑出版实际工作中，不少出版物的推出既可说是“从有到有”，也可说是介于“有”和“无”之间的。把单本的、散落各处甚至不同时代的书汇到一起，依据一定的编辑思想，按照一定的规范体例，深度加工处理，最后形成丛书、套书等，就属于这一类。商务印书馆近百年来孜孜不倦地出版《汉译世界学术名著丛书》，意在为中国现代化的推进提供宝贵的思想资源。商务人不是“搬运工”——把西方的东西简单地搬到中国来，而是知识生产的工程师、知识传播的燃灯者。他们现在又在运作《中华现代学术名著丛刊》，计划刊行三四百种，着眼于学术建设、文化积累和国际传播。对这些经典作品，商务每一种都花大气力进行重新整合，增添相关内容，如约请专家撰写导读文章，编纂学术年表等。

出版人在这里所做的无疑是一种“知识整合”的工作。知识社会学认为，知识整合就是基于知识特性的对知识和知识载体的调整和协调。知识特性的最突出表现就是知识的相互联系性，从知识社会学上说这种知识的相互联系性就是知识互动。这种知识整合本质上就是新的知识生产和价值创新。钟叔河策划并亲自编选的《走向世界丛书》之所以在出版界、学术界产生巨大反响，很重要的原因就在于他这套丛书的编纂是极为成功的知识整合，推陈出新，别开生面，被李一氓视为集思想性、科学性和创造性于一体的“古籍整理的典范”“出版业的一巨大业绩”。丛书专收1840年至1911年间中国人到欧美日本通商、留学、出使、游历和考察等所留下的日记、笔记和游记等，计100种。编者下了苦功，搜罗、整理、校勘，尤其是给每本书所写“叙录”（导读文字）绝对是高水平的研究成果。它的最大价值就是将分散的零星知识资源整合成强有力的知识力量，把自己所获得的知识加以整合从而使知识更为有用。这样的编辑，这样的出版人，于思想界和知识界都是极为宝贵的。

目前，国家正在大力推动出版深度融合发展，要求立足扩大优质内容供给、创新内容呈现传播方式、打造重点领域内容精品、强化出版融合发展内容建设。但无论业态如何变化、技术怎样升级，作为内容为王的出版业要存在要发展，要保有其合理性与合法性，核心还是需要在新的知识生产、知识传播、价值创造中积极发挥作用，而且要发挥更大的、不可替代的作用。

【附注】

此文刊载于《出版科学》2022年第3期。

思想让出版拥有力量

恰逢大学毕业季，南方某高校的“创新”（实为复古）之举，在网络上形成了一个小小的热点。该校毕业照摒弃西方博士帽，改为传统进士服和状元帽。校方宣传说，这样可让毕业生显得更儒雅，“高贵与文雅并存”。给这些莘莘学子作毕业致辞的校长也是身着改装过的古代文官服，神气活现。

浏览这类线上线下八卦时，我不觉想到20世纪80年代初钟叔河编辑出版的《走向世界丛书》（后简称《丛书》），深感当代出版人在启迪思想、改造国民、传承文明方面，依旧不可懈怠。老辈出版家如钟叔河曾因思想让出版拥有力量，拥有尊严，这种传统值得发扬，精神需要光大。

钟叔河编选的《丛书》在20世纪80年代前中期由湖南人民出版社和岳麓书社刊行了36种，一时“洛阳纸贵”，风行海内，好评如潮，钱锺书、萧乾、李一氓、李普、杨宪益、张中行、戴文葆等文化名流纷纷褒以嘉词赞赏有加。向敬之在《中国书史上的一座丰碑》一文中认为该丛书在中国出版史、图书史都是“大写的一笔重彩”。丛书专收1840年到1911年间中国人（主要是知识分子政治人士、外交官及随员等）到欧美、日本出使、考察、留学和游历等所留下的日记、随感、回忆录、叙事诗等。这些亲历者角度各异、风格不同、内容丰富或庞杂的自述，无一例外都是中国人走向世界、认识世界、感受世界的实录，具有重要的文化意义和历史价值。

著名学者王元化晚年提出“有思想的学术和有学术的思想”。这句话尤其适合从事人文社科研究的专家，也应该是学术出版人追求的目标。在《丛书》中，学者型出版家钟叔河将思想与学术完美地结合在一起。真正有价值的学术，必定有思想引领，有思想价值；真正有创见的思想，一定以学理为基础，有深邃的学术作为支撑。好学而深思的钟叔河，50年代被打成“右派”，70年代被关进大牢，都是因为他的“思想”（70年代末改正）。即使身陷囹圄，他依然坚持思索过去与未来，思考改革与自由。好友朱正说，钟叔河读书、编书，首先并不是“思垂空文以自见”，而是想弄清楚中国历史和现状中的一些问题——今天的中国是历史的中国发展而来的，我们这个伟大的、优秀的民族为什么背上了这么沉重的历史包袱？这包袱又给我们民族造成了怎样的灾难？这一切是怎样发生的？在钟叔河看来，我们的国家曾经偏离了人类文明的轨道，而我们却要回到那轨道上去，中国20世纪70年代末开启的改革开放，正是从偏离到回归。

毫无疑问，钟叔河编书出书是带着明确的“问题意识”的。他追问的方向、追问的过程实际上就是“思想”引领的过程，也是酿就“思想”的过程。这里的“思想”，不是简单的口号堆积，名词翻新；关键在于其洞察力与引导力，根基在于其丰富内容与严密逻辑，学术内涵正是其真知灼见的底蕴。在《丛书》总序中，钟叔河写道：“今天的世界已经不是19世纪的世界，今天的中国更不是清代后期的中国。但是，世界的发展越来越快，中国的现代化还有漫长的艰难的历程，我们不能不继续打开眼界，走向世界。打开眼界后，还要学会分析，分清好的和坏的。一切好的东西，要‘拿来’为我所用；一切有害的东西，要实行抵制和预防。在这方面，前人的观察和体会，有些仍然值得我们重视。”

《丛书》刊行后能引起各方面的关切，产生了长远影响，就是因为钟叔河用有思想的知识为改革开放提供了一面镜子。因为有思想引领、问题导向、目标驱动，便可将晚清70年的“陈芝麻烂谷子”化腐朽为神奇，对于中国现代化进程中的思想解放、富民强国，发挥极为重要的参照作用。精于木工、擅长制图的钟叔河，又将工匠精神融入丛书的编辑加工，无论是手稿的访求、版本的选择，还是字句的校勘、图片的选用，抑或是人名索引的编制、译名简释的撰写，在在都是亲力亲为，高标准严要求，精益求精。而为每本书静心撰写的叙论，篇篇都是卓有见地的学术论文，在给人们稀见历史知识的同时，提供了新的思考与启示。

丛书的编纂无疑是一种知识整合，而思想让这种知识整合变得更有价值、更有力量。具有相互联系性的知识，如果采取合适的原则与科学的方法进行整合，就可形成良性的知识互动，产生新的价值与意义。中华书局老总编李侃说“这套丛书可以说是内容并不新奇的‘奇书’”，原因正在于集腋成裘、积土成山所带来的知识增值和意义创新；国人最初睁眼看世界留下的旧闻片段，一旦被集成大系，整体观照，就反映出一股时代的潮流，是先辈们心的呐喊。诚如钟叔河本人所说，那些晚清人士的自述类书籍拆开来一本一本地看，有些并不怎么精彩，史料既不多，思想也浅陋，但如果把这些出国笔记尽可能完全地收罗到《丛书》中，就有它独特的价值了。其实，是思想照亮了古籍，是互动激活了内蕴。西哲讲“知识就是力量”，事实是有思想的知识才更有力量。钟叔河用新的方法整理古籍、用新的观点选印旧书，将传统文化的积淀解析成对中国现代化进程有参考和反思价值的资料，并获得极大成功，就是一个例证。

钟叔河最初设计的《丛书》为100种，直到2017年才由岳麓书社出齐，经过36年的长途跋涉，一套大书终成完璧。钟叔河在那段特殊的坎坷岁月决心“死也要做个明白鬼”。他认识到，中国一定要摒弃传统中的封闭、落后、封建的意识，一定要走向世界。而只有吸收外国有益的东西，中国才能进步和发展。联想到前面提及的某地方高校博士服改进士服，导师装换旧式文官装，还有几所著名大学声称不再参加世界高校排名，而要“关起门来自己玩”，更加觉得钟叔河之立意高远，《丛书》之常读常新。

19世纪开始进入全球文明时代，而19世纪以来中国的根本问题就是一个现代化的问题。早在1918年，鲁迅先生就很沉痛地说：“许多人所怕的是，‘中国人’这名目要消灭；我所怕的，是中国人要从‘世界人’中挤出。”百年之后的出版家钟叔河之所以编辑刊行《走向世界丛书》，或许正是害怕中国人不再是“世界人”。今天已到新的大变局时代，出版人的责任和使命似乎不仅没有减轻，反而更加迫切和重大了。

【附注】

此文刊载于《出版科学》2022年第4期。

出版永远需要高品质

——读《出版的品质》增订本

一

记得是在十一二年前的一个酒局上，复旦大学出版社贺兄圣遂社长酒过三巡后兴致勃勃地说要编两本书，一本叫《编辑的艺术》（或《编辑的技艺》），另一本叫《出版的品质》。总的想法是请编辑家（或名编辑）写编辑家，出版家（人）写出版家（人）。朋友们无不拍案叫好，期待贺兄早日动手。或许是考虑到编辑艺术或技艺方面的书籍已有多种本子，贺兄便和姜华博士着手编撰《出版的品质》。我和武汉大学出版史家吴永贵教授有幸应约为该书合写了一篇《张静庐：在文化与商务的平衡中不懈追求》。

2012年5月（版权页标注时间），《出版的品质》（贺圣遂、姜华主编，后简称《品质》）由复旦大学出版社正式刊行。编者的策划意图、图书的内容特色在封底的广告性提要文字中有充分体现：

二十一位出版家的不凡人生
将个人智慧融入出版、以卓越文化奉献社会的典范
绥青　加斯东·伽利玛　岩波茂雄　贝内特·瑟夫　艾伦·莱恩
翁泽尔德　汤姆·麦奇勒　安德烈·西弗林　见城徹
张元济　陆费逵　王云五　邹韬奋　胡愈之　张静庐　冯雪峰
巴金　邵洵美　陈原　范用　刘振强

他们是中外出版史上声名卓著的出版大家，以各自的风采谱写了不朽的出版传奇，其人生犹如一曲抑扬顿挫的咏叹调，其文化理念、职业抱负，尤其值得当今出版人镜鉴。

本书各篇的撰写者均是业内卓有研究的行家，也是笃志力行的行业精英，他们以独特视角对以上出版家做了精深刻画，展现了这些“隐身幕后”的卓越文化推动者的优秀品质、辉煌功绩和精彩人生。

对中外出版史稍有涉及，对世界出版业略作了解，就不会对上述21位出版家感到陌生。即便是国外的9位出版家，几乎都有相关的回忆录、传记或研究著作在中国翻译问世，其文化理念、编辑思想和出版贡献我们或多或少有所知晓。所选中外21位出版人“仅仅是现当代优秀出版家中的一小部分，但他们或以自身的努力，引领了出版潮流；或以主持出版的优秀图书，影响了社会思潮的变迁。他们是时代的骄子，是出版的楷模。现代出版业因他们而熠熠生辉，值得认真研究，洗发其人格之光辉”。（见该书《弁言》）

“出版人写出版人”确实不失为一个金点子、好策划。虽不好说外行都只能看“热闹”，但内行一定更懂得出版之“门道”。该书的作者如汪家明、章祖德、甘琦、俞晓群、潘凯雄、胡守文等皆一时之选，两栖于出版业界与出版学界。一向以有思想、点子多、擅策划著称的贺圣遂社长也不免技痒，亲自操刀撰写了《刘振强：难能可贵的文化出版典范》。

老辈学者唐长孺先生早说过，做历史研究从人物入手是不错的方法。其实，做出版工作从模仿、学习杰出人物入手，也是很好的方法。《品质》编者试图“为当代中国出版业提供一种视角，希冀有更多的出版人能够继承优秀传统和品质，踏着贤达的足迹，砥砺精神，慨然而行”。笔者以为，这个初衷是达到了的。所谓“品质”，辞书上有两个义项，一是行为、作风上所表现的思想、认识、品行等的本质，如道德品质；二是物品的质量，如江西瓷品质优良。可见，“品质”既可指人，又用以指物品。两个义项拿过来套用，我们完全可以说《品质》是有品质的人所做的一本有品质的书。小赫伯特·S.贝利在《图书出版的艺术与科学》中曾说，所谓出版史本质上就是优秀出版人（或出版社）出版优秀图书的历史。诚哉斯言！

二

《品质》面世后，很快赢得了读者认可、市场欢迎，业界和学界专家都给予该书很高的评价。著名传播学者张涛甫教授的评价较具代表性（见《品质》增订本“后记”）：

> 出版家的品质决定出版的品质，有什么样的出版家，就有什么样的出版。出版家的高度即是一个时代出版业的高度；出版家的限度，也是一个时代思想文化的限度。
>
> 如今的出版业，正处在一个大转型的弯道上，受到资本、权力以及技术的多重挤压，出版业变得愈来愈功利、空心化、泡沫化，表面的喧哗与骚动，掩盖不住被掏空的内心。中国当下出版业何去何从？关键要看出版精英们如何表现了。为此，重申出版人的文化使命与责任担当，强调出版人的品质建塑，就显得特别急切。

上述评价正说中了编者的“初心”。编者在初版的《弁言》中充满激情地写道：“一名优秀的出版人应该是这样的：学历无论高低，必须有良好的修养，对文化和出版充满热爱、憧憬之情，从某种程度上讲，他们是拥有理想和浪漫情怀的文化人，是真正的文化至上主义者，文化和理想在其心中永远是第一位的。他们还有自觉承担启迪时代精神的社会责任感，有将文化的圣火通过自身的出版活动播撒到更广大的民众中去的雄心与抱负；往往能敏锐地捕捉到作者灵光一现的创意洞见，凭借自身的独特眼光、出版卓见与职业热诚，激励、呵护尚在‘孕育’中的‘文化精灵’，使其完美地降临人世，不致‘胎死腹中’，从而催生出有价值的真理和思想，并使其广为传播，对社会发展起到巨大的推动作用。此外，他拥有精准而独异的鉴别力，特别擅长发掘和培养优秀的文化人才，始终将作者放在最重要的位置，甘心做第二小提琴手，努力为作者提供最周到的服务；立足于文化，善于通过创新性工作促进优秀图书的普及，同时又具备非凡的商业才华，使文化的价值发挥出最大的效力。”两位编者这里描绘的是理想的、典范的出版人形象，很自然让我们想起张元济、叶圣陶、邹韬奋这类出版大家，想起陆费逵谈书业重要性的那段至理名言。笔者多年前在《现代出版》发表过两篇文章，一篇是《出版本质上是理想主义者的事业》，另一篇为《理想让出版人拥有尊严》，也算是对《品质》一书的一种呼应吧。

三

《品质》的增订本最近改由商务印书馆推出。记得初版时编者设计要写的出版家不止21人，但由于种种原因，部分文章没能如期交稿。主编在“增订版后记”中介绍说：“今年年初，我们商议增订出版《出版的品质》，一是因为2012年版《出版的品质》虽多次重印，近几年在市场上已难觅踪迹；二是打算增选部分编辑出版家，以部分弥补当年的遗憾。本次增订，共增添九位出版家，他们是中国的章锡琛、赵家璧、周振甫、钟叔河；德国的雷克拉姆，日本的野间清治，美国的珀金斯、西尔维亚·毕奇、戈特利布。这样，增订版《出版的品质》所收录的出版家恰为30人。”深感荣幸的是，从初版到增订我不仅自己积极参与其事，而且推荐在出版实业和理论研究方面皆有创获的朋友加盟作者队伍，这次增订版新加的周振甫由我和曾建辉博士撰写，珀金斯和章锡琛则分别由我举荐的好友周百义、章雪峰两位同仁担纲完成。新版封底的简介精炼而准确，与初版同中有异：

《出版的品质》自2012年9月面世后一直受到出版业同行和知识界的广泛好评。更成为不少高校新闻传播、编辑出版专业学生的案头书。此次出版的增订本，在原书基础上做了扩充，一共收录中外出版史上赫赫有名的出版大家30位，包括中国的张元济、陆费逵、邹韬奋，德国的雷克拉姆，日本的岩波茂雄，美国的珀金斯等。30位出版家尽管活跃于不同的时空，却拥有同样的理想和浪漫情怀，也都是身肩“启迪思想”使命的播火者。他们的理想和抱负，尤其值得当今中国出版业镜鉴。

据了解，《品质》初版曾经得过不少美誉。先后获得2012年上海书展“最有影响的十本新书”（得到新华社在内数十家媒体的报道）、新华网“2012年度中国影响力图书”、“2012年中华读书报年度图书之100佳”等荣誉，可谓双效俱佳，实至名归。我们相信，《品质》增订本将会再现辉煌，发挥更积极的作用和更广泛的影响。上十年过去了，张涛甫教授所指出的出版业的功利化、空心化、泡沫化现象并未绝迹，有些方面甚至愈演愈烈。就整体而言，出版人的品质似乎没有太大提升，优秀人才愿意选择出版，献身出版、坚守出版的似乎越来越少。没有一流的出版人，何来一流的出版，没有出版人的高品质，何来出版物的高品质！

内容为王的出版业，无论科技如何发达，形式如何变化，业态如何多样，有些东西还是万变不离其宗的。倘若丧失了理想，丢掉了文化，缺位了情怀，出版（无论是传统出版还是新型的数字出版、融合出版等），就谈不上对思想和知识的建构，对国家和社会的引领，乃至对世界和人类的贡献，就完全可能沦为权力的奴隶、资本的附庸、市场的应声虫。

贺圣遂、姜华两位主编在增订本“后记”中写道：“当下及未来出版业的发展，面临新的问题和挑战，历史的经验固然需要借鉴，但不同时代的出版新问题，终究需要相应时代的出版人来面对和解决。因此，我们期待，在不久的将来，能够有一部与《出版的品质》并驾齐驱、以数字出版人为‘传主’的《数字出版的品质》!”这又是一个好点子，更是一个富有现实性和前瞻性的好话题，值得关注和深入探讨。让我们和编者一起期待：期待《出版的品质》增订本发挥应有的作用，期待《数字出版的品质》早日面世，期待传统出版和新型出版能有更好更高的品质！

2021年12月13日

【附注】

此文微信公众号“出版六家”2021年12月18日推送。网友留言：（1）风信：“《出版的品质》有品有质。”（2）佚名：“好多年前读研时就读过这本书，一直觉得非常好。”

新文科与大学出版

“新文科”无疑是近几年来高等教育领域最热门、最受关注的话题之一。2018年8月，中共中央在相关文件中提出“高等教育要努力发展新工科、新医科、新农科、新文科”（简称“四新”建设），正式提出“新文科”概念。2019年被认为是新文科建设启动年。这年4月，教育部、科技部等13个部门联合启动“六卓越一拔尖”计划2.0，全面推进“四新”建设，旨在切实推进人才培养机制的创新，提高高校服务社会发展的能力。2020年11月，教育部新文科建设工作组在山东大学举办了新文科建设工作会议，并发布《新文科建设宣言》。今年3月，教育部办公厅发布《关于推进新文科研究与改革实践项目的通知》，意在用切实举措落实全国教育大会和新文科建设工作会议要求，全面推进新文科建设。

所谓“新文科”，是相对于传统人文社会科学而言的。它是以全球新科技革命、新经济发展、中国特色社会主义进入新时代为背景，突破传统文科的思维模式，以继承与创新、交叉与融合、协同与共享为途径，促进多学科交叉与深度融合，推动传统文科的更新升级，从学科导向转向需求导向，从专业分割转向交叉融合，从适应服务转向支撑引领。对于何谓“新文科”，其本质特征何在，如何进行建设，专家们各抒己见，见仁见智。笔者所关心的是作为依托大学母体，服务大学人才培养、教学科研和学科建设的大学出版，如何面对新形势，迎接新挑战，作出新贡献；在国家大力推进新文科建设的背景下，大学出版如何有所作为，如何与新文科建设（也包括另外“三新”）相互促进，相互支撑，共同进步。

新文科建设在本质上是一种新的知识生产。笔者认同陈凡等人的看法：

从理念上说，新文科建设必须放在高等教育的内在要求中来理解。新文科建设首先要直面改革开放以来中国所发生的巨大变化，在知识生产上寻求知识的增量建设，而不是知识的存量重组；要在世界的视野中，重新观察和分析改革开放以来的中国现代化进程，提炼出有效解释中国现代化的知识话语。要重新思考和探索高等学校人的培养，在立德树人上彰显新文科建设的中国文化内涵。

与高等学校互生共荣的大学出版，理当在新时代的知识生产中发挥积极作用。晚清以降，以商务印书馆为代表的民营出版机构，以北京大学出版部为代表的大学出版机构，在近现代新式高等学校的建立与发展，新的知识体系的建构与完善，新的人才选拔与培养诸方面，都有着不可磨灭的贡献。晚清民国时期大学出版的现代化与高等教育的现代化是相向而行，相互促进的。晚清以来包括大学出版在内的出版业的近代化转型，具体体现在技术的新手段、经营的新方式、出版职业的新确立、出版体制的新变迁，还有出版物的新内容等方面。这中间，在在都与新式教育尤其是现代大学的创立与发展关系密切，尤其是出版物的新内容，本质上就是与大学师生新的思想文化传播、新的知识体系建构、新的人才培养目标息息相关的。北京大学出版部的教科书编印，《新青年》《新潮》等思想文化刊物的创办，《清华学报》《燕京学报》等学术名刊的发行，无不昭示新的知识生产方式与劳绩。

面对新的社会转型和教育变革，大学出版有必要立足当下，探寻新途，也有必要学习前贤，汲取智慧。大学出版在新文科建设中，还可以在两个路向上发力。吉林大学张富贵教授认为，“新文科”既包括“新的文科”，也包括“文科之新”。前者是从“跨学科”或“交叉学科”的角度，创立和形成新的学科或方向；后者则是从传统文科自身发展的角度，反思和调整现有的文科发展路径。如今，具有交叉属性的“数据新闻”“大数据与智能媒体”“数字媒体艺术”“动画艺术”“游戏设计”等专业呈现出典型的新文科专业特点，推动学科知识之间、科学与技术之间、技术与艺术之间、自然科学与人文社会科学之间深度融合，并不断为社会新文化、新业态、新思想提供创新源泉和动力。面对这种变化，大学出版无论是传统纸质出版物的内容创新，还是数字出版或融合出版方面的积极探索，都既要积极配合，做好服务，更要超前思考，加强支撑与引领。

至于相对于“文科之旧”的“文科之新”，体现在创新的学科观念，还有创新的学术思想与新的人才。当下，技术人文的建设是一个大趋势，但如何让新技术与新文科有机结合，而不是让传统文科的优势和特点丧失，不是让思想、情怀屈服于技术和工具。在这方面，大学出版该如何作为，也是很值得思考和探索的。当人文社科领域，技术攻城略地，工具理性占据主导，“新文科”出路何在，就不得不让人担忧。面对文科之新，大学出版传统的策划学术丛书、组编大学教材、刊行辅助用书，就显得远远不够了。提供知识服务，参与知识生产，大学出版大有可为。继往方可开来，守正更利于出新。面对新文科的建设与发展，当下的大学出版确实需要出新，但又要不忘守正；需要开拓未来，同时不忘优良传统。

【附注】

此文刊载于《出版科学》2021年第6期。

加强和完善出版业的制度建设

党的十九届四中全会审议通过了《中共中央关于坚持和完善中国特色社会主义制度　推进国家治理体系和治理能力现代化若干重大问题的决定》（后简称《决定》），对我国新时代各领域各方面的制度建设作出了顶层设计与战略部署。《决定》的第七部分，专门论述了如何“坚持和完善繁荣发展社会主义先进文化的制度，巩固全体人民团结奋斗的共同思想基础”，具体是从5个方面展开，即：坚持马克思主义在意识形态领域指导地位的根本制度；坚持以社会主义核心价值观引领文化建设制度；健全人民文化权益保障制度；完善坚持正确导向的舆论引导工作机制；建立健全把社会效益放在首位、社会效益和经济效益相统一的文化创作生产体制机制。

我国的出版业是社会主义先进文化事业和文化产业的有机组成部分，在“举旗帜、聚民心、育新人、兴文化、展形象”方面担负着重要职责与使命。这个《决定》，尤其是其中关于社会主义文化制度建设的论述，对于我们今后相当长一段时间做好出版工作，加强和完善出版业的制度建设，具有十分重要的指导意义。上述几方面都很重要，笔者认为出版价值、两个效益、现代企业制度是三个最为重要的“抓手”。始终坚持正确的价值引领，努力协调两个效益的关系，同时进一步加强和完善现代企业制度建设，是需要予以高度关注，并采取切实有效措施进行推进的。

坚持社会主义核心价值观引领出版文化制度建设，用社会主义核心价值观凝心聚力，是需要有相应的体制机制作为支撑的。社会主义出版文化的核心和基石是出版价值观，因此需要完善弘扬社会主义核心价值观的法律政策体系，把社会主义核心价值观要求融入出版法制建设和出版行业治理，把核心价值观体现在出版物的策划、生产、传播全过程。方卿教授等专门就出版价值引领进行了深入研究，指出：在市场经济条件下，要确保出版业坚持正确的价值导向，必须建立起健全的出版价值引导机制，强化出版发展管理。社会、媒介、财税金融政策、行政管理与法律法规、出版基金、图书评论和出版奖励等不同的价值引导工具与方法，同时都是出版价值引导的制度要素。在出版业的价值引导制度建设中，总结经验和教训，补足短板，形成合力，等等，尚有很多工作要做。如在出版领域如何完善诚信建设的长效机制，构建征信体系，加强失信惩戒，依然需要坚持不懈地努力。

在出版领域，把社会效益放在首位、实现社会效益与经济效益的统一，这是一个老生常谈的问题，如何形成相应的体制机制又是一个常谈常新的话题。2015年，中共中央办公厅、国务院办公厅印发《关于推动国有文化企业把社会效益放在首位、实现社会效益和经济效益相统一的指导意见》；2018年底，中共中央宣传部印发了《图书出版单位社会效益评价考核试行办法》。如果说前者还偏重于指导性的政策，后者则具有明显的制度性。这次的《决定》更明确提出要在“体制机制”上下功夫。就出版业来说，需要进一步深化体制改革，加快完善遵循社会主义出版规律、体现社会主义出版市场经济要求、有利于激发出版业创新创造活力的管理体制和生产经营机制。出版业产业体系、市场体系的构筑，出版企业履行社会责任制度的建立健全，等等，在在需要抓紧落实，长期坚持。

出版物具有商品属性、出版业具有产业属性，因此出版企业的健康持续发展就必须在建立健全现代企业制度上继续发力。1994年以后，国有企业改革开始进入转换经营机制、建立现代企业制度的阶段。而包括出版在内的文化领域转企改制则是在新世纪后才起步的，目前改革正在逐步深化。按照《决定》要求，出版企业制度建设需要更加注重党的领导，加强党的建设。与一般企业相比，出版具有更明显的文化属性和意识形态属性，更需要把党的领导融入出版企业治理的各个环节，把企业党组织内嵌到公司治理结构之中，明确和落实党组织在法人治理结构中的法定地位，发挥好应有的作用。当然，作为现代企业的出版传媒公司，完善公司治理尚需进一步加强。作为对公司进行管理和调控的制度性安排，出版业有效的公司治理也是获取经济效益的基本条件；出版企业的经营实践，也离不开有效的公司治理机制。要深入研究如何加强和完善党的领导、党的建设，推动实现党组织发挥作用的组织化、制度化，形成党委会、董事会、经理层，还有股东大会、监事会等各司其职、各负其责、协调运转、有效制衡的公司治理机制。

“根本固者，华实必茂；源流深者，光澜必章。”制度建设对于国家和民族的长远发展与持续进步是带有根本性的。文化出版企业自然也不例外。繁荣社会主义出版文化，发展社会主义出版产业，坚持和完善相应的制度建设是前提条件。《决定》中讲的文化制度建设，有偏重于政治的制度，也有偏重于经济的制度；有偏重于宏观管理的制度，也有偏重于具体运行的制度。无论何种制度，也无论是正式制度，还有非正式制度，都相互作用，相互促进，形成有机整体。出版业未来的改革发展尚需更加重视制度建设的整体联动，以及治理的整体效应和总体效果，需要以期形成比较完整的出版制度图谱，进而形成出版业乃至全社会的出版制度文化，更有力地、持久地推动新时代出版业的繁荣和发展。

【附注】

此文刊载于《出版科学》2020年第3期。

出版单位“三审制”重在落实

前些时，国家新闻出版署下发了《关于开展出版单位“三审三校”制度执行情况专项检查的通知》。《通知》指出，“三审三校”制度是图书、报纸、期刊出版单位内容编辑环节的基本制度。近期发现，一些出版单位内部管理失范，“三审三校”制度执行不到位，有的流于形式，严重影响内容导向和出版质量；为更好贯彻落实《中国共产党宣传工作条例》《关于加强和改进出版工作的意见》《出版管理条例》等制度规定，完善出版单位制度建设，排查风险隐患，特安排开展全国性的专项检查。

所谓“三审三校”制度是有密切关联但又有所区别的内容把关制度。相比而言，“三审制”是更关键、更重要的编辑制度。它的基本内容和要求，有关法规、条例上面有，“通知”再次予以强调：出版单位在内容编辑环节应履行初审、复审和终审三道程序。在初审环节，应在审读全部稿件的基础上，对选题内容的社会效益、文化价值和出版价值进行审核，严格把好导向关、知识关、文字关等，形成初审报告，对稿件提出取舍意见和修改建议。在复审环节，应审读全部稿件，并对稿件质量及初审报告提出复审意见，作出总体评价，并解决初审中提出的问题。在终审环节，应根据初审、复审意见，对稿件的内容，包括出版导向、学术质量、社会效果、是否符合党和国家的政策法规等方面作出评价。对涉及重大选题备案内容的选题，要按规定督促履行重大选题备案程序。“三审”中任何两个环节的审稿工作不能同时由一人担任。

事实上，我们党和政府历来重视出版物的质量管理，注重相关制度的建立和完善。早在1952年9月，国家出版总署在《关于执行〈关于公营出版社编辑机构及工作制度的规定〉的指示》中就明确指出：(1) 设立总编辑为首的编辑部并组成包括社外专家组成的编委会；(2) 作出全年的选题、编辑、发稿、出书计划，并拟定每季每月的计划；(3) 向著作人约稿要订立合同；(4) 一切期刊、丛书的出版必须有编辑计划，并经出版行政机关审查批准；(5) 每一书稿从采用到印制成书，应实行编辑初审、编辑主任复审、总编辑终审和社长批准的编审制度，以及编辑加工、设计、校对、印成后校读等基本程序；(6) 编辑部对每一书稿都应负政治上与技术上的责任。这是新中国第一次明确提出出版机构对书稿应实行“三审制”。这里的编辑制度设置，包括三审制的规定，在民国时期相关规则基础上更加明确、更加细化，也更具可操作性。

1960年7月，文化部出版局起草制订的《关于出版工作的若干规定（草案）》是一个征求意见稿。这个《规定（草案）》对于新中国成立初的编辑审稿制度作了进一步强调，且要求更加细致，明确指出：“各出版社均应制订切实可行的书稿编辑审校制度（包括保密审查制度），明确规定各级编辑人员和校对人员的职责。必须严格执行三级[责任编辑、室主任（组长）、总编辑]审稿制。每一种书稿，必须有总编辑或副总编辑一人作过一定方式的审阅（通读、抽查或主持集体审阅）并签字后才能发稿，对出版的书稿负政治责任，并保证书稿有一定的学术（艺术）的质量。”这个《规定（草案）》对如何进行审稿，确保审稿质量，提出了富有建设性和操作性的指导意见。

改革开放以来，出版物质量保障方面又出现了许多新情况和新问题。1992年11月，新闻出版署发布《关于图书质量管理规定（试行）》(后简称《规定》)，这个《规定》到1997年3月3日去掉了“试行”二字，正式颁布。它对图书质量的分级标准和管理办法作了明确界定，制定了相应的奖励办法。同时，将图书出版过程质量和图书成品质量分为合格、不合格两级，并规定了明确的分级考核标准。这里，不只是就“三审制”说“三审制”，但确实涉及更深入、更系统的问题。图书也好，报刊也罢，文稿的“三审制”不是孤立的，它应该是整个编辑流程的一个重要环节，是整体出版管理的一个方面。

制度的建立固然重要，而严格执行、落实到位无疑更加重要。出版物质量首先是内容质量，而内容质量既包括政治质量，也包括学术质量、编校质量等，其中政治导向是否正确，政策把握是否准确，价值引导是否合适，都是需要特别重视的。党的十八大以来，党和政府更加关注文化出版机构的社会效益，倡导社会效益与经济效益的统一，明确对出版单位的考核社会效益权重占到50％以上。而到了互联网时代，出版融合有了新发展，自媒体融媒体突飞猛进，如何继续发挥把关人作用，如何确保出版物的内容质量和整体品质，在在需要我们认真对待。

三审中的每一审都是一个环节、一道关口，各有其不可替代的责任。1998年，新闻出版总署图书司以图管字〔98〕第98号文件下发《图书编辑工作基本规程》，它在出版领域经过逾20年的应用，在规范编辑工作及保障图书质量方面发挥了重要作用，今天仍有其价值。要特别强调和重视的是，总编辑（社长或主编）作为最后一道关口的把门人，担负着更加艰巨而光荣的使命。中共中央办公厅、国务院办公厅印发的《关于推动国有文化企业把社会效益放在首位、实现社会效益和经济效益相统一的指导意见》明确规定：从事内容创作生产传播的文化企业，要建立和完善编辑委员会、艺术委员会等专门机构，强化总编辑等内容把关岗位的职责，对涉及内容导向问题的事项，具有否决权。可见，权力很大，当然责任也就不小。

前不久，有学术期刊主编不仅没有尽到质量把关的责任，管理严重失范，甚至是有权就任性，随意开设与期刊定位、宗旨不相关的栏目，刊发明显有质量缺陷的稿件，引发学界和公众关注与热议，成为舆论热点。今年元月，一篇多年前刊发于核心期刊——《冰川冻土》上的洋洋数万言长篇论文被人扒了出来。这篇试图建立“生态经济学集成框架”的“宏文”，其理论和实践基础完全来自对“导师崇高感”和“师娘优美感”的感悟和体认。这显然是有违科学研究严肃态度和学术刊物基本规范的。这里一个重要的问题，是刊发这篇文章的期刊——《冰川冻土》的主编正是文中的“导师”本人。这样的文章刊登出来，初审是怎样的，复审环节是否把关了，特别是主编终审时又是怎么通过的，看来都存在很大的问题。另外一个应属于社科学术类的核心期刊——《银行家》也曝光过，主编在这本期刊上特设“父子集”专栏，专门用于长期发表自己的书法作品和儿子的散文随笔等。其实，办好一家好的学术期刊，除了固定栏目，发重头文章，有时候确实需要调节版面，张弛有度，既要丰富的内容，也需形式的多样，但那也必须和刊物的宗旨、性质、定位相关联，不能随心所欲，任意别出心裁地“突破创新”。

说到底，做报刊也好，做图书也罢，在加强政治意识、阵地意识，守土有责、守土尽责的基础上，还需要敬畏学术，敬畏文化，严格遵守学术规则和出版规定。具体到三审制，上述期刊的三审可谓形同虚设，尤其是终审。看来，建立健全出版机构的三审制度，关键还在人，在那些主导图书和报刊编辑出版的关键岗位。而加强对出版机构关键岗位关键人的监督与检查，也是落实“三审制”的题中应有之意。而互联网出版如何落实三审制度，更是需要高度重视的新情况和新问题。

【附注】

此文刊载于《出版科学》2020年第4期。

出版史学与出版史料

出版史是依据一定的出版观和出版史观，对相关史料进行选择、取舍、辨正和组织而建构起来的一种具有自身逻辑结构的、有思想的知识体系。中国出版史研究大约走过了两个甲子的历程，其逻辑结构日渐完善，思想内容日渐丰富，知识体系日渐成熟，但矛盾和问题也日渐突出。

按肖东发等先生的说法，中国出版史研究滥觞于19世纪末期，以1897年叶昌炽的《藏书纪事诗》为肇始。此后约50年间，宽泛意义的出版史研究偏重于图书史、印刷史和藏书史，总的特点是长于史实考据和资料搜集。20世纪40年代后期杨寿清的《中国出版界简史》内容十分简略，但它是第一部以“出版史”命名的著作，具有筚路蓝缕之功。新中国成立到改革开放初的30年，出版史研究呈不均衡状态，成就比较显著的是中国图书史研究和出版史料的搜集与整理，尤其以张静庐七大册中国近代现代出版史料的刊行为标志；六七十年代，港台地区为数不少的图书史、印刷史论著呈现出一抹出版史学术亮色。1980年以来的40年，中国出版史研究进入繁荣阶段，取得了前所未有的成就。其中，大型中国出版通史的编纂、诸多出版断代史和专题史的面世、多套成规模出版史料的刊刻、出版史学术期刊与集刊的创办、众多相关会议论坛的举行等，使得出版史园地百花争艳，充满生机。

快步行进一段时间后，需要放慢脚步，甚至停下来驻足沉思。我们的出版史研究眼下也面临诸多问题和困惑，发展的瓶颈业已出现。笔者认为，开展出版史学的研究或许正当其时，也是迫切需要。作为对出版史研究之研究的出版史学，它应该包括两大方面，一是对出版史研究的进程加以历史的梳理，这也叫出版史学史研究（在哲学史、文学史、文化史、教育史等领域，这类研究已经较为丰富和成熟）。二是对出版史学科的原理、方法做出理论的概括，这也就是出版史理论或出版史原理。有了这种理论的自觉和反省，中国出版史研究才可能真正总结经验，找出问题，有效推进。

具体到出版史料的搜集、整理和研究，乃至出版史料学的建构，我以为都有必要从出版史学的视角再加审视。无论是具体地分析一部出版史，还是进行宏观的、整体性的学理思考，都绕不开出版史料的存在。出版史料是构成出版史的基本素材。撰写出版史的首要工作，就是发掘史料，尽力搜罗，然后加以合理的选择、取舍、辨正与组织。如何考辨真伪、去伪存真，如何把杂乱无章、随意堆砌的史料组织成一个知识体系，都是出版史学研究所要关注的。知识本身有可靠与否、准确与否的问题，知识本身更有是否合理、科学的问题。史料的准确、精当、丰富，决定了这个知识体系的质量和水平高低。即便是一部具体的出版史著作，其面貌也在很大程度上取决于作者占有和使用的史料的量与质。因此，从出版史料的角度对近几十年来的各类出版史论著进行仔细分析、全面总结，既有助于了解现行出版史研究的优长劣短、成败得失，也有助于出版史料收集整理工作的进一步拓展。而我们以往对诸多出版史著作的评价，大多局限于理论观点、研究方法和逻辑框架等较为虚玄的东西，史料问题常常不在视野之中。

出版史料作为出版史研究的基本对象和依据，其重要性越来越得到出版史学者的重视，关于出版史料学的建设也已在探索之中。从出版史学的宏观视野来看，逐步建立较为科学的出版史料学尚有很多工作要做。诸如出版史料的范围与存在形式，出版史料的客观性与科学性，出版史料与出版观、出版史观之关系，出版史料的衍伸、演变及对出版史之影响，等等，恐怕都不能就史料谈史料，就搜集说搜集。在这方面，其他学科如文学史学史及文学史学原理研究已有较为成熟的经验，本文的写作得益于董乃斌主编的《文学史学原理研究》，董乃斌、陈伯海、刘扬忠主编的《中国文学史学史》（三卷本）良多。他山之石可以攻玉。后起的出版史学科无疑需要环顾四邻，多多从其他学科吸取经验和养分，也包括放眼海外，吸纳国际学术界新的理论、方法与成果。

【附注】

此文刊载于集刊《出版史料2020年》（新总第60期）。

《海国图志》在中日两国的不同命运

酷暑正是读书时。近读张社生所著《绝版李鸿章》一书（文汇出版社2008年版），其中一段与书籍出版传播相关的文字引起了我的极大兴趣。作者有一节专门谈“鸦片战争和《海国图志》唤醒了邻居”，蛮有意思，给人启发，也让人感叹唏嘘。

一

作者这样写道：“（日本）幕府的愚昧和社会上国民意识的觉醒形成了强烈的对照。‘黑船事件’前后还有两件事情影响了日本未来的走向。一件是鸦片战争。满清贵族当事人倒很快地‘好了伤疤忘了痛’，人家日本上下却为此出了上百种通俗读物，如《鸦片始末》《阿片乱记》《夷匪犯境录》《清英近世谈》《鸦片风说书》等被大量翻刻，广为流传。这些书籍的传播使日本上至幕府官员、大名诸侯、各级武士，下至普通民众将美梦做成了恶梦。日本向推中国为‘理想的国土’‘圣贤的国土’‘强盛之国’，然而，堂堂的‘天朝上国’居然不堪一击，竟然被一个远隔重洋、曾被视为‘夷狄小邦’的英国打败。日本知识分子问道：‘西洋各国精研学术，国力强盛，就是周公孔子之国，都被它们掠夺，你想这是什么缘故？’连幕府的奏折中，都要‘……放弃称外国为犬羊夷狄的愚论；改良以往取法于中国的朝仪；依据万国通例所规定的仪节，召见各国代表’。这些读物在日本很好地普及了一回‘落后就要挨打’的教育。”从此，日本由以中国为师，一改而为向西方求教，拜英美为师，且是越彻底越好。他们不怕“全盘西化”，就像从前不怕“全盘中化”一样的。

本来是“老师”（中国）在1840年被“夷狄”（英国人）揍得鼻青脸肿，颜面扫地，但被揍之人伤疤还未完全好早就忘了痛，翻了个身继续呼呼昏睡，继续做“天朝上国”的“厉害”美梦，清室还有人在继续纠结于外国使节来朝如何给皇上“下跪”的朝仪，而过了20年再挨打一次且被打得毫无还手之力，也就不可避免。“老师”病了，“学生”倒是受到了震惊，他们看在眼里，记在心里。“学生”立马反思，这个“老师”还能不能当老师？配不配当老师？学生还有必要仍旧学他吗？虽说“明治维新”是在若干年后，但日本朝野上下的反思与改良这时候就开始了。

二

关于第二件事，就是《海国图志》一书的命运了，作者写道（该书第84页）：

另外一件是《海国图志》。1843年，50卷本《海国图志》之花在大清国的土地上开放。魏源的《海国图志》涵盖了当时西方国家的政治、经济、军事、历史、地理、文化等方方面面的内容。没想到问世后却很少有人问津，最终在国内的印刷数仅有千册左右。

1851年，一艘中国商船驶入日本长崎港，日本海关官员在对这艘船例行检查时，从船上翻出3部《海国图志》。日本人如获至宝。前后共印刷了15版，价钱一路走高。到1859年，这部书的价格竟然比最初飙升了3倍之多。

读到此，掩卷沉思，困惑多多。因为我们过去从书本上了解的《海国图志》是我国近代极为重要的著作，在各个方面产生了重大的持久的影响，大大推进了中国士人思想的开化和国家近代化的步伐。原来事实不是那样呀！我更想知道，为什么这样一部被东瀛日本当作宝贝一版再版的图书，在中国本土却没有发挥应有的作用呢？这中间，“书运”与“国运”是否有某种内在的瓜葛？

邹振环教授在他那本有名的《影响中国近代社会的一百种译作》中，专门讲到“通过《海国图志》影响国人的《四洲志》”。说起魏源的《海国图志》，确实与林则徐组织翻译的《四洲志》有直接的关系。林则徐这个人所共知、大名鼎鼎的民族英雄，后来的倒霉被贬、遭发配充军，其实都与编译刊刻这本《四洲志》大有关系，著名的近代史专家雷颐曾说（见《一个民族最大的遗憾不是无知，而是封闭通往真知的大门》一文）：

他（指林则徐——引者注）经过这个战斗觉得，国外是一个我们完全不了解的领域，于是林则徐就违反了规定，悄悄地让一些广东的知识分子搜集了英国的各种资料，地理书，报纸，编了一些书叫做《四洲志》，他知道这是犯忌的，他就没敢公开，但后来还是传出去了。

当有人质疑他为何要搜集这些资料时，林则徐说我为了“悉夷”，知己知彼。很多人就攻击他了，说你是长敌人威风，我们的华夏文化是最好的，只要我们坚持自己的治国之道、伦理纲常，我们就能把英国打败。于是林则徐被流放了，主张“了解外国”、“长敌人威风”，是林则徐的罪名之一。

…………

除了“长敌人威风”的罪名外，林则徐还有一个罪名叫“溃夷夏之防”，就是说中国人长期认为华夏和蛮夷之间有一道文化防线，而林则徐则溃败了这道文化防线，换作今天的话来说就是破坏了中国传统的文化安全。这在当时是很大的一个罪名。

…………

所以在当时普遍的中国人不接受《海国图志》这本书。但这本书很快传到了日本，日本人反而在短短两年内翻刻了二十一版（此数字与前面十五版有所不同，但印次多、数量大则是肯定的——引者注），而且对日本的明治维新起了非常重要的思想启蒙作用，日本通过这本书了解到世界需要什么，觉得他们自己也应该维新，应该图强。

我们知道，日本恰恰是经过明治维新走上了富国强军的道路，反过头来一次又一次地侵略中国。林则徐启蒙中国人的书，中国人不接受，无意中启蒙了日本人，日本反而因此强大，反过来又侵略中国，这个历史的悲剧，我觉得是很值得吸取的。

1841年8月，魏源在镇江与被革职的林则徐相遇，两人彻夜长谈。魏源受林则徐嘱托，立志编写一部唤醒和激励国人、抵御外来侵略的著作。他便以《四洲志》为基础，广泛搜集资料，编写成《海国图志》50卷，1844年发行。此后，对《海国图志》一再增补。1847年刻本扩充为60卷。1852年(咸丰二年)，全书再次修订完善增至100卷。

三

这部详细叙述世界舆地和各国历史政制、风土人情的“大书”，主张学习西方国家先进的科学技术，提出了“师夷长技以制夷”的思想。有人称它“是一部具有划时代意义的巨著”。该书后来在中国本土有一定影响是肯定的，但具体如何“划”的那个“时代”真还不像我们想象的那么美好。历史的真相往往深藏在历史的细节中、历史的故实中，一本书的真正影响与价值，其实就在它的印次和印数中，在读者的阅读和反应中。

有个名为“痴语呢喃1988”的网友在一篇博文中谈到《海国图志》的遭际：“1848年魏源将增录60卷版本《海国图志》在扬州刊发却遭受大冷；1852年100卷版本的《海国图志》问世，同样除了寥寥数人关注再无人问津。读过此书的兵部侍郎王茂荫曾上书咸丰帝要求多印此书，让更多有识之士看到，可惜并未引起皇帝重视。当时林公（指林则徐——引者注）已然去世，朝中再无权臣意识此书重要性，几乎所有人对这整本都写着‘奇淫技巧’‘闻所未闻’内容的怪诞书籍不感兴趣，甚至有守旧派抵制封禁这本书。林则徐寄予厚望，魏源耗时11年呕心沥血之作，因为没人推广而终成泡影。”（《师夷长技以制夷〈海国图志〉是禁书？奇书？还是日本人眼中的天书?》）

林则徐、魏源等无疑是近代最早“睁眼看世界”的先觉者。遗憾的是当时昏睡（还有装睡）的人太多，昏睡的时间太久，怎么唤也唤不醒。据说，总共只印了1000册的《海国图志》，竟然没有卖完；而在日本，该书引发了一股学习西方的热潮，短短5年时间就反复印刷，而且每次印刷量很大。起初，日本上层社会人士为了抢先阅读此书，有的花大钱购买优先阅读权，甚至比武争夺；在当时如果能收藏中国该书原版本则是无上的荣耀。他们找了当时最精通汉语、学问最好的人来总编校订《海国图志》。这个叫岩谷宕阴的人翻译完该书，写了一个序言，他说："读完这部书，不禁为魏源感到悲哀。中正之士，你写的书自己的君主不用，反而流落他帮被我们日本人用了。"

在中国本土，清政府原本有机会和条件让数以万计、十万计乃至更多的人阅读此书，可是却以不合时宜为借口封禁了此书。错把盲目排外当爱国，把"师夷长技以制夷"的观点和做法看作朝廷"高级干部"的文化不自信甚至是投降卖国。40年后，昔日的老师与昔日的学生迎来了世纪末对决（甲午战争），结果已是人们都熟悉的了。其实，这场较量胜败的种子早在数十年前就埋下了，《海国图志》也算种子之一吧。

2020年9月5日

【附注】

此文微信公众号"出版六家"2020年9月6日推送。

“影响因子”的影响太大不是好事

一、旧话还需要重提

“影响因子”（impact factor）是什么？它是如何算出来的？对学术期刊、学术研究和从事学术事业的人又有什么影响呢？过去，别说是普通的社会公众，就是学术圈、专业期刊圈里的学者教授与职业编辑，也难以说出个子丑寅卯。于是，有专业人士，如上海交通大学的江晓原、穆蕴秋二位较了真，连写连发了好几篇文章。用他们自己的话说，是把“影响因子”的“学术画皮”揭开了。文章对于“影响因子”的来龙去脉、弊端危害，说了个清清楚楚。遗憾的是，作者发表在本来很有影响的《读书》等杂志上的大作，其“影响”似乎还不够大，对“影响因子”的江湖地位并没有太大影响。看来，要撼动“影响因子”这棵参天大树还真不容易。笔者写作本文，意在帮江、穆二位的文章做点通俗化解读、大众化传播工作，以期使其发挥应有的影响，对学界刊界痼疾有所触动。

别说是搞科技史研究的学术素人人微言轻，就算是权威的科研管理部门的明确要求，好像也“影响”不大。比如，在2018年，科技部、教育部、人力资源和社会保障部、中国科学院、中国工程院就发出了《关于开展清理“唯论文、唯职称、唯学历、唯奖项”专项行动的通知》。五部委发文最重要的“任务依据”是习近平总书记在2018年两院院士大会重要讲话中强调的“人才评价制度不合理，唯论文、唯职称、唯学历的现象仍然严重”。这个“唯论文”就含有“唯论文级别”，唯论文与刊物“影响因子”，唯国际国内名刊大刊或权威期刊等因素。2020年7月，科技部官网发布了《关于进一步压实国家科技计划（专项、基金等）任务承担单位科研作风学风和科研诚信主体责任的通知》。这份由科技部、国家自然科学基金委下发的文件，特别强调“科学、理性看待学术论文，注重论文质量和水平，不将论文发表数量、影响因子等与奖励奖金挂钩，不使用国家科技计划（专项、基金等）专项资金奖励论文发表”。科研管理的权威部门在红头文件中专门提及“影响因子”，足见其“影响”实在太大。这个“影响”应该主要是负面的、消极的，甚至一定程度上是带有破坏性的。

本来，影响因子过去主要是在科技界、自科类期刊界较多使用；但最近这些年来，大有向人文社会科学领域蔓延的趋势。影响因子现在是“西（因）子东渐”，国内也把它引进，进行本土化了。就在上个月，《中国学术期刊（光盘版）》电子杂志社有限公司和中国科学文献计量评价研究中心联合发布了《中国学术期刊影响因子年报（2020版）》。这项工作已经开展了多年，既包括自然科学期刊，也涵盖人文社会科学期刊。期刊界、学术界，还有相关管理部门无不十分看重相关数据。近期的微信朋友圈，不少社科期刊人都在发布自家的好消息，或者是本家刊物影响因子又上升了多少多少，或者是进入Q1区或多少年保持在Q1区前列，等等。影响因子就像一个指挥棒，也是一个晴雨表，至今仍旧对学术期刊、学术评价、学术研究有着巨大的引导作用。而国内学者若能在国际上SSCI期刊发文，也越来越成为衡量其学术水平与价值的重要标志，大有向理工科看齐的趋势。

二、“影响因子”的前世今生

国内“影响因子”年报之类无疑是效法美国“科学情报研究所”的做法。对此，江晓原、穆蕴秋《“影响因子”是用来赚大钱的——揭开“影响因子”的学术画皮（一）》（载于《读书》2016年第5期）一文有过详细介绍：

“科学情报研究所”（Institute for Scientific Information，通行的简称是ISI）逐年发布的“科学引用索引”（Science Citation Index，简称SCI）和“期刊引

证报告”（Journal Citation Report，简称JCR），被当今科学界视为两种最权威的学术评估数据。SCI可用来检索科学论文被引用的情况，JCR本质上是SCI的衍生产品，它是基于对SCI（后来包括SSCI和A&HCI）“引用索引”数据进行整合处理后得到的结果，就是期刊的“影响因子”。

科学情报所推出的主要平面索引产品（另有网络产品，此处不涉及）是5种，除了上文提及的SCI（科学引用索引）、SSCI（社会科学引用索引）、A&HCI（艺术与人文引用索引），还有ISTP（科技会议录索引）、ISSHP（社会科学和人文会议录索引）。需要特别注意的是，这个创办于美国的科学情报研究所并非什么“国际权威科学机构”，也不是公益性的学术组织，而是从一开始就是地道的私人商业公司。该公司1992年又被汤森路透（Thomson Reuters）收购。这家公司当然也是以营利为目的的商业性机构。

据江、穆二人文章介绍，“JCR的思想源头可追溯至格罗斯夫妇1927年发表在《科学》（*Science*）上的一篇文章。他们试图解决这样一个问题：在图书馆预算有限的情形下，应该参照什么标准为学生购买供查阅的化学期刊？最简便的办法，当然是找一个权威专家为图书馆开列一个目录清单，但这会受到专家个人局限的左右。格罗斯夫妇的解决方案，是选取知名刊物《美国化学学会杂志》，对它1926年发表的247篇文章的3633条参考文献进行统计，按引用次数对所有被引刊物进行排序，刊物重要性与排序结果直接对应，图书馆可参照此清单进行购买。这种筛选方式操作简便，且不存在太高专业‘门槛’，很快被其他信息科学家借鉴推广到别的学科领域。”（见《“影响因子”是用来赚大钱的——揭开“影响因子”的学术画皮（一）》）

万变不离其宗，这种引用数据及排名的使用后来覆盖了更多学科，收集的期刊大幅扩容，文章数量海量增加，但上述基本思想和计算方法无疑影响深远。只是最初“纯洁”的服务学术之目的，让位于将其作为商业信息产品来赚钱牟利了。科学情报研究所原来是一个庞大的“信息帝国”，其利润用“惊人”来形容绝不过分。现在，光中国高校和科研机构每年花费的金钱，就是一个很大很大的数字，有的著名高校一年就达几百万元人民币。

三、“影响因子”不该有那么大影响

“影响因子”到底是如何算出来的？对此，江晓原、穆蕴秋在另一篇文章《影响因子是可以操弄的——揭开影响因子的学术画皮（二）》（载于《读书》2016年第9期）中有简要说明：

> 影响因子计算公式的准确表述，当然应该以ISI每年发布的JCR报告上的文本为准，是这样的：
>
> 一份期刊前两年中发表的“源刊文本”在当年度的总被引用数，除以该期刊在前两年所发表的“引用项”文章总篇数，即为该期刊当年度的影响因子数值。

这个公式从提出到现在，中间有过几次小修改，但基本原则和操作方法没有太大改变。当然，人们对于“两年期限”，还有“源刊文本”等也有种种疑问。据江晓原、穆蕴秋说，我们国内对这个公式的理解、使用还是有些问题的。老实说，这个公式初看起来确实也容易让人云里雾里，此处就不予讨论了。

在国内，前些年来的影响因子崇拜几乎到了登峰造极的程度。比如对欧美的《科学》（*Science*）、《自然》（*Nature*）等名刊大刊的推崇备至，说到底就是一种影响因子迷信。《自然》被“捧上神坛”，一个重要原因就是它的影响因子奇高，2014年时高达41.5，在SCI期刊中位居第七。国内的众多高校、科研院所将其“神化”，对于在该刊发表论文者予以重奖。“这种迷信和崇拜可以达到什么程度？看一个例子就可见一斑：据2006年《自然》杂志上题为《现金行赏，发表奖励》的文章中说，这年中国科学院对一篇《自然》杂志上的文章给出的奖金是25万元人民币，而中国农业大学的奖金高达30万元人民币以上，这样的‘赏格’让《自然》杂志自己都感到有点受宠若惊。”（见《“影响因子”是用来赚大钱的——揭开“影响因子”的学术画皮（一）》）就笔者所知，国内诸多名牌高校和专门研究机构对在所谓国际名刊大刊发文章，都是不惜代价予以重奖的。除了金钱，有的凭一篇文章就可当教授、评博导，甚至获取各种含金量很高的人才“帽子”。

其实，从事学术研究的人都知道，“论文的影响和论文的重要性及意义是两码事”，文章被引用次数多，并不意味着它的价值就很大。文章被引用，可能是肯定性的引用，也可以是否定性、批判性的引用，或者一般性介绍的引用。不同学科如人文学与社会科学，期刊的影响因子往往差别很大。即便同样是社会科学领域，侧重现实的热点问题、前沿问题研究与侧重基本问题、基础理论研究者相比，被引的几率也是大不相同的。

在自然科学领域，学术大咖未见得就是“高被引作者”。如1963年物理学诺奖得主约翰内斯·詹森（J.H.Jensen）1961年3篇论文的SCI引用仅仅只有4次，连引用次数的平均值（5.51次）都没有达到。然而，《自然》上一篇非学术文本却可以被引高达196次！按照尤金·加菲尔德（情报科学研究所创办人）的看法，“非学术文本很少会被引用”。“然而有意思的是，在1981年一篇介绍《自然》的文章中，他自己开列了1961年至1980年间杂志被引用排名前20的物理学文章，其中就有一篇被引196次的文章属于‘非引用项’，这就表明，《自然》上‘非引用项’也产生可观的引用次数。”（见《影响因子是可以操弄的——揭开影响因子的学术画皮（二）》）

原来，国外所谓顶级学术刊物里面还有“非学术文本”，还有“非引用项”（实际又计入了影响因子计算公式的分子）。当我辈文科男知道被国人奉若学术神明的《自然》《科学》等都是“两栖化”的，即除了刊登学术文本（包括原创的论文以及综述文章），也刊登各种各样的大众文本，简直大吃一惊。据说，《自然》杂志的非学术内容占三分之二，《柳叶刀》的非学术内容占到四分之三，更有其他名刊的非学术内容达到五分之四。你也许会想，这些难道还是学术期刊吗？事实上，恰恰是这种“两栖化”，成就了名刊大刊的影响因子。至于其他操控影响因子的“妙法”或“绝技”还颇不少，以后另文讨论。

受“影响因子”崇拜之影响，这些年国内学术期刊、学术研究和学术评价中出现了种种怪事，用乱象丛生来形容也不为过。这种现象实在值得警觉。如何让学术回归本位，让刊人安心办刊，让学人静心治学，让创新成为灵魂，还真有必要正本清源，拨乱反正。这就是要首先破除对影响因子的盲目崇拜和疯狂迷信！

2020年11月11日

【附注】

此文微信公众号“出版六家”2020年11月24日推送。《出版与印刷》官微转载了该文。网友留言两则：(1) 范建华：“文章分析透彻，立论甚高，是该反思我们的学术评价体系存在的问题了。”(2) 杨生华：“物竞天择，正如自然科学，一般人都知道要先有基础研究突破，然后才可能有芯片产业的进步，但现在又如何呢？”

破除“唯论文”导向：让人欢喜让人忧

一、破除学术评价中的“唯论文”导向有其积极意义

昨天，网络上有篇新华社的通稿被广泛阅读和四处转发。这篇题为《教育部印发破除高校哲学社会科学研究评价中“唯论文”不良导向》的文章指出：近日，教育部印发《关于破除高校哲学社会科学研究评价中“唯论文”不良导向的若干意见》（后简称《意见》），从提高思想认识、树立正确导向、严格底线要求、优化评价方式、加强学风建设、健全长效机制、开展专项整治等方面作出全面部署，进一步健全中国特色哲学社会科学学术规范和评价体系，推动高校加快构建中国特色哲学社会科学。

看来，这是一个涉及高等院校及其广大教师干部切身利益与未来发展的重要工作，接下来还会有“大动作”——“专项整治”。《意见》把这项工作上升到政治的高度，而不仅仅是业务工作或学术活动的范畴，要求要深刻认识“唯论文”现象的系统性危害，从加强教育系统党的政治建设和深化新时代教育评价改革的高度予以坚决纠正。《意见》明确提出了十个“不得”，若把每条中的“不得”二字去掉，把中间个别词语去掉，就是“唯论文”的十个具体问题（或恶劣表现），或称之为“十大病象”，它们分别是：

——简单以刊物、头衔、荣誉、资历等判断论文质量，“以刊评文”“以刊代评”“以人评文”。

——过分依赖国际数据和期刊，国际期刊论文至上。

——为追求国际发表而刻意矮化丑化中国、损害国家主权安全发展利益。

——将SSCI、CSSCI等论文收录数、引用率和影响因子等指标与资源配置、物质奖励、绩效工资等简单挂钩，高额奖励论文。

——将SSCI、CSSCI等论文收录数作为导师岗位选聘、人才计划申报评审的唯一指标。

——把SSCI、CSSCI等论文收录数作为教师招聘、职务（职称）评聘、人才引进的前置条件和直接依据。

——将在学术期刊上发表论文作为学位授予的唯一标准。

——将学历、职称等作为在教育系统学术期刊发表论文的限制性条件。

——多头评价、重复评价，涉及论文的评价活动数量多频次高。

——盲目采信、引用和宣传各类机构发布的排行榜，过度依赖以论文发表情况为主要衡量指标的排行性评价。

上述10个方面的问题在高等院校确实普遍存在，有的还十分严重，负面影响极大。比如第二条“过分依赖国际数据和期刊，国际期刊论文至上”，确实已从自然科学向人文社科领域蔓延，且有愈演愈烈之势。如果现在不采取措施，国内社科期刊的“沦陷”很快就会出现。再如第七条“将在学术期刊上发表论文作为学位授予的唯一条件”，在诸多高校都存在此问题。许多高校规定博士毕业必须发表两篇C刊论文，这称为“资格论文”，一般完不成不能参加答辩，或者答辩了也不给学位证书。有的学校甚至要求硕士生毕业也得发表C刊论文，而博士生毕业、博士后出站得有3到4篇C刊论文发表才够“资格”。许多导师、研究生为此已苦不堪言，又无可奈何。至于第八条“将学历、职称等作为在教育系统学术期刊发表论文的限制性条件”，则五花八门，稀奇古怪。如有的学术期刊只发表具有正高职称者的论文，有的大学学报公开宣称作者必须是211高校的。诸如此类的现象，其实已经引起学术界和期刊界的警惕。国家现在花气力整治期刊乱象，改进和完善学术评价体系，确实很有必要，正当其时。这些无疑是让人感到欣慰的，也是值得期待的。

二、学术评价中的“唯论文”问题症结何在

如果把高校学术评价看作一个有机体，那它是“生病”了，似乎还病得

不轻。所谓“四唯”“五唯”，特别是现在要重点整治的“唯论文”都是“病”。目前立马要开展的“专项整治”，毫无疑问就是要“治病救人（教师）”“治病救校（高校）”“治病救学（学术）”。窃以为，治病就得先弄清楚、搞准确“病因”，然后才可能对症下药，达到药到病除之疗效。南京大学原学报主编朱剑老师多年致力于学术评价研究，对于这种学术评价中的量化至上，尤其是几大“核心期刊”江湖地位形成的“奥妙”探讨较为深入，说得较清楚了。他认为：

“三大核心”虽然都只是关于学术期刊的排名，但却为所有的评价定下了基调。学术评价种类繁多，诸如项目申报、绩效考核、头衔授予、职称评审等，都需要对单位、机构、团队或个人科研水平进行评价。其中的关键都是对评价对象所产出的学术论文价值的评价，因为学术成果最主要的表现形式就是公开发表的学术论文。评价论文不仅需要深入内容层面的专业分析和判断，还需要经过较长时段沉淀的历史检验，且见仁见智是常态，可见其难。而在同行评议失去公信力后，如何科学、公正且及时地评价论文，更加成为困扰人们的难题。核心期刊的问世为解决这一难题提供了替代方法，就是“以刊评文”。（朱剑：《“三大核心”：拿什么来取而代之？——学术评价的困境》，载于《济南大学学报（社会科学版）》2019年第2期）

社会科学成果评价是个比较繁难复杂的事，如何化繁为简、化难为易呢？量化数据这时候就排上了用场。朱剑打了一个比方：“如同前些年采用的检测奶粉质量的方法一样，奶粉的质量标准应该是蛋白质的含量，但直接测定蛋白质含量却是复杂和困难的，于是人们找到了间接办法，通过检测出奶粉中氮元素的含量换算出蛋白质含量，凭此判断奶粉的质量。”他说，论文评价也是这样，采用了“间接的办法”，就是“通过期刊过往的形式数据来‘算出’其优劣，分出等级，再依据期刊的不同等级确定其后来发表的论文质量的高下。这样一来，有了期刊评价，更确切地说是有了期刊等级排行榜，就有了论文评价；有了论文评价，也就有了一切评价。故在所有评价中，期刊评价结果的基础地位谁也无法撼动。‘三大核心’虽然只是期刊排行榜，却能左右绝大多数学术评价的奥妙就在于此。”

朱剑老师这里重点讲的国内“三大核心”，即北大核心期刊、南大CSSCI期刊，以及中国社会科学院文献信息中心的核心期刊。国外的SSCI、A&HCI，其作用也是一样的，只是现在越来越看重国外的这种评价，并运用到高校哲学社会科学评价中了。用定量评价代替定性评价、用期刊评价代替同行评议，一个很重要的原因是学术共同体的缺位，同行评议权威性、公信力的丧失。至于这种情况的出现，又有更复杂的过程和更深层次的原因，非三言两语所能讲清楚。

学术评价的一个直接目的是用于学术资源配置和高校管理。我们知道，如今的中国大学早已今非昔比（当然不同高校“贫富差别”巨大），特别是过去的211、985，现今的“双一流”，年度预算动辄十几、几十个亿，上百个亿，还有的两三百亿。国家投入大了，大学资源多了，行政部门如何分配资源？如何管理和考核大学？那就需要简便易行的办法，量化评价便应运而生。诚如朱剑指出的：在行政权力主导的学术资源分配和科研管理中，学术评价有着无法替代的作用，行政权力通过学术评价委托权的掌握深度地介入了学术研究，从而也使得评价由一般的学术权利而蜕变为名副其实的评价权力；而伴随这一蜕变的是量化评价对同行评议的取代，继而是排行榜对量化评价的取代。至于评价机构要获得评价权力，还得其产品得到行政权力部门的认可、采信或默许。如果高等学校，包括大学里的学院、学科，团队和个人，你要得到资源，获取利益，就必须按照相应的游戏规则运行。

作为高等学校的管理者，还有大学从事教学科研的一般教师和研究人员，其实都知道这种评价体系与办法是有弊端的，“唯论文”是有明显问题的。但大家的态度是“不讨伐，于心不甘；不迎合，利益受损”（朱剑语）。其实，身在高校一线的教学科研人员更担心的是，破除了“唯论文”的“不良导向”，如不能很快建立起更科学合理的评价体系，情况会变得更糟。对于所谓“以刊评文”“以刊代评”“以人评文”等，绝对化、简单化肯定是弊端丛生，问题多多；但这中间又有相当多合理的因子。人们担心：泼脏水时会不会把孩子也泼掉？这种量化评价与考核，之所以还被众多高校认可，被广大学术工作者接受，当然有其无可奈何之处，但大家觉得没有更好办法时使用它也有其公平合理之处吧。

三、学术评价“拆门”以后如何赶紧“修门”

12月15日的“红星新闻”网上有篇文章，也受到大家关注。作者刘海明在《破除“唯论文”导向，拆门容易修门难》一文中写道：“俗话说，拆门容易修门难。对于积重难返的问题，大刀阔斧地拆掉一扇‘旧门’的同时，还要及时预备一扇‘新门’。前述《意见》中的众多‘不得’只是在拆门，还需让人们看到新的科研评价标准这扇‘新门’。如果只有底线伦理，没有新的评价规则，需防范惯性的力量延续。”在我看来，“惯性力量延续”未见得全是坏事，怕就怕旧世界砸了个稀巴烂，新世界的地基都还没有找到。该文作者更进一步，就如何修哲学社会科学研究评价“新门”提出了建议，他称之为“时间门”“实践门”和“同行门”。“旧门”将破、“新门”未建，高校管理者和学者们是有普遍忧虑的。如有高校领导说，“唯论文”肯定是“不良导向”，但“没有告诉我们什么是良好导向”。学者们的忧思有些话语还比较激烈尖锐，但值得思考。有高校朋友在转述南京大学成祖明教授对《意见》的评论，原文如下（表情包去掉，补充标点等）：

> 这个文件对C9估计有影响但影响不大，对二流和地方尤其西部高校将产生巨大的影响，内卷化将变得越发严重。没有客观标准，同行评议就是无意义的，这一状况异化了多少评审！CSSCI和SCI崛起以及建立的论文刚性标准被各大高校采纳，正是日益异化的突破，是对改革开放后中国学术的巨大贡献。教育部要做的成果侧质量改革，应当狠抓期刊的质量，推进CSSCI中心的评价体系更加科学规范，加大期刊投入、规范投稿评审程序，严厉打击论文和期刊征引作假，而不是（走）回头路。

网上评论难免过激，所用言辞或有偏颇，但其中反映的问题是实实在在的大问题。在同行评议公信力缺失的背景下，改“刚性评价”为“柔性评价”，其后果如何的确是需要仔细分析的。我个人对学术评价的改进，更倾向于采用温和渐进的“改良”方式，而不是疾风暴雨式的“革命”方式。即便是“敢把新桃换旧符”，首先得有“新桃”。这两天，关于学术评价，新作不断，如《破易立难，关键在立》一文，作者忧虑所在一看便知。许纪霖教授的旧文《回归学术共同体的价值尺度》，又被学界朋友翻出来重新传播。还有名人郑强教授的文章《大学如果不以学术来教学，就是高中的延续，培养不出一流学生!》，高度强调大学老师写论文、发论文的极端重要性。

对于学术评价体系的改进与完善，学术界、期刊界不少专家学者进行了认真思索与探讨。中国社科院评价研究院的荆林波研究员认为，探索科学的评价体系，应该破立并举，在打破固有评价体系的同时，与时俱进地根据现实需求，围绕学术评价的基本规律和价值目的，进行有效、合理的评价系统创建，从而为推进学术研究事业发展提供有力的制度支撑。他主张“坚持正确的价值导向，坚持定性评价与定量评价并重，坚持分类评价体系，坚持多元评价方式，创新科研评价体系”。（荆林波：《破立并举　四个创新　创新科研评价体系》，载于《行政管理改革》2020年第7期）

这些原则无疑是很好的，理想也是很美的，但如何集思广益，兴利除弊，落实到位，还真不能操之过急。“大破”未见得就能“大立”，我们在经济改革领域，经常是先试点，再总结经验教训后推而广之，学术评价的改革可否也来个先试点呢？搞经济要遵循经济规律，做学术也有学术规律。谈及“唯论文”，华东某高校青年学者说：“我觉得我还是能发论文的，建议能不能不唯项目？”朋友们闲聊，都觉得在学术评价中说这“唯”那“唯”，其实“唯项目”才是危害最大的。因为情况复杂、问题重大，可能国家的相关政策举措会在后面出来。

2020年12月16日

【附注】

此文微信公众号“出版六家”2020年12月17日推送。网友吴梦文留言：“怕就怕旧世界砸了个稀巴烂，新世界的地基都还没找到。”网友许静波留言：“希望范老师论项目。”

破除“唯论文”导向：谁个欢喜谁个忧

2020年12月17日，笔者在微信公众号“出版六家”推出了一篇文章——《破除“唯论文”导向——让人欢喜让人忧》，引发了学术界和期刊界的关注与讨论。有公开的评论、文后的留言，更多的则是私下的闲聊、牢骚。我发现一个有意思的现象，就是对于破除“唯论文”导向，忧心忡忡的恰恰是那些潜心学问、有真才实学、发表论文较多、发表论文层次较高者，而那些虽长袖善舞但并不爱学问、写不出学术文章者，似乎都是沉默的，用“窃喜”来形容这些人的心理或许更为恰当，更为传神。

人们说任何改革都意味着资源的重新分配，利益的重新调整。眼下这个学术评价政策的改革若快刀斩乱麻地到位，资源会往何处重新配置？利益会向哪里大力倾斜？这些无疑是利益相关者高度关心的。有理想、有担当、有情怀的人文社会科学工作者，担忧的还不仅仅是自己或团体的切身利益，他们更关注未来国家学术研究往什么方向走，未来大学教育特别是人才培养由什么人来主导。我梳理了一下朋友、网民的重要观点，再略加阐发，或许会把问题，把大家的喜悦与担忧看得更明白。

一、解铃还须系铃人

上海一高校教授、学术期刊主编说，除了民间各种评价、排名，关键还有官方对高校的各种评估、检查、头衔授予，还有学位点、重点学科、研究基地申报等，无不对发表论文档次，所载刊物的级别（如SSCI、CSSCI收录期刊，还有所谓权威期刊）有明确要求。因此，“解铃还须系铃人”。而所谓

“解铃”绝不是一纸破除“唯论文”导向的文件发布那么简单。既然“唯论文”已然是“大病重病”，那么把“病因”弄清楚、“病灶”找出来，综合研判，辨证施治，方可收到应有成效。否则，头疼医头脚疼医脚，结果可能是按住葫芦起来瓢。“小病”好了，反而引发了“大病”；“轻病”治愈，又冒出来一个“重病”。

我20世纪80年代后期进入学术期刊界，开始从事学术编辑工作。起初，国内几大核心期刊评价体系都还没有，国外的评价方法与评价指标体系也还没有引进。好的办刊人都能安安生生编刊，较为注重内在质量，没有其他考虑。学者也大多能够平平静静治学，认真撰写论文，踏实钻研学问。1992年有了《中文核心期刊要目总览》。这是由北京大学图书馆及北京十几所高校图书馆众多期刊工作者及相关单位专家参加的研究项目，项目研究成果以印刷型图书形式出版。这就是所谓“北大核心期刊”，到现在出版了8版。那时，期刊界和学术界注意到它，并没有把刊物是否入选当很大个事。相比之下，期刊与学者更看重文章是否被《新华文摘》、《高校文科学报文摘》（后改为《高等学校文科学术文摘》）、中国人民大学复印报刊资料转载或复印。同样，也没有把这些看得如何不得了。只是大家觉得文章发表了，有二次文献转载摘登，扩大了影响，增加了阅读范围，总归是好事。

为什么那时候核心期刊没有“异化”？为什么它对高等学校的影响处在一个相对合适的位置？为什么没有“唯论文”的现象出现？我想主要是国家百废待举，投放给高等学校的资源较为有限，其资源配置也就比较简单一些。而与高校教师关系最密切的不过职称评审，评审最主要的方式就是同行评议。其实，生活工作在同一所大学，特别是同一个院系，同一个学科、专业，谁有学问谁没学问，谁真做学问谁假做学问，实际上是犯不着劳驾什么核心期刊、影响因子的。一般是院系几个德高望重的学术评委，看材料后定夺。不是说那时候毫无矛盾，全国高校都平安无事，但总体看似乎也没有鸡飞狗跳。那种评价评审，本质上就是定性的，是同行评议的。至于后来核心期刊为什么变成了无冕之王，“唯论文”为什么愈演愈烈，昨天那篇文章引述朱剑教授的话，已经大致说清楚了。行政权力主导的学术资源配置与高等学校管理，主观上有需要、客观上借助了学术评价，学术评价也就成了一种

“法力无边”的学术权力，谁敢不顶礼膜拜！有网友直接说：“没有现在的各种评估，就不会出现‘唯论文’乱象。”

更有学者私下谈到，学术评价被扭曲，学术论文被异化，表面看是学术评价问题，症结还是大学的行政化问题，大学的办学自主权包括学术自主权问题。学术评价搞出问题的，往往是那些有权制定规则的部门，但生了病吃药的总是广大教师和研究人员。今天评估，明天评价，后天评议，大后天评审，如此层出不穷的花样翻新，借助于刚性的量化方法，无疑是简便易行的，其弊端的出现也就在所难免。

二、无论文何以立

在高等学校，看一个文科教师水平高低、能力强弱（指学术方面），只要拿几篇代表作论文同行一看就知道了。那些唬人的“帽子”、“周游列国”的履历、一摞一摞的奖证、一本一本的“专著”（还有教材）、一个又一个大领导的批示，特别是装得盆满钵满的项目（或叫课题），皆不能证明一个人就是好学者、真学者。要证明自己的学术水平与能力，唯有单独撰写和发表的代表性论文（不包括与人合写的，更不包括请人代笔的）。附带一提的是，学术专著本来是很难写、也很难出的，因为出版机构前些年全都企业化、市场化了，真专著、假专著搞得“假作真来真亦假”，无法分辨。倒是那些严肃的学术期刊，尤其一些高校、社科院系统办的刊物，经费充足，不少还有国家社科基金资助，不仅不收任何版面费，还给作者合理的稿酬。但有一条，就是文章质量要保证，实行双向匿名评审成为期刊通行的规则。笔者在出版社干了近20年，在学术期刊前后加起来也干了十几年，了解各自的运作，有个基本的比较与判断。看来，我还是有点“唯论文”的偏爱。

学者朋友们最为担心的是因为要破除“唯论文”导向，矫枉过正，以后搞什么都不看论文，反而更看重项目、经费、获奖、领导批示等，年轻老师都不扎实做学问、不认真写论文发论文了，那将是大学教育和文科学术发展的灾难。也许老师们是杞人忧天，但根据历史的经验教训，人们担忧的事情不是不可能出现的。一位刚刚年过五旬、做科研管理的物理学者，也关注文科学术的发展，注意到破除“唯论文”导向的新政。他留言：“我们老了无所谓啦。年轻人不能‘中毒’，无文章何以立身啊!”亦庄亦谐，苦涩的劝诫中不乏忧思与善意。还有一个搞计算机的专家也来客串评论：“存在总有道理，关键是不能‘唯’，不能做过了。”这有点西哲讲的“存在的都是合理的”味道。笼统地说反对“四唯五唯”，尤其是当下的“唯论文”，人们无法提出质疑或反对意见，只是隐隐有些担忧。

涉及具体的人和事，我们觉得有时候“唯论文”就未必没有它的合理性与合法性。且说两个身边的事例，窥一斑或许可见全豹，至少说明问题不那么简单和绝对。大约是20世纪90年代，某高校一个搞政治学的青年教师被破格提拔为正教授，当时他只有30多岁。凭的是什么呢？就是在《中国社会科学》连续几年发表了3篇论文。为什么说是破格呢？一是他的副高职任职年限还不满5年，二是他的基础学历好像只是大专，三是他只有硕士学位，没读博士，更没有喝过“洋墨水”。学科提出来要破格解决他的教授问题，学院积极支持，学校也网开一面，于是青年才俊脱颖而出，如今已是全国很知名的大学者，学术成就得到公认。这个算不算“唯论文”？我觉得可以算，因为就是看的几篇论文，没有考虑其他因素。当时中文系也有类似情况，一个搞古典文学的青年教师，也在《中国社会科学》发表了好几篇论文，但学科和系里都坚决反对“唯论文”，职称拖了好多年才解决。这位老师前几年调到了南方一所重点大学。我知道，他当时还是很有意见的，告诉我有的大学只要在《中国社会科学》发1篇文章，就直接提正教授，自己好几篇还被压住，一度想到出版社当个编辑、赚点钱算了。我熟悉的一个青年老师，去年在《中国社会科学》发表了长文，文章发表后反响很好。不久，正好赶上国家社科基金重大项目申报，附近一所“双一流”高校的一位教授找到我，想请这位青年教师担任他的重大项目子课题负责人。说是看过他的论文，了解他的学术实力，其研究方向也与自己的课题比较吻合。我去问那位青年老师时，他告知对门另一所名牌大学有人捷足先登，已经拉他当了重大项目团队成员，也是子课题负责人。相识甚至不相识的专家主动找上门，请一个三十出头的青年教师加盟做大项目，人家就是看了他的一两篇论文。我不知道这算不算“唯论文”；如果算，这种“唯论文”是不是也有其内在合理性呢？

真的不重论文了，某些会做项目、会跑经费的，一定会弹冠相庆、兴高采烈。某些活跃于学术江湖的项目大户，闹得风生水起，其实是充当的“老板”和“包工头”角色。离开了硕士生、博士生，离开了青年教师，离开了所谓“团队”，自己单独几乎写不出一篇像样的论文。这类人对破除“唯论文”导向，肯定是举双手赞成的。

看来，破除了“唯论文”不良导向，如何树立新的科学合理的论文良好导向，还需要出实招、见真功。一高校教授说：“‘治病救人（教师）’、‘治病救校（高校）’、‘治病救学（学术）’，就得破唯一、简单、武断。”怕就怕，破了“唯论文”，结果不要论文了，或者虽然也还看看论文，但把它看得无足轻重，以至本末倒置。那才是真正让人恐惧的。

三、就怕学术问题极端化

包括“唯论文”在内的量化管理，无疑是有问题的。特别是走到极端，就会出现很多荒诞不经、极具破坏性的事情。但大多数情况下，量化管理“看似无情却有情”，看似生硬却公正。上篇文章提及的青年教师转发拙文《破除“唯论文”导向：让人欢喜让人忧》后有个“转者按”，也蛮有意思：

举个例子。前两天我带的毕业班选优秀毕业生。孩子们都很优秀，手心手背都是肉。到底选谁好呢？于是我设计了一个含有8项，内有3到4个变量的评价系统，最后把所有表现量化评分。这个系统肯定不完美，但是相对来说，考虑到各种因素。看，这时候，不管唯不唯，冷冰冰的量化评价至少做到了相对公平。那天晚上，我有些理解论文评价体制了。

而且论文再如何，好的期刊还是双向匿名评价机制这样的同行评议，而项目和评奖的主观性更强。于是，我昨天就“吐槽”道“能否不唯项目”？

显而易见，学术评价中的量化管理，论文评价中的看刊物级别、看作者身份或单位等，过于简单化、极端化自然不可取。但如何对待其中合理的东西，如何防止从一个极端走向另一个极端，看来不那么简单。有一年轻的高校管理干部谈及“唯论文”，认为“破立皆难，立尤不易。深思一层，即是学问”。我想，有这种担忧的不是个别人。在某些管理者看来，大动作、大动静，才能搞出大成绩，有大效果。这种思维方式和政绩意识，有百害而无一利。历史上这类教训是很多的，也是深刻的。有朋友说，大学的学术评价改革有点类似中学的高考改革。应试教育、分数至上一直被鞭挞，但不唯分数、不唯升学率、不唯名校率，是不是会更糟糕呢？有些人甚至主张完全废除高考，试想：改到柔性的综合“考核”代替刚性的分数（“考试”）说了算，那就能更好地选拔人才吗？

大学的学术评价改革，虽然涉及面没有高考那么广，但这种与高层次人才、高端学术有关的领域，其影响不是简单的“算术（人数多少）问题”。它关涉大学人才培养、科学研究和社会服务的方方面面。

2020年12月17日

【附注】

此文微信公众号“出版六家”2020年12月20日推送。文章推送后，网友留言甚多，精选几条：(1) 滇中书客（网名）：“许多年轻老师已经不再重视科研论文了，今年职称评审得到晋升的，过半都是行政人员，很多没有一篇像样的文章。由于‘破五唯’政策，让不认真教学，也不认真科研的人，有了职称晋升的理由。”(2) 云端漫步（网名）：“以论文为评价标准本身问题也不大。问题是现在有的期刊、学报就公正吗？动辄几万的版面费。不唯论文，固然给不学无术的以空子，是不是也动了这些期刊的奶酪？”(3) 方羽：“高级别期刊论文（不含集刊论文）评审很严格，确实是最能体现文科学者水平的成果。论文、著作、奖项、项目，这四者，最‘水’的其实是项目。”(4) 史海拾贝（网名）：“我发现一个有意思的现象，就是对于破除‘唯论文’导向，忧心忡忡的恰恰是那些潜心学问、有真才实学、发表论文较多、发表论文层次较高者，而那些虽长袖善舞并不爱学问、写不出学术文章者，似乎都是沉默的，用‘窃喜’来形容这些人的心理或许更恰当，更为传神。”——这是大实话！（引者注）（5）斯人（网名）：“要提高论文质量，不是追求论文数量。这是改革的一个初衷吧。”

学术刊物为何都热衷发长文减篇数

一

人们注意到一个现象，就是当下学术期刊越来越热衷于刊发长文章，短则万字，长则数万字；同时，减少每一期刊物文章的篇数。除了极少数靠卖版面为生的刊物，或假学术刊物还时常刊登一两个、两三个页码（常用小五号字密密麻麻地排版）的短文，其他稍稍正规一些有些档次的学术期刊，尤其是核心期刊（包括南大CSSCI入选期刊）都有一个共同的趋向：严格控制文章数量，尽量多发大篇幅论文。是只有长文章才有学术价值，文章越长学术价值越大？还是编辑部找不到足够数量的更多好文章以供刊发？仔细追究，原来都不是。学术期刊圈内人坦承：说一千道一万，大家都是为了“影响因子”。

国内公认的所谓人文社科权威期刊，主要是中国社会科学院主办的《中国社会科学》，以及各研究所或中心办的，如《哲学研究》《经济研究》《历史研究》《政治学研究》《文学评论》《新闻与传播研究》等，另有中国艺术研究院的《文艺研究》、中国教育科学研究院的《教育研究》等，皆为大开本，厚本子。笔者查阅了一下最近这些刊物的刊发情况，大致是：万众瞩目的综合性大刊名刊《中国社会科学》，月刊，每期208页，每页1260字，每期刊发9篇文章（偶尔10篇）。社科院各所办专业刊物基本都是月刊，其中：《哲学研究》，128页，每页1720字，每期发文12篇（偶尔13篇）；《经济研究》，208页，每页1720字，每期发文12篇（偶尔13篇）；《政治学研究》，128页，每页1600字，每期发文10篇左右；《历史研究》，224页，每页1260

字，每期发文13篇左右；《文学评论》，224页，每页1720字，每期发文24篇左右；《新闻与传播研究》，128页，每页1224字，每期发文7篇。社科院以外的《教育研究》，也是月刊，160页，每页1480字，每期15篇左右（若发笔谈时会多一点篇数）；《文艺研究》，月刊，184页，每页1480字，文字部分160页（另有页码专门刊登美术作品），发文章13至14篇。至于国务院发展研究中心主办的《管理世界》月刊，240页，每页1930字，每期刊文16篇左右。上述大刊名刊，页码少则128页，多的达到240页，都不算薄。按此计算，几乎所有刊物每篇文章平均页码都在10页以上，有的如《中国社会科学》《历史研究》，平均每篇接近甚至超过20页。从字数来看，每篇文章少则一万四五千字，更多的是一篇就有两三万字，或三四万字。就笔者所知，不少刊物都设置了下限，即论文篇幅不得少于多少页或者多少字。有些作者不得不为了够得着“标准”，人为地拉长文章，其实也就是给论文“注水”。这样的长文章不仅没有积极意义，还有极大的消极影响。

这种学术期刊篇幅不少，刊文不多，且越来越趋向少发文、发长文。各省社科院、社联系统学术刊物，各级党校系统研究性刊物，各高等院校学报和专业期刊，也纷纷以中国社会科学院系统的刊物为榜样，一再拉长文章，减少刊文篇数，使得从事人文社科研究的专业人士，尤其是中青年学者和博士生、博士后叫苦不迭，因为发一篇文章太难了！2017年12月，笔者在首届华中学术传播论坛的发言中戏称：“从C刊这个角度来看，现在学术界、教育界最主要的矛盾，就是人们日益增长且难以满足的C刊发表需求与C刊供给严重不足的矛盾。”一转眼好几年过去了，这个矛盾不仅没有缓解，而且越来越严重。如果发长文、少发文的只是少数刊物，可能问题出在刊物或主编本身；如果大家都这样做，显然有其外在的共同压力，又有不得不为之的内在动因。这个压力或动因就是学术评价，而学术评价的一个核心要素就是所谓期刊的“影响因子”。

二

笔者在《“影响因子”的影响太大不是好事》一文中，引用江晓原、穆蕴秋的文章，说到何谓“影响因子”，西方期刊提升影响因子的“妙法”之一是“两栖化”（这个在中国学术期刊界几乎不存在）。现在涉及另一个重要问题，江、穆二位称为“操弄影响因子的捷径：减少分母！”（《影响因子是可以操弄的——揭开影响因子的学术画皮（二）》（载于《读书》2016年第9期）他们指出：

根据公式，影响因子是一个分数值，要将一个分数值变大，途径当然有两条：一条是增加分子的数值，在影响因子游戏中，就是设法追求更多的引用；而另一条则是减少分母的数值——在影响因子游戏中，这可以通过减少“引用项”数量来达到。

在我国，学术期刊的“引用项”基本等同于刊发的学术论文，它就是那个计算公式中的“分母”。为了提高影响因子，一方面需要把“分子”做大（对此我们另文讨论），另一方面要把“分母”做小（减少发文量无疑是个好办法）。江、穆两位的文章谈到，被中国科学界顶礼膜拜的《自然》杂志，就是通过影响因子的计算公式的分母规则，逐渐减少“引用项”即学术文本，来大幅度提升其影响因子的。据相关资料显示，该杂志1974年的“引用项”是1502篇，到2014年就只有862篇了。而与引用项大幅减少形成鲜明对比的是，《自然》的影响因子节节攀升：1974年为2.3，位列第55；1990年以后一直保持在前10名的位置。其实，《自然》杂志的做法在西方期刊界较为流行，像《皇家医学会杂志》《内科学年鉴》《英国医学杂志》《美国医学会杂志》《澳大利亚医学杂志》《加拿大医学联合会杂志》等国际医学名刊，“学术文章数量都在逐年大幅下降”。

这项研究还考察了一个学术文本数量直接左右影响因子的典型案例：《柳叶刀》的学术文本在1997至1999这3年间曾大幅增加，结果《柳叶刀》影响因子随之大幅下滑，从1996的17.9下降到1999年的10.0，排名则从第二十名下降为第五十六名。（《影响因子是可以操弄的——揭开影响因子的学术画皮（二）》，载于《读书》2016年第9期）

看了这些案例分析，我们对国内学术刊物为何纷纷减少文章篇数、热衷刊登长篇大论就不难理解了。其实，办刊人也是被动的，是被“影响因子”牵着鼻子走的。所谓“人在屋檐下，不得不低头”。在学术评价标准不断异化、“硬指标”越来越刚性的大背景下，哪家刊物不按这个游戏规则玩，最后自己就玩完了。国内部分刊物，现在争先恐后赶热点、追前沿、约名家、发长文，果然影响因子节节攀升，主编、编辑们喜不自禁，上级领导也觉得脸上有光，奖励有加！人文学术、基础研究、冷门专业，则面临生存危机。试想，如此学术评价、如此影响因子、如此游戏规则，真的有利于学术水平提升、学术研究创新、学术生态培育、学术人才成长，乃至整个学术事业发展吗？喻立平教授前不久发表文章指出：过度强调查重率等学术规范，可能正在损害科学研究！同样的道理，过度强调所谓“影响因子”，强调核心期刊、权威期刊等外在因素，对学术期刊、学术研究同样会造成损害。

过去，人们编辑学术刊物，除了加强选题策划、物色优秀作者、刊载高水平论文以外，还很注重“编辑辅文”或“副文本”的作用，注重利用期刊空间进行学术信息的交流。现在策划一个栏目，不敢让主持人写“主持人语”；封二、封三与封四登载学者简介、会议简讯，不敢上目录传“知网”；刊物里文章空白处想来点“补白”，减少浪费，多点资讯，都小心翼翼。一句话，是生怕上述内容不小心被计算为“分母”了。本来，学术期刊页码应该完全固定，文章篇数则可以每期有所变化，现在有的期刊成了每期文章篇数一定，页码反而随意安排了。如此种种，都有些背离了办刊基本规范和一般要求，更背离了学术初衷。听朋友讲，还有无良办刊人，收了作者大笔的版面费把文章登了，却放在“广告与书评”栏目，目录页上根本没有标题，自然也就没有传上知网，文章成了“黑户口”。这样做的目的，显然也是为了影响因子而故意人为地减小分母。这种“坑蒙拐骗”的行为更加恶劣！

笔者以为，在目前大的学术评价标准和手段不变、影响因子仍旧发挥作用的前提下，如何切合实际、合理运用公式计算方法，而非简单地照搬西方的某些模式或办法，办刊人也还有工作可做。但最终，中国学术界、学术期刊界要更加健康持久地发展，还是不能简单地让“影响因子”法力无边，宰割学术，恣意妄为。在这方面，无论政府管理部门、高等院校及专业科研院所，还是学术共同体、学术期刊同仁，都可以也应该有所作为，积极建言献策，寻找解困之法。对明知不合理、不科学、不靠谱，甚至具有破坏性的东西大家都三缄其口，甚至曲意逢迎，那问题必定会越来越严重，前途也会越来越暗淡。要知道，学术事业健康发展，学术期刊长远建设，你有责任，我有责任，大家都有责任！

2020年11月16日

【附注】

此文微信公众号“出版六家”2020年12月5日推送，“科研写作学院”“体育学评论”等公众号转发。网友留言：(1) 赵连昌：“范老师说得太好了，直击痛点！”(2) 曾群：“有些专业文章想长长不了，有些专业文章想短短不了，在自科期刊中文章长短差别很大。”(3) 风信：“强烈赞同作者观点！其实，很多书就是一篇文章能讲清楚的，很多文章就是一句话能讲清楚的。”(4) 梅阳：“好文章，一针见血！那些为了获得高影响因子，一年只发十几二十几篇文章的期刊，根本连存在的价值都不具备。”(5) 从容（网名）：“某一篇文章变长，大部分情况下引用会增加，这一点也应该考虑进去。”(6) 张晋军：“需要大破大立，也需要政策制度。”(7) 籍利平：“撇开影响因子的片面性不说，单是分子分母数据源不一致就削弱了其合理性（分母只统计所谓可引用文献，分子不加区分）。不区分发文量，出版周期和（引文）语种等因素，生硬地搁一起比较，结果如何说服人？”(8) 韩波：“收费的有垃圾期刊，不收费的也未必凭良心在办刊。适当引入市场竞争，倒逼期刊这些改变‘懒政’是一个办法。一年发十几二十几篇的期刊，才是垃圾期刊。”

传统文化如何转化与创新

最近有部叫《大秦赋》的古装电视连续剧很火。它不仅是人们茶余饭后的谈资，还成了网民“云上”狂欢的笑料，更有不少严谨的历史学者加入了痛批此剧的行列。近些年的历史题材影视作品，我始终不感兴趣，也懒得浪费时间去“欣赏”。知道《大秦赋》还是因为看到网上一个幽默段子。

原来，局长错把“大秦赋”误为“大情妇”，闹出笑话。一笑之余，不得不佩服网友的诙谐风趣与讽刺才能。再看到有关《大秦赋》的网文，便留心翻阅。特别是读了著名历史学家、武汉大学资深教授冯天瑜先生写于新年元旦的《“史剧”与“史观”》，更觉这出历史剧意义特别，值得关注。

国产历史题材古装电视剧有些还是不错的。但多数不怎么样，它们可分为两大类，一是嬉皮笑脸的“戏说”，二是一本正经的“胡扯”。从对国家民族的损害、普通百姓的误导来看，后者远胜于前者。而《大秦赋》正是那种一本正经的胡说八道之作。冯天瑜先生指出，对于历史上的秦始皇，史家早有定评。统一列国，一合天下，是战国时人的共同愿望。以秦王扫六合而论，其统一文字、统一度量衡，废封建、立郡县，皆有益于中华文明的进步，从历史唯物主义角度应予肯定，至今也无人否定。但秦政绝非《大秦赋》吹捧的达到了政治高峰、道德圣殿的万世明君。历史学家如司马迁、文学家如贾谊、民间故事如《孟姜女哭长城》等，早已把秦始皇定格为“绝世暴君”“中国历史上的空前大屠夫”“百家争鸣的断送者”。一代暴君嬴政，本来希望一世二世、三世四世，以至百世、千世、万万世的，却短命至二世即亡。即便在当时，黎民百姓就有“天下苦秦久矣”的感受，而秦制所型塑的制度文化、政治文化对后世长久的、巨大的消极负面作用一再被历史证实，其愚民、弱民、贫民、辱民之策危害尤烈。冯先生说：

对此类历史现象，若能如莎士比亚《哈姆雷特》《李尔王》那样加以鞭挞，则大有历史教育作用，而《大秦赋》反道而行，竟扭曲历史实情，为秦廷君臣涂脂抹粉，给暴虐、狡诈的秦政乔装打扮，为一部鲜血淋漓的绞肉机披挂粉色锦缎，真不知是何用心。

诸多网友也觉得《大秦赋》的编导让人匪夷所思。时代早已进步到文明转型的21世纪，竟然还有人公开为君主专制、封建暴政大唱赞歌，把暴秦之暴君奉为“千古一帝”，就是比起封建社会的政治家、史学家、文学家对秦始皇的评价来说，也是大开历史倒车。

诸多网友纷纷撰文推送，口诛笔伐，波澜迭起，虽难免尖酸刻薄之词，偏颇过激之处，但所持史观大致正确、所述史实基本可靠当无疑。从网上所见文章的大小标题即可窥见一斑，如《〈大秦赋〉，历史是任人打扮的小姑娘吗?》《大秦赋：胜利者书写的历史，都没有编剧精彩》《大秦赋：墨写的剧本遇见血写的史实》《〈大秦赋〉不敢公开的秘密：他让中国2000年无法真正强大!》《我是陕西人，我替“大秦”向大家道歉》《与其写大秦赋，不如写大秦覆》《秦帝国“二世而亡”的技术分析》《歌颂完大清大秦，该歌颂大元了：谁越残暴，我越歌颂谁》等。以前学界批驳《大秦帝国》（涉及小说和电视剧）的论文、网文，又被重新翻出来转发传播，如《怎可如此颂秦皇——从〈大秦帝国〉看当下历史叙事的危机》《史识扭曲·史实硬伤·史诗缺失——评长篇历史小说〈大秦帝国〉》《〈大秦帝国〉颠倒黑白歪曲历史》《颠倒是非观念的小说〈大秦帝国〉在鼓吹什么》等。当然，在三观撕裂、左右对峙的当下，也有一些为这类小说、电视剧辩护甚至大唱赞歌的。

学界有所谓“一切历史都是当代史”“一切历史都是思想史”之说。这些命题内涵丰富复杂，对我们不乏启示。但凡历史书写总会有现实的关照，有话语的框架，有议程的设置，也总会有特定史观、史识的导引。但无论是历史论著的撰写，还是历史小说的创作，抑或是历史题材影视剧的编导，都应该立足历史事实，在事实判断基础上进行价值判断；而不是彻头彻尾的“六经注我”，枉顾起码的历史事实，甚至任意篡改历史，无中生有，颠倒黑白，误导受众尤其是青少年。

章开沅先生讲，历史是已经画上句号的过去，史学却是永无止境的远航。你的“史学远航”是带领人们驶向现代文明的彼岸，驶向和谐美好的未来，还是把人们带回黑暗残暴的封建王朝，带往愚昧贫弱的大漠荒野？《大秦赋》属于哪一种“远航”，答案应该不言自明。文学评论家李建军在《怎可如此颂秦皇》一文中曾说：

> 对一个历史小说的写作者来讲，在展开小说叙事之前，首先要有对生命的爱意和对真理的敬畏感，要懂得“尊重”二字的意义：要尊重生命，尊重真理，尊重历史，尊重人们几千年来形成的那些共识。

编造历史，践踏共识，挑战文明，怎么能够经得起历史的检验、经得起人民群众的检验呢！历史小说、古装历史剧总要讲故事，有例证，有情节，有细节。细微处见精神，细微处见史观。冯天瑜先生指出：“观诸全部史籍，不见秦王东出解民于倒悬的任何实例，而所见只有尸骨遍野、城垣尽毁。但长剧《大秦赋》一而再，再而三让嬴政声情并茂地宣称，东出、一天下，为的是拯救万民于水火，还出现楚人投奔秦国的热烈场景，这种编造实在匪夷所思。”早就有学者讨论，假如当年是楚国或齐国统一了中国，那历史的景象与未来的走势可能会是另一番模样。但无论是楚，还是齐来替代秦，都不敢说一定会更强大，更霸气，但或许会更文明，更包容。可惜，历史从来就没有“假如”。

当陈胜、吴广在公元前209年，也就是楚国灭亡后的第14个年头，于楚地揭竿而起，登高一呼应者云集，各地也纷纷响应，包括同属楚人的刘邦、项羽，看似强盛无比的大秦王朝，转瞬间土崩瓦解。公元前207年，暴秦灭亡。楚国南公预言的“楚虽三户，亡秦必楚”终于实现了。这就恰如龚自珍所说的，秦朝看来是个强国，是盛世；这种盛世，表面看起来很强大，但人民并不幸福，它的强盛也就撑不了多久。看来，水能载舟亦能覆舟是一点不假。

由电视剧中的秦楚关系，笔者想到两本相关著作。著名民族史学家张正明先生早在2007年出版了遗著《秦与楚》（华中师范大学出版社刊行），严谨的学术研究有助于我们了解历史、认识历史。作者系统比较了秦文化与楚文化的发展历程，并在此基础上对民族性格、文明兴衰进行了深入分析。人们需要这种科学的、切实的历史研究。最近，著名学者刘玉堂教授主编了《楚脉千秋》（华中师范大学出版社2020年版），其中也讲到秦楚关系，给人启发。该书回归历史、观照当下，梳理和阐发了“楚文化的正能量”，颇有现实意义。作者将楚文化概括为6个方面，即筚路蓝缕的进取精神，大象无形的开放气度，一鸣惊人的创新意识，上善若水的和谐理念，九死未悔的爱国情怀，一诺千金的诚信品格。我想，这种结合具体对象的传统文化转化与创新，是不是值得某些历史小说的作者、古装历史剧的编导好好学习呢？中国传统文化，有精华也有糟粕，新时代的史学研究与艺术创作，讲文化担当就理当取其精华去其糟粕，而不是相反。

如今，中央提出要弘扬中华优秀传统文化，这个弘扬是以马克思主义历史观为指导的，是建立在“创造性转化”和“创新性发展”基础上的。“转化”与“发展”必须实事求是，尊重客观历史，尊重常识，尊重人民。

2021年1月4日

【附注】

此文微信公众号“出版六家”2021年1月5日推送，有数家公众号转发。文章推送后曾引发线上线下热烈讨论，话题涉及传统文化转化但又不限于传统文化。

中国人要从“世界人”中挤出吗

酷暑时节乱翻书。近读《众说钟叔河》（张中行、朱正等著，梁由之、王平合编，华夏出版社、天地出版社2015年版），其中一些篇目，一些文章段落，甚至中间的几句话，常常激起兴趣，引发思考。戴文葆《一个古老而又新颖的课题》正是这样一篇文章，本文标题就是出自此文，不过意思是鲁迅先生的。戴文葆说：

> 鲁迅十分赞赏“汉唐气象”的雄大，提示我们要走向世界，大胆采用外来事物。早在一九一八年，他就很沉痛地说：
>
> 许多人所怕的是，“中国人”这名目要消灭；我所怕的，是中国人要从“世界人”中挤出。
>
> 到一九三四年，他又批判闭关主义，提倡“拿来主义”，指出必须汲取世界先进文化的营养。细数年华，我们平白地荒废了多少宝贵时光！

戴文葆的文章（原载于《读书》1981年第12期）是评介钟叔河所编《走向世界丛书》的，那套广搜晚清知识分子出国记述的《丛书》在20世纪八九十年代影响极大。戴文发表之时正是改革开放的东风劲吹神州大地的岁月，也正是中国再次走向世界、中国人重新变为“世界人”的新阶段。作者不无期待地写道：“现在，我们面临中国历史上走向世界的第五次浪潮，这是充满着无限希望的时代！”“我们坚信：历史的车轮将无情地驰过一切障碍，能把祖国建设成为一个现代化的、高度民主的、高度文明的社会主义强国。”戴文葆可以说是钟叔河的知音，那种久旱逢甘露、满怀希望的心情溢于言表。钟曾经告诉记者，《走向世界丛书》并非横空出世，早在因言获罪身陷牢狱期间，他就多次与难友朱正等讨论中国的现代化这个宏大而沉重的话题。他认为，中国曾经脱离了人类进步的正常道路，脱离了世界进步的正轨；如果中国能够打破这种禁锢的政策，走向全球文明，我们的问题就解决了。钟叔河用现代思想烛照历史旧籍，用世界眼光回观古老中国，引起了改革开放初期知识界的强烈共鸣。钱锺书称赞他："卓识明见而博采穷搜之学力又足以相副。"

1980年8月，《丛书》的第一种《环游地球新录》出版，之后平均一个月出版一种。第一辑共36种，于1986年出齐，总印数超过70万册。但钟叔河计划中的后续60多种直到2017年才正式刊行，100种图书经历了数十年风风雨雨后终成完璧。钟叔河在《谈"走向世界"丛书》（收入《与之言集》，世界图书出版公司2012年版）中不无感慨地说："'走向世界'丛书一百种，等于近代中国从闭关自守到对外开放这个历史过程中的一百个断面和侧面。当改革和开放已经被确定为国策但还在不断受到干扰和怀疑的今天，回看第一代'走向世界'的知识分子们所走过的道路，至少可以起到一点帮助打开门窗又防止伤风感冒的作用吧。"

从世界范围来看，19世纪开始进入全球文明时代，而晚清以降的中国历史最根本的问题就是能否现代化、如何实现现代化。事实证明，中国只有挣脱封建专制主义的桎梏，向世界开放，与现代文明接轨，中国人只有睁开眼看世界，并变成不是一味强调自己特殊、特别的"世界人"，民族才可能复兴，国家才可能强大，人民也才可能生活安康。中国改革开放40多年来的巨大进步与飞速发展，已充分证明了这一点。毋庸讳言，虽然中国人"走向世界"已经走了100多年，但这个历程并没有结束，道路并不平坦。最早走出国门睁眼看世界那批人的经验也好，教训也罢，都是有借鉴意义的。

由于种种复杂原因，当今中国的改革开放遇到了新的阻力和多方挑战。一些西方政客图谋将中国人挤出"世界人"，让中国再一次脱离全球文明的轨道。而国内也有些极端势力鼓噪回到闭关锁国时代，自娱自乐，自我豪迈。政治、经济、科技等领域且不去说，就拿笔者较为熟悉的高等教育来说，也常有些人胡话连篇，有些事莫名其妙。如近期有某地方高校将博士服改为进士装，至于伪国学、假学术的大行其道，更是奇葩迭放，争奇斗艳。有网友针对某高校毕业照着进士服戴状元帽调侃说：“可以考虑摒弃什么数学力学物理等课程，恢复八股文。毕竟前者是西方传来的，后者才是国粹，与进士服和状元帽一脉相承。”“可以骑马游街，可以乘轿出行，营造荣归故里的视感——这个还可以为官员出行改乘轿进行预热。官员乘轿其实好处多多，比如环保，节约能源；一乘轿需要两名或四名乃至八名人力，可创造就业机会；更接地气，方便与群众打成一片，等等。”话虽刻薄，但关涉的问题确实值得深思。

如今的种种乱象，桩桩怪事，以表面的自信掩盖了内心深处的不自信，也印证了钟叔河所说的极少数人对改革开放基本国策的怀疑与干扰。某些人可说是自甘堕落地开除自己的“球籍”，自我贬损地脱离“世界人”范畴。

看来，一百多年前鲁迅先生的担忧不是没有道理的。

钟叔河在《〈走向世界丛书〉总序》中写道：“今天的世界已不是19世纪的世界，今天的中国更不是清代后期的中国。但是，世界的发展越来越快，中国的现代化还有漫长的艰难历程，我们不能不继续打开眼界，走向世界。”正可谓，改革开放一直在路上。我们相信，古老中国走向世界、走向文明的道路不会被阻断，中国人融入现代、融入“世界人”的潮流不可逆转。青山遮不住，毕竟东流去！

2022年6月19日

【附注】

此文微信公众号“出版六家”2022年6月21日推送，在网友中亦有热烈讨论。

小克莱伦斯·戴的至理名言

酷热之时，收到西北政法大学王兄立平教授的译著《文字的世界：耶鲁出版史》（后简称《耶鲁出版史》，本文凡引此书只注页码），有如清风徐来，让人为之神清气爽。这本《耶鲁出版史》由美国文化研究、出版史研究知名专家尼古拉斯·A.巴斯贝恩所著，被列入南京大学出版社“海外学术出版史译丛”（杨金荣、王立平主编），于2022年3月正式推出。对于作者，我国的读书人并不陌生，他的作品《为了书籍的人：坚忍与刚毅之一》《永恒的图书馆：坚忍与刚毅之二》《文雅的疯狂：藏书家、书痴以及对书的永恒之爱》等已有中译本行世，广受读者欢迎。

耶鲁大学出版社1907年启动运行时称为“耶鲁大学出版协会”。次年哈德利校长慨然允诺三位创办者使用“耶鲁大学出版社”这个名称。尽管它当时并不是耶鲁的内设机构，但耶鲁要对其出版活动进行监督。耶鲁大学出版社的三位创始人都是耶鲁大学杰出校友：1897届毕业生乔治·帕姆利·戴和他的哥哥——1896届毕业生小克莱伦斯·戴，及二人的父亲。二人的父亲克莱伦斯·谢泼德·戴则是1876届毕业生，在金融、铁路等领域成就卓著。这个名门望族中还有多位科技领域的名流大家。创办出版社的父子三人中，作家兼出版家的小克莱伦斯·戴对出版事业倾注了全部热情，取得了不俗业绩，其金玉良言传之久远。

出版不仅是生意，更是文化的积累与传播，是思想者的高尚事业。思想决定行动，理念引领出版。既然挂了耶鲁大学之名，出版社就肩负了更光荣、更神圣的社会责任与历史使命。投身耶鲁出版的小克莱伦斯·戴和他弟弟都属于那种有理念、有追求的文化人，对书籍、对出版有着自己的独到理解，他曾说：

> 书籍是人类最重要的发明创造，人类制造的其他任何事物都无法长久存在，古迹会坍塌，国家会消亡，文明会没落乃至消失。在经历过黑暗时期后，新的种族会重建这一切。在书籍世界里，书籍一次又一次地见证着这样的变迁，却不死不灭，依然年轻，像刚被写出来一样新鲜，依然在叙说着几个世纪前已经逝去的人们的内心世界。（第11页）

据《耶鲁出版史》作者说，上面这一段话被许多出版社挂在墙上，如果在谷歌上搜索有关书籍作为人类教化工具的重要性的至理名言，这段话也时常出现在搜索结果中。这不禁让我们想起一百多年前中华书局创办者陆费逵那段流传久远的“金句”：“我们希望国家社会进步，不能不希望教育进步；我们希望教育进步，不能不希望书业进步。我们书业虽然是较小的行业，但是与国家社会的关系，却比任何行业大些。”（《〈书业商会二十周年纪念册〉序》）陆费逵这几句话在中国出版界人尽皆知，也挂在不少出版社的墙上。

正是因为把出版作为一项神圣的事业对待，小克莱伦斯·戴和乔治·帕姆利·戴努力争取更多重要的优秀学术著作，并严格按照耶鲁大学的学术标准予以出版。1909年，首部印有耶鲁大学出版社标识的出版物——《福音故事的开端：对马可福音来源和结构的历史批判性探究》——正式刊行。这部学术论著开启了耶鲁学术出版史的新河。此后，一批又一批优秀学术著作陆续推出，其中有“耶鲁英语研究系列”、马克斯·法朗三卷本的《1787年联邦制宪会议记录汇编》、首次获得普利策奖的《殖民地时期的美国历史》（“耶鲁历史系列”之一）、“美国编年史系列”、“富兰克林文献系列”，等等。《耶鲁出版史》指出：“在乔治·帕姆利·戴时代，耶鲁大学出版社出版发行了大约1800种图书，这些图书为全面的学术出版路线定下基调，即重视出版扎实的学术成果，并把它们以优雅的方式呈现出来。”

致力于学术出版，追求文化精品，耶鲁大学出版社一开始就选题方向明、经营路子正。创办者视出版为崇高的事业，做“书比人长寿”的功德，留给后人宝贵的精神遗产和文化财富。直到1961年，耶鲁大学出版社不再作为一个独立于耶鲁的实体，而成为大学的一个重要组成部分，但前贤的好思想、好传统不仅没有被抛弃，反而得以不断发扬光大，尤其是小克莱伦斯·戴的至理名言，历久弥新，被代代传诵。

2022年8月1日

【附注】

此文微信公众号“出版六家”2022年8月3日推送，刊载于《阅读时代》2022年9月号（下半月）。

耶鲁大学出版社的社长任期

成立于1908年，至今走过115年风雨历程的耶鲁大学出版社在世界大学出版史乃至整个人类出版史上都占有重要的一席之地。从诞生到成长，从成功到卓越，耶鲁大学出版社给世人留下了宝贵的财富。这些财富既包括那些积累下来的优秀出版物，也包括其许多年形成的办社经验。从该社百年华诞时刊行的《文字的世界：耶鲁出版史》（尼古拉斯·A.巴斯贝恩著，王立平译，南京大学出版社2022年版，后简称《耶鲁出版史》。本文凡引此书只注页码）中便可有所体会。此书译者王立平教授在《译后记》中对耶鲁大学出版社致力于学术出版，尤其是注重“出版机制”的建立给予了特别关注，指出：

> 在长期的实践中，耶鲁大学出版社形成了一套能够应对市场变化而又相对稳定的出版机制，如选题决策、社长选聘、学术出版、规模适度等重要管理制度。耶鲁大学出版社出版什么书，不是社长、总编说了算，而由出版委员会来决定。委员会由耶鲁大学各专业知名教授组成，史学家史景迁（Jonathan Spence）就担任了数十年的出版委员。委员会定期开会，讨论选题及书稿，根据书稿匿名评审意见及其学术价值做出是否出版的决策；出版委员会坚持书稿质量优先。2000年以来，耶鲁社保持年均出版320种图书的适度规模，如2007年仅出版253种精装书和85种平装书。许多图书多次重印，成为经典。耶鲁大学在全美公开选聘有管理经验的业界人士担任社长，每5年续聘一次。1979年迄今，耶鲁社仅聘用两位社长，每位任职近20年。

西方大学的出版委员会作为一种十分重要的出版管理制度是值得全面、系统、深入研究的。我国民国时期的高等学校，不少国立大学都设置了出版委员会（尽管有些大学只有“出版部”或“出版组”，并无健全的出版社）。这里我们侧重看看耶鲁大学出版社社长的聘用情况及效果，择书中要者撮录之。

耶鲁大学出版社的三位创始人是乔治·帕姆利·戴和他的哥哥小克莱伦斯·戴，及二人的父亲克莱伦斯·谢泼德·戴。从《耶鲁出版史》可知，早期的耶鲁大学出版社（20世纪60年代以前）并不隶属于大学本部，实行的是理事会宏观领导，具体职责则由乔治·帕姆利·戴担任。《耶鲁出版史》写道：“1910年，乔治·帕姆利·戴被任命为耶鲁大学财务主管，随即从纽约移居纽黑文。耶鲁大学出版社也和他一同迁移至纽黑文。此后，出版社在他的直接领导下运营了32年，此后也一直深受他的影响，直到1959年他83岁时去世。”（第12页）

《耶鲁出版史》第二章为“发展壮大时期”，写的就是切斯特·科尔担任耶鲁出版社社长的时期。虽说1961年耶鲁出版社才成为耶鲁大学的一个实体，但50年代后期大学行政部门就已经更加重视出版社，最终促成了出版委员会的改组，并在出版社如何开展业务方面获取了更大的发言权。乔治·帕姆利·戴去世后，耶鲁大学1936届毕业生切斯特·科尔被聘为社长。他可不是一个出版门外汉，从1949年到1959年，科尔任耶鲁出版社理事会秘书长达10年。而从1959年到1979年，科尔执掌耶鲁出版社整整20年。关于科尔长社时期的发展与贡献，《耶鲁出版史》中有一段概括性论述：

在纪念耶鲁大学出版社成立75周年的一篇文笔轻快的回忆文章中，科尔毫不羞涩地赞扬了自己执掌耶鲁大学出版社20年来取得的成就。他写道，在1960年代至1970年代（科尔任职期间），耶鲁大学出版社“实现了稳步发展并达到了一个新的规模。出版社每年出版的图书也由30种增长到90种，平装本也作为补充文本站稳了脚跟”。在他任职期间，出版社员工增至60人。他在文中提到了自己：“截至1979年科尔退休，出版社的销售额增长了10倍，达到400万美元。”……最重要的应该是1961年做出的决策，即将出版社变成耶鲁大学的一个部门，通过理事会，出版社要就其经营活动向耶鲁公司（Yale Corporation）负责。在其撰写的回顾任期的文章中，科尔称这一变革对耶鲁大学出版社扩大其学术出版的影响力至关重要。（第63页）

科尔无疑是职业化的出版人，他钟情学术出版，热爱文化事业，在文化与经济的平衡上也可圈可点。这位身体健壮、精力充沛、一向穿着讲究的出版人认为自己就是“出版社的象征”。而有的报刊文章更是称科尔为“学术出版的典型代表”“高雅的学术出版‘教父’”。科尔任社长期间的业绩给我印象很深的是，他不仅对耶鲁大学本部的出版社经营有方，还在伦敦开办了分公司，以“真正全球化的方式”来开展工作。耶鲁出版社40％的图书都是由这个分公司刊行，其中有很多是可流传后世的学术精品，做到了双效俱佳。

1979年，在过完65岁生日10个月后，切斯特·科尔不再担任耶鲁大学出版社社长。之后，闲不住的科尔又投身社会上其他出版机构继续发光发热，直到1999年去世。这位职业出版家的一生可谓“为书籍的一生”。他在耶鲁大学出版社的劳绩也将永垂史册。

接替切斯特·科尔社长职务的是约翰·雷登。“雷登和科尔此前都有出版行业工作的经验，以出版专业人士进入耶鲁大学出版社，但与科尔不同，雷登并非耶鲁大学的毕业生，他是哈佛大学1961届的毕业生。1979年雷登去耶鲁大学出版社面试社长一职时，已是芝加哥大学出版社的总编辑、副社长。在此之前，他在哈珀与罗出版公司担任执行主编。最初加入出版行业时，雷登刚刚从海军情报部门退役，在麦格劳希尔出版公司（McGraw—Hill）的销售部门任职。”（第108页）显而易见，耶鲁大学出版社理事会面向全美公开招聘社长，是把有从业经历、丰富经验的职业出版人作为基本考虑对象的。

专业人做专业事，雷登果然不负众望，把耶鲁大学出版社推到了一个新的高度。2002年3月，雷登不再担任社长并退休。时任耶鲁大学校长的理查德·雷文在致出版社全体员工的信中对雷登过去23年的工作成就给予了高度评价，指出：在雷登任社长时期耶鲁社出版了4000多种图书，该社成立94

年来三分之二的图书刊行于这一阶段。出版社的图书获得了包括普利策奖、班克罗夫特奖、米切尔艺术奖等在内的500多项荣誉。雷文校长特别强调雷登任职期间发展出与其“核心使命”互有重叠并相辅相成的四大图书系列（艺术类图书、商业图书、工具书、教科书或教育类图书）诸方面的卓越成就。“换言之，雷文的话其实是在说，约翰·雷登的所为，不仅让耶鲁大学出版社做到了一家学术出版社应该做的一切，还锦上添花取得了更多的成就。在这一过程中，依靠‘丰富图书品种’这一策略，他得以守住实现收支平衡的底线，在出版社步入第二个百年之际，这一策略依然贯穿在出版社的各项活动中。”（第136页）

2003年，约翰·E.唐纳蒂契接替雷登担任耶鲁大学出版社新社长。进入21世纪后，传统出版面临挑战，数字出版方兴未艾，融合出版等新业态蓬勃发展。唐纳蒂契“致力于推动耶鲁社走创新之路，并为21世纪的耶鲁大学出版社开发富有活力的出版项目”。（第139页）这位唐纳蒂契并非出版界新人，他在任职耶鲁社之前已有丰富的出版从业经历：1982年以优等生身份从纽约大学硕士毕业，先是在以出版非虚构图书而闻名的商业出版公司——巴西克任职，在这里工作的7年间担任过出版人和副社长。从1992年到1996年，唐纳蒂契在著名的哈珀·科林斯图书公司担任过多个职位，包括副总裁、产品和市场开发总监。此前，他在普特南出版集团也担任过类似职务。这位职业出版人既有宝贵的传统出版经验，又有对未来新型出版的敏感与兴趣。他表示：“尽管花了大量的时间来‘捍卫印刷书籍的美丽和不可替代的传统’，但他对出版社将发展成‘一种数字研究中心’——委托第三方制作原始文献的电子版供学术界探索和评论——这一前景表示欢迎。”（第159页）

《耶鲁出版史》刊行时，唐纳蒂契在社长位置上干到了第五个年头。如今又是十多年过去了，我向王立平教授求教，耶鲁大学出版社社长是否仍为唐纳蒂契，得到了肯定的答案。那么，这位“出版转型时期”的社长在这个重要岗位上也到第二十个年头了。看来，耶鲁大学出版社选聘社长是极其严格认真的，一旦选定就不再轻易换人。

在美国，像耶鲁大学出版社这样选聘专业化的社长者并非个例，如哈佛大学出版社虽有任期较短的社长，但大多比较稳定，任职时间较长，有担任该职务十四五年，乃至20年的。至于写作那本《图书出版艺术和科学》（有两个中译本）的小赫伯特·S.贝利1946年大学毕业后进入普林斯顿大学出版社，先是当了8年的编辑，接着出任社长（1954年），一直到1986年退休，他在社长岗位上整整干了32年。这些杰出的大学出版社社长，以专业的精神、专业的态度、专业的水平和技巧诠释了什么叫出版行业的“专业人”，如何做好出版工作这个“专业事”。毫无疑问，美国著名大学出版社的社长选聘及任期对我国大学出版社社长聘用是有某种参照价值和启示意义的。大学社社长是专业化好，还是行政化好？是选聘专业人士任期稳定且长久好，还是等同于大学一般处级干部几年一轮岗好？答案应该是不言自明的。

笔者手头有一本中国学者写的《耶鲁大学史》（上海交通大学出版社2012年版），这本约30万字的专著居然完全没有对耶鲁大学出版社哪怕只言片语的介绍，相比大篇幅对图书馆、实验室、各种社团的详细解说，大学的学术出版（学术期刊也很少提及）似乎可有可无。该书仅仅在《耶鲁大学大事记》（附录一）中有一行字：“1908年耶鲁大学出版社成立。”可见，在高等学校学者、领导眼中，校出版社并不重要，这也可能是我们的大学出版社社长常由毫无出版背景的人出任且更换频繁的一个原因。

2022年8月7日

【附注】

此文微信公众号“出版六家”2022年8月14日推送。后刊发于《书屋》杂志2022年第11期。

耶鲁大学出版社的“杰出书”

曾任普林斯顿大学出版社社长30多年的小赫伯特·S.贝利有一段名言：“出版社并不因它经营管理的才能出名，而是因它所出版的书出名。出版史是出版了杰出书的杰出出版社的历史，也是图书文化品位发展的历史，而图书的文化品位，部分地是由出版社创造的。”这几句话见于他那本名著《图书出版的艺术和科学》（王益译，中国书籍出版社1995年版）的“结束语”中。

作者说这段话有其切身体会与实践印证，也得到其他诸如哈佛大学出版社、芝加哥大学出版社、加利福尼亚大学出版社、麻省理工学院出版社的旁证。近读《文字的世界：耶鲁出版史》（尼古拉斯·A.巴斯贝恩著，王立平译，南京大学出版社2022年版，后简称《耶鲁出版史》，本文凡引此书只注页码），更体会到此言不虚，千真万确。该书最后有一个类似附录的《耶鲁百年精品图书》，收录了耶鲁大学出版社1908年成立以来至2007年（此书是年刊行）出版的畅销图书、获奖图书和开创性作品。每一种图书都有该书的最早出版年份、书名和作者等信息。这让我想到陈原编商务印书馆百年大事记时，很多年份就是直接标示某年出版了某种或某几种重要图书。可见，一家出版社“杰出书”的编年史，在某种程度上就是出版社的社史精华之浓缩。

社以书立，社靠书传。没有图书的“杰出”，就谈不上出版社的“卓越”。但精品书也好，杰出书也罢，从出版方来说最终都要靠人，靠出版人。出版委员会专家们的严格把关极为重要，出版社主政者做“杰出书”的自觉意识和有效行动也很重要。从《耶鲁出版史》中看到，耶鲁大学出版社的主政者一直秉持着出杰出图书的学术追求与文化自觉。笔者在《小克莱伦斯·

戴的至理名言》一文中，专门引述了这位耶鲁社创办人之一的“小戴”关于“书籍是人类最重要的发明创造”那段话。耶鲁社第一代出版人就是志存高远、放眼未来的，其文化与学术的自觉意识溢于言表。耶鲁社创办时期的“美国编年史系列”堪称经典，对后来的历史类书籍出版影响深远。切斯特·科尔社长（1959年至1979年在任）一再强调，出版社的目标是“出版那些富有生命力的长销图书，而不仅仅是轰动一时的图书”（第81页）。约翰·雷登于1979年至2002年担任耶鲁社社长，在他任上不仅本部出版了很多“杰出书”，而且他还大力支持耶鲁出版社伦敦分公司多出书、出好书。那位伦敦分公司的负责人约翰·尼科尔被后人称为“伟大的出版人”（第88页）。谈及自己的“抱负”，尼科尔说过这么一段话：

> 我只有一个抱负，“无论过去还是现在，我最大的愿望是尽己所能出版更多优秀图书。有一个美国人说过，我记不起他的名字了，大学出版社的使命和职责就是：在不破产的前提下，尽其所能出更多更优秀的图书。我认为，这就是我们努力要做到的事情。为此，我们可以采取各种必要的措施。（第89页）

尼科尔表示，他的成功在很大程度上源于他倾注在这项事业中的“坚定的经营理念”。做“书比人长寿”的事业，而不是纯粹做买卖赚钱的生意，一代又一代杰出的大学出版人用理想浇灌学术之树，用信念培育文化之林。曾长期担任耶鲁大学出版委员会委员的著名学者、汉学家史景迁对大学出版社也有自己的清醒认识，指出：“大学出版社应该是真正标准的守护者，也是卓越的守护者，出版真正基于学术研究的作品。”（第152页）2002年以来一直担任耶鲁出版社社长的约翰·E.唐纳蒂契在出版社百年社庆（2007年）之际，开始陆续推出他筹划多年的一个学术丛书项目——“塞西尔和西奥多·玛格洛斯文学世界共和国系列”。

> 唐纳蒂契说，“这个系列书的宏伟目标在于帮助扭转文学翻译的颓势，这种状况相当于一种进一步隔离我们的文化的虚拟审查制度。这也为耶鲁大

学出版社提供了为世界文化发展做出实质性贡献的另一种途径。对我来说，这实现了我的职业理想，我希望这一遗产能比我活得更长久。”他高兴地宣布了另一个新的出版项目——犹太人物系列（*Jewish Lives*），这是耶鲁大学出版社和莱昂·D.布莱克基金会（Leon D.Black Foundation）合作出版的当代人物传记系列。（第158页）

唐纳蒂契在担任社长的最初四五年，美国社会风云变幻，经济低迷，但耶鲁出版社却逆势上扬，“实现了43%的增长率”（第156页）。对此，这位社长并未展开多说，但对于那些出版项目、重要系列图书却津津乐道。

谈及哈佛大学出版社史，必定要说“洛布古典丛书”；撰写普林斯顿大学出版社史绕不开“博林根丛书”；翻检剑桥大学出版社史，“剑桥史系列”无疑需要给予特别关注。如此等等，不一而足。阅读《耶鲁出版史》，耶鲁社的历史研究系列、莎士比亚系列、百科全书系列、艺术研究丛书等，都会给人留下深刻印象。译者王立平教授在该书《译后记》中写道：“国内大学出版社当下面临着图书市场竞争加剧，出版规模日趋扩大，学术图书质量有待提高等问题。耶鲁大学出版社致力于学术出版，出版过许多经典著作，在学术出版领域积累深厚。耶鲁大学出版社是美国大学出版社的一个代表，这些大学出版社的学术出版历史，特别是在应对激烈的市场竞争中逐步形成和完善的学术出版机制颇值得国内同行借鉴。”

出版经得起历史检验的“杰出书”或曰学术精品，是大学出版社的永恒主题，也是其吸引优秀作者、获取社会支持的魅力所在。不管信息技术如何飞速发展，媒介形式如何日新月异，出版业态如何更替变换，作为以“内容为王”的大学出版社总是万变不离其宗，也就是始终要把出版“杰出书”（形式将不再限于传统的纸本）放在首位，不断开拓，与时俱进，创造新的服务和价值。

2022年8月9日

耶鲁大学出版社的畅销书

耶鲁大学出版社一百多年来刊行了许多“杰出书”，也就是学术精品，其重要影响自不待言。作为以服务大学、传播学术为使命的大学出版社要不要涉足大众出版，要不要尝试做畅销书，这无论在欧美还是中国，都是有一定争议的话题。《文字的世界：耶鲁出版史》（尼古拉斯·A.巴斯贝恩著，王立平译，南京大学出版社2022年版，后简称《耶鲁出版史》，本文凡引此书只注页码）对此有这么一段话：

学术出版物和畅销书是通常不会被人们相提并论的概念，但是，每所大学出版社都有一些特例，这些书得以出版的原因并不是它们具有巨大的盈利潜力，然而它们出版后却很畅销，这也让从事大众出版的营销总监们颇感懊恼。（第31页）

可见，大学出版社“无心插柳柳成荫”、一不小心做了畅销书的“特例”总是有的。尽管有作家、学者认为致力于学术出版的大学社应该服务于知识，而不是市场，但曾任美国大学出版协会执行主任的杰克·普特南却有不同看法。他指出，大学出版社可以积累利润，尤其是为了支持其他营销没有保证的项目。（第31页）这用我们的话讲，不就是“以书养书”吗！

《耶鲁出版史》中搜罗了北美大学出版社一些优秀畅销书（有的也成了长销书）案例（第31—33页）：（1）《芝加哥格式手册》，芝加哥大学出版社1906年初版，2008年推出第15版，销量依然可观；（2）《哥伦比亚百科全书》，哥伦比亚大学出版社在80年间持续出版了6版，2007年推出网络在线版；(3)《易经》英译本由普林斯顿大学出版社出版，创下了近百万册的销量；(4)《两个世界中的艾希：北美最后一个生活在野外的印第安人》《巫士唐望的教诲：踏上心灵秘境之旅》两书皆由加利福尼亚大学出版社出版，发行达百万册；(5)《1天36小时：护理阿尔茨海默病、相关痴呆症及老年记忆力衰退病人家庭指南》，约翰斯·霍普金斯大学出版社在25年间销售近百万册；(6)《猎杀“红十月”号》，这本惊悚小说遭到多家商业出版社退稿，后被非营利性出版社、美国大学出版协会成员单位——海军学会出版社出版后十分畅销，成为20世纪最成功的商业案例之一。

耶鲁大学出版社的第一桶金是来自莎士比亚作品的印刷与发行。在20世纪50年代6年间相继出版了2本销量可观的图书：第一本是具有跨学科研究性的大学出版社典型出版物《孤独的人群》。“这本书让每个人都大吃一惊。该书一再畅销，卖了四五十万册，大众平装本版权被授予铁锚图书公司(Anchor Books)。耶鲁大学出版社拿回版权后，这本书又卖出了七八十万册。”迄今为止，《孤独的人群》已售出近150万册，被称为学术出版社最擅长业务的典范。(第35页）第二本畅销书是著名剧作家尤金·奥尼尔的作品《长夜漫漫路迢迢》。耶鲁社出版此书可谓“特立独行”(第36页)。这个剧本1956年印刷发行，同年该剧在斯德哥尔摩首演。斯德哥尔摩的成功演出让百老汇的北美首演座无虚席。该剧1957年获“托尼奖”最佳剧本奖，马奇获最佳男主角奖。随后，尤金·奥尼尔史无前例地第四次获得普利策奖。名人名作，书剧互动，该剧本首印5000册3天售罄，这也使得《长夜漫漫路迢迢》成为大学出版社有史以来销售最快的图书。过不多久，该书就印刷到第5次。大约是1989年，该书重印达61次。后来，“为纪念耶鲁大学出版该书50周年，出版社发行了有亮丽新封面的平装本。截至那时，该书总销量达到150万册，如今每年的平均销量有1万册”(第40页)。

大学出版社需要坚守学术本位，但并不意味着与大众出版为敌，与赚钱的畅销书有仇。科尔社长就曾强调，“我们依旧可以出版那些有着市场前景的高品质图书，同时灵活地转让图书的附属权利，使我们不至于破产”。(第81页）现在担任耶鲁社社长的唐纳蒂契既高度重视学术出版，也不排斥大众出版。

唐纳蒂契担任社长的第一个五年中（2007年他签约了第二个五年任期合同），耶鲁大学出版社平均每年出版图书320种。其中200种为精装本，其余为平装本。从各季度的书目可以看出，耶鲁大学出版社出版的大部分是学术图书。尽管面向市场的大众图书数量很少，但这些书的市场表现还是让公司实现了其自定的学术图书的出版目标。近年的几个数据很有参考价值。2002—2007年间，耶鲁大学出版社出版的三种大众图书销量超过10万册。这三种书分别是埃德蒙·摩根的《富兰克林评传》（2002）、戈尔·维达尔的《创造一个国家：华盛顿、亚当斯、杰斐逊》（2003）、恩斯特·H.贡布里希的《世界小史》（2005）。

《耶鲁出版史》还对2005—2007年销售较好的图书做了详细的介绍，其中2005年的《资本主义灵魂之战》，精装本售出1.5万册，次年发行平装本1万册。销售万册以上的还有《相伴乌鸦与渡鸦》《新英格兰百科全书》《哈德逊河历史》《香奈儿》。2006年，耶鲁社的《点绿成金：精明公司如何利用环境策略创新、创造价值和增强竞争优势》，精装本售出4万册。《美国处在十字路口：民主、权力与新保守主义的遗产》，售出3万册。销量2万册的图书有《凯撒：巨人的一生》《图像小说、漫画与真实故事选集》和《耶鲁语录》。当年销售过万册的还有《男子气概》《在工作室：探访当代漫画家》。2007年，《占领伊拉克：赢得战争，失去和平》售出2万册，另有7种图书销量都在万册或万册以上，如《思想家莎士比亚》，其他不再一一列举。

耶鲁社的大众出版物涉及文学作品、人物传记、历史文化、经济管理、时政与军事等领域，有些确实达到了“畅销书”的级别。与此同时，他们高度重视所谓“中间类别的图书”（第149页），就是那种既不是纯粹的学术图书，也不是完全的商业图书。如何做好一般意义的大众图书或畅销书，同时发挥大学出版社优势，在学术著作大众化、普及化方面下功夫，的确值得深入探讨。“从学者的视角来看，有一种观点认为，大学出版社应当只出我们——学者们——的研究成果；而从大学出版社的角度出发，则认为，公众一直在抵制当前的学术话语形式，因此我们不得不改进这一表达形式。”（第

149页）我们国内一直倡导大学者写小书（学术普及读物），大院士写小科普作品，也是希望在纯学术与大众市场之间有所平衡和协调。

一百多年来，耶鲁社刊行了不少叫好又叫座的大众图书，其中一部分跻身畅销书之列。《耶鲁出版史》最后的附录《耶鲁百年精品图书》中，相当一部分就是属于面向大众市场的畅销书。耶鲁社主抓学术出版，兼顾大众出版，其成功的经验值得学习和借鉴。

2022年8月15日

【附注】

此文与上一篇文章合起来，以《耶鲁大学出版社的学术精品与畅销书探析》为题，刊发于《出版参考》2023年第2期。

史林探幽

延安时期的主题出版及其启示

“主题出版”这个词是近些年才热起来，但紧扣时代主题、把握时代脉搏来开展出版活动则历来就有。特别是在中国共产党的出版事业史上，主题出版可圈可点，经验值得总结和借鉴。我党延安时期的主题出版即其一例。

1935年10月，中共中央率领红军经过二万五千里长征胜利到达陕北。1936年党中央进驻延安，直到1947年3月撤离，取其概数习惯上称之为中国共产党的延安十年。这期间，延安成为抗日民主根据地的出版中心，引领着其他敌后抗日根据地出版业的发展，与国统区党领导的出版业相呼应。在延安时期，我党设立新闻出版主管机构，创建出版社、报刊社，重建印刷厂，筹办新华书店，完善编、印、发的出版布局，先后出版报刊20多种，书籍400多种，在服务抗战、教育人民、提升军民素质等方面发挥了极为重要的作用，也扩大了共产党在人民群众中的影响。从主题出版角度，看延安时期的经验有如下几点。

从书刊内容上看，服务抗战大局，聚焦救亡主题。在报刊方面，无论是《解放日报》、《解放》周刊，还是《共产党人》《八路军军政杂志》，都坚持政治家办报办刊的原则，注重宣传党的政治主张，阐明党的抗战路线、方针和政策。其“议程设置”“题材选取”，皆服务于抗战救亡这个大局，对于统一全党和抗日根据地军民思想，增强革命队伍的凝聚力战斗力，推进抗日和民主运动，起到了重要的导向和激励作用。在图书出版方面，解放社、新华书店、华北书店、大众读物社等出版发行机构，纷纷围绕抗战救亡这个时代主题，策划编写和出版了众多系列书籍，其中有《抗日战争丛书》《抗日战争参考丛书》《时事问题丛书》《抗战中的中国丛书》《抗战中的世界丛书》《抗大政治文化教育丛书》等，这些丛书成龙配套，全面系统地贯彻了毛主席的指示，“根据马克思列宁主义的普遍真理，研究抗日战争的具体实践，研究今日的中国和世界”。延安还注重马列主义著作和毛主席、朱总司令等领导人著作的出版发行，《马恩丛书》《列宁选集》《论持久战》《论抗日游击战争》等书籍，宣传科学真理，有的放矢地指导现实政治斗争和军事斗争，效果良好。

从出版物形式看，注重编写的通俗化、大众化，题材的多样性、群众性，使总体文化程度不高的边区军民读得懂、听得明。在延安文艺座谈会后，文艺工作者和出版工作者联手推出了不少群众喜闻乐见、抗战救亡主题鲜明的作品。如秧歌剧《兄妹开荒》《夫妻识字》；秦腔《血泪仇》《保卫和平》；新歌剧《白毛女》；新诗《王贵与李香香》；通俗小说《吕梁英雄传》《洋铁桶的故事》《李勇大摆地雷阵》；冼星海、光未然的《黄河大合唱》等震撼人心的抗日歌曲，古元等人卓有特色的“解放区木刻”，还有新型的宣传画和年画等，无不体现时代精神，宣示抗日主旋律，且形式活泼，为广大人民群众喜闻乐见。即便是边区的识字课本、扫盲课本，也不忘在启蒙知识、普及文化的同时融入抗日救亡的内容。辛安亭（1904—1988，当代著名教育家、编辑出版家、通俗读物作家）编写的《抗日三字经》就很有特点，流传甚广。从该三字经通俗讲解毛泽东主席《论持久战》基本观点的部分文字，即可见一斑：“毛主席 真英明 讲政治 论战争 想得到 说得通 句句话 有证明 中国大 出产丰 多人口 多士兵……”文字浅近，通俗易懂，朗朗上口，很好地把毛主席的抗战思想进行了普及化、大众化传播。

此外，延安时期我党高度重视主题出版物的发行工作，不仅把党报党刊和各类图书发行到陕甘宁边区各区县，发行到其他抗日民主根据地，还千方百计发行到国统区、敌占区甚至南洋等地，使中国共产党人的抗日政策与主张、根据地军民的抗战事迹与精神得以广泛传播、发挥了极大影响。我党历来重视“枪杆子”和“笔杆子”这“两杆子”，办报刊，做出版，无疑是“笔杆子”的范畴。延安，红星照耀全中国。延安时代的新文化出版事业，尤其是以抗日救亡（抗战胜利后则是“保卫和平”）为红线的主题出版，今天仍旧值得我们认真总结历史经验，好好学习和借鉴。

【附注】

此文刊载于《出版参考》2021年第7期。

从历史细节中挖掘百年红色出版资源

从今年年初以来，围绕庆祝中国共产党百年诞辰的各类文章和著作就不断推出，至六七月份形成高潮。传播正能量，弘扬主旋律，以建党百年为焦点为重点的主题出版受到社会各方面的高度重视。出版研究领域尤其是在中国共产党出版史的研究中，也涌现出了许许多多的新成果，大大丰富了红色出版的内蕴，扩大了红色出版的影响。

如何让具有浓厚政治色彩的纪念性活动变为充满学术底色的研究性活动？又如何让有意义的主题宣传变为有意思的历史书写？我们认为深入到历史的深处，学习和借鉴现代史学理论与方法，在注重宏大叙事、整体关照的基础上，更加关注丰富的历史细节，更加关注历史中的人物尤其是普通人，力求达到以小见大、见微知著的效果。与新文化史运动密切关联、兴起于20世纪六七十年代的西方微观史学，对我们研究百年红色出版或许会有所帮助。一般认为，微观史学起源于意大利，以1976年卡洛·金兹伯克著作《奶酪与蠕虫》的出版为开端。与此相呼应，法国年鉴学派开始从宏观计量的社会史模式批判转向心态史、微观史；德国转向了日常生活史的范式，并深受马克思主义哲学影响；美国的达恩顿等人更加关注文化史、出版文化史、书籍史的范畴。微观史学在西方并不是统一的学派，但具有某些共同的学术追求和特点，其独有的观察视角在深入挖掘历史资料，力求从历史细节中寻找重大问题的答案。

在中国党史和红色出版史研究中，已有专家自觉或不自觉地契合了微观史学的理路，并取得了很好的效果。例如李颖著《党代会历史细节：从一大到十八大》（党建读物出版社2017版）一书，解读党代会的109个历史细节，着力新史实新材料的发掘。作者在解读中尽量避免生硬死板的教科书式口吻，尝试用讲故事的写作手法，重拾鲜活生动的真实细节。该书出版后反响热烈，深受读者欢迎，一版再版。谢华主编的《红色书写：毛泽东题写报刊名轶事》（人民日报出版社2012年版），着眼于具体报刊刊名的题写，小处入手，娓娓道来，鲜活生动。这些书与中央电视台前几年推出的国家史实类记录节目《国家记忆》有异曲同工之妙。《国家记忆》讲述重大历史事件，立意高远，题材宏大，但主要以故事化表达、记录叙事和影像呈现等方式，通过生动丰富的历史细节来阐释“国家记忆”的主题。今年以来，这类庆祝建党百年的图书中，不乏大主题小切口的优秀之作，邮票上的党史印记、经典影视作品中的百年党史等展览或节目，十分亮眼。在出版领域也有类似上乘之作，如国家博物馆著《红色文物中党的成长史》（广西人民出版社2021年版），以红色文物为载体，讲述文物背后的故事，见事、见物、见人，丰富多彩，用细节见证精神，让历史有深度、高度，也有厚度和温度。

在红色出版史研究中寻找大历史背后的小细节，别开生面地为国家留史，为民族留记，为人物立传，我们需要理论与实际结合、宏观和微观呼应、历史与现实对接，扎扎实实地进行探索。笔者今年在微信公众号“出版六家”开设了一个专栏——“历史细节中的百年红色出版”，受到广大读者关注和喜爱。已经推送的文章有：《真理的味道非常甜》《出版人笔下的〈新青年〉诞生记》《“钟英小姐”是不是他的红颜知己》《不断“变脸”的〈布尔塞维克〉》《毛泽东为新华书店三次题写招牌》《延安时期的“新三字经”》《〈资本论〉的广告登上了国民党的〈中央日报〉》等。在阅读红色出版史的过程中，我们不断发现一些有价值有趣味的资料，如接地气的《犁头宣言》《边区群众报》的精彩谜语、延安时期的特别稿费、请炊事员和勤务员给报刊“审稿”、在寺庙里翻译《资本论》、周恩来给邓小平送马灯、《红星报》的特殊“号外”等，都很有意义，又趣味盎然。诸如此类的材料可说取之不尽用之不竭。走进出版的深处，打捞历史的细节，拾掇宝贵的珍珠，这样会让百年红色出版史更为生动、丰厚和立体。

历史需要细节，但不等于只是细节。北大陈平原的《北大旧事》《老北大的故事》《触摸历史》《图像晚清》等著作给我们研究红色出版史有益的启示。在红色出版史研究中，不再过分迷恋“必然性”，不再一味追求“以史为鉴”，不再热衷争辩“思想意义”，尽可能用生动丰富的细节来充实人们日渐淡忘的历史印象，帮助读者“回到”或“重建”历史现场，并做出自己的判断，这也许是出版史学者值得大胆尝试和积极探索的路径。陈平原强调，在挑战“宏大叙事”的专断与夸饰的同时，要警惕“私人叙事”的偏狭与破碎，这样方能走出矫枉过正的泥潭。作为专业的出版史学者，红色出版领域的“逸事”与“细节”值得欣赏，但在渐成时尚的“私人叙事”之外，如何保有甚至加重史家质疑、考辨与重构的责任，谨防生动有余而厚重不足、故事有余而学理不足、有了“显微镜”丢掉了“望远镜”，看来还需要好好探究。

【附注】

此文刊载于《出版科学》2021年第5期。

不断“变脸”的《布尔塞维克》

1927年10月24日，中国共产党于“八七会议”后在上海秘密创办党刊《布尔塞维克》。这是中共中央在大革命失败后创办的理论性机关刊物。该刊前16期为周刊，铅印16开本，每期约3万字。最初由瞿秋白担任总编辑（刊名是由他题写的），郑超麟任编委会秘书并负责具体工作。刊物的编辑部设在上海愚园路亨昌里418号。这是一所新式里弄房子，三层楼，除了办公用，还作为工作人员的住所。当时，周恩来、谢觉哉（后来曾任编委会秘书）经常到编辑部。

1928年蔡和森继任刊物总编，1929年再由李立三继任；罗亦农、邓中夏、王若飞、郑超麟、张太雷、毛泽东、周恩来等先后担任过编委。1928年11月，刊物从第17期起改为半月刊。后来，又改为月刊、双月刊出版。到1932年7月，《布尔塞维克》出至第5卷第1期不得不停刊，前后总共刊行了52期。这是在那个白色恐怖的特殊年代，中共党刊连续办刊时间较久、影响较大的一种。

《布尔塞维克》不仅刊期、开本、字数、出版者、编者署名等前后变化较大，出刊时间有时候也难以保证，而且还经常“变脸”——取假名并制作不同的伪装封面。第30期开始，刊物就一直想方设法取各种假名，设计各种伪装封面来艰难求生，顽强斗争。1929年1月，该刊用《少女怀春》为名出版了第31期，随后用《中央半月刊》推出了第32至34期。第35期是用《新时代国语教授书》（印有“小学校高级用”“商务印书馆出版”字样）的名义刊行。

说起《布尔塞维克》的“别名”“曾用名”，还真是五花八门，十分有趣。刊物先后使用的名字还有《中国文化史》（署名“顾康伯编”），《中国古史考》《历史研究丛书》（署名“钱玄同编著”），《金贵银贱之研究》（署名“中国经济协会出版”），《平民》《虹》《经济月刊》（署名“上海经济月刊社出版”，另外有“中华邮政特准挂号新闻纸类”字样）等。除了中文名称，还取了外文的《BOLSHEVIK》（第4集）来瞒天过海。商务印书馆是二三十年代沪上著名出版机构，顾康伯、钱玄同也都是当时有重要影响的学者，借用这些机构和名人的名字，无疑是为了更好地“瞒天过海”“蒙混过关”。

之所以这样，毫无疑问是与当时的形势密切相关的。该刊在《发刊露布》（也就是“发刊词”）中明确指出：“……国民革命因为国民党领袖的背叛革命，革命面受着非常严重的打击。……此后民众所看见的国民党，已经不是以前的革命的国民党，而是屠杀工农民众、压迫革命思想、维护地主资本家剥削、滥发钞票、紊乱金融、延长祸乱、荼毒民生、屈服甚至勾结帝国主义的国民党。”面对日益严重的白色恐怖，我们党的工作被迫转入地下。作为地下宣传文化工作的办报办刊，也只好和反动派斗智斗勇，或“声东击西”，或“张冠李戴”，或“暗度陈仓”。刊物不断伪造封面、经常改换名字、更换出版者、编者信息等正是其中的一种斗争策略。

在新民主主义革命时期，我们党搞出版、办报刊，使用这种巧妙的斗争策略和方法是经常性的。比如1927年11月中国共产主义青年团在上海创办的《无产青年》（后更名为《列宁青年》）的“曾用名”就有《列强在华经济的政治的势力及其外交政策》《青年半月刊》《青年之路》《何典》《光明之路》《美满姻缘》等。此外，像人民出版社也是屡施奇计，妙法多用。1921年9月创办的人民出版社是中国共产党第二个出版机构（第一个为新青年社），首任社长是李达，地址在上海成都南路辅德里25号。为了躲避帝国主义和反动军阀的双重迫害，李达有意把社址写成“广州昌兴路26号”，所出书籍封面上印为“广州人民出版社”，真正的“南辕北辙”，书名、作者、译者等往往也不用真名。到了抗战时期，为了躲避国民党的文化封锁，毛泽东著作的一些出版者只好在封面上印上不引人注目的书名，比如《婴儿保育法》内容是毛主席的《论联合政府》；《将革命进行到底》一书封面上的字是

《谈婚姻道德》；书名为《孙中山先生论地方自治》，里面却登着1945年苏联对日宣战后毛泽东发表的重要声明等。另外，还假托过《大乘起信论》《文史通义》等书名出版毛泽东著作。倘若我们今天开展中国共产党的出版史编辑史研究，就很有必要进行史实的辨析、书刊真伪的识别、版本的考订了。

顺带一提的是，过去有些译名与现在通行的译法并不一致，比如马克斯（马克思）、史大林（斯大林）等就曾广泛使用。窃以为，在爬梳史料、叙述史实时不可随便修改。我们注意到有著作、论文就把“布尔塞维克”不加注释地直接改成了“布尔什维克”，《延安时代新文化出版史》即其一例。总起来看，《布尔塞维克》反映了我党20世纪20年代后期到30年代前期的宣传工作历史，保存了共产国际和中共中央的一些重要文献，留下了我党领导人的一些重要文章，十分珍贵。全面总结和评价这个刊物的历史价值、成功经验和需要吸取的教训，不是这篇短文的任务。这里仅仅是从出版微观史的角度，与朋友们分享一些生动有趣的故实，仔细爬梳，相信还会更有收获。

【主要参考文献】

［1］方克主编：《中共中央党刊史稿》（上、下卷），红旗出版社1999年版。

［2］常紫钟、林理明主编：《延安时代新文化出版史》，陕西人民出版社2001年版。

［3］郗卫东主编：《解放前珍贵红色报刊发刊词：〈新青年〉到〈人民日报〉原貌再现》，中央编译出版社2011年版。

【说明】

今年是中国共产党成立100周年。为了配合正在开展的中共党史学习教育活动，加强中国共产党出版史（红色出版史）的学习与研究，笔者在“出版六家”推出“历史细节中的百年红色出版”系列文章，这是该系列之一。此系列前后推送了9篇文章，也列入了学校科研资助专题项目。这些文章没有时间上的先后之分，也不注重逻辑上的相互关联，其共同的特点是重细节、有故事、重趣味、有启发。文章力求在生动有趣、丰富多彩的生动细节和精彩故事中，让人们感受红色出版百年历史变迁，还期望将来能在微观中窥视宏观，在局部中连缀整体，在细部中关联结构，对中国共产党出版史（红色出版史）研究有所推进。

2021年3月15日

【附注】

此文微信公众号“出版六家”2021年3月16日推送。网友仲子锁麟（网名）：“陈独秀以‘撒翁’为笔名在此杂俎上发表了不少反蒋反国民党的文章。”

“真理的味道非常甜”

《共产党宣言》是马克思主义最初公开问世的伟大纲领，有社会主义运动“圣经”之称。五四时期马克思主义在中国开始广泛传播，《共产党宣言》（后有时简称《宣言》）的翻译出版是一个鲜明的标志。

说起这部经典在我国的译介和传播，最早有1908年1月《天义报》第15卷刊载的恩格斯所撰《共产党宣言》英文版序言译文。1919年4月，北京的《每周评论》第16号发表了《宣言》第二章的最后几段译文。在李大钊的帮助下，以北京大学为主的高等学校学生所办进步刊物《国民》大约在1919年初也开始刊登马克思主义著作和介绍马克思主义的文章。该杂志1919年11月发行的第2卷第1号刊载了《共产党宣言》第一章的完整译文，译名是《马克斯和昂格斯共产党宣言》，译者是北大学生李泽彰。据说李泽彰已经翻译完了整个本子，按计划将在杂志上分期刊出。但后来情况有变，译稿没能登完。第一个《共产党宣言》全译本的翻译出版任务历史地落到了陈望道身上。庄前生主编的《马克思主义经典文献的出版和传播研究》这样说：

1920年8月，上海“马克思主义研究会”发起人之一陈望道翻译的《共产党宣言》正式出版，这是《共产党宣言》在中国出版的第一个全译本，也是马克思、恩格斯著作在中国出版的第一个单行本。初版印刷只有1000本，很快赠售一空。9月又出版了第2版，之后各地争相翻印，不断再版。

说起陈望道翻译《宣言》，还有一些传闻故事或轶闻趣事流传至今，令人回味无穷。陈望道（1891—1977）是浙江义乌人，1915年赴日本留学，先后在早稻田大学、中央大学等高等学府求学，并结识了日本早期的社会主义者河上肇、山川均等人，开始从事马克思主义的传播活动。

1919年6月陈望道从日本中央大学法科毕业后回国，在杭州的浙江第一师范学校担任语文教员。在这所名校云集了夏丏尊、刘大白、李次九等进步人士，陈望道积极参与了他们发动的国文教学改革运动（当时夏、刘、李、陈有所谓“四大金刚”之称）。这是继五四运动后，浙江一师为教育改革、巩固和发展新文化运动的成果。在1920年春发动了震惊全国的“一师风潮”，支持进步师生的经亨颐校长被撤换，陈望道和另外几大“金刚”被迫离开了学校。王东等著《马列著作在中国出版简史》这样描述陈望道随后的情况：

在经过“一师事件”锻炼后，陈望道回到家乡，躲在分水塘村的一间破旧的柴屋里，发愤读书，潜心研究新思潮，专注于翻译马克思、恩格斯合著的《共产党宣言》。

翻译工作是在异常艰苦的条件下秘密进行的。柴屋因经年失修，破旧不堪。在山区农村的初春天气里，还不时有刺骨的寒风透过四壁破墙向他袭来，他常常冻得手脚发麻。柴屋内只有极简单的几件用具，一盏昏暗的煤油灯伴随他送走了一个又一个的黑夜，迎来了一个又一个的黎明。

译书的过程也是学习的过程、思考的过程、自我升华的过程。陈望道沉浸其中，字斟句酌，可谓废寝忘食，乐而忘忧。他译书时的一段趣事流传甚广，张姚俊在《真理的味道非常甜——陈望道首译〈共产党宣言〉往事》一文中进行了小说描写式的“在场”化处理，让人如临其境。文章写道：

1920年早春的一天夜里，在浙江义乌分水塘村一间久未修葺的柴屋内，一个年轻人正全神贯注地埋首译书。母亲爱子心切，特意端来粽子和红糖，关照儿子粽子要趁热吃，别忘了蘸红糖。青年应声答道：“吃了，吃了，甜极了！”谁知，当母亲再来收拾碗筷时，发现儿子嘴唇周围乌黑一片，不由得大吃一惊。她再看看小碟里的红糖纹丝未动，方才恍然大悟。原来，年轻人太过专心，竟错把墨汁当红糖，沾着墨汁吃下了粽子。

这个故事的原始出处笔者没看到，很可能是陈望道自己或者家人说出来的，在他老家一直流传着。（也有学者如季鸿业认为说，“陈望道是躲在破败的柴屋里翻译《共产党宣言》”。）习近平总书记在不同场合多次讲过这则故事，并意味深长地说：“真理的味道非常甜。”苦中有甜，书中有味，其甜其味当更醇厚、更隽永、更绵长。

陈望道翻译的《宣言》是应上海《星期评论》社的约稿，皆有过留日经历的邵力子、戴季陶起了关键作用，日文本就是由该刊编辑戴季陶提供，英文本则是陈独秀取自北京大学图书馆。陈祥有在《陈望道翻译〈共产党宣言〉中》指出：1920年4月底，陈望道到达上海，把译稿和原文交给邵力子，请他转交戴季陶。但是邵力子没有直接把译稿给戴季陶，而是把译稿和日文版《社会主义研究》创刊号（《共产党宣言》日译本刊登于此）给了李汉俊，请李汉俊先校对一遍，又请陈独秀先生用英文版《共产党宣言》校正。陈望道自然同意邵力子的安排，在邵力子的引荐下，陈望道拜见了陈独秀，于是两位陈姓激进分子走到了一起，共同开创了属于他们的新天地。

1920年8月中旬，陈望道所译《共产党宣言》由上海马克思主义研究会（名义用“社会主义研究社”）出版发行，当时作为“社会主义研究小丛书”第一种推出。据陈祥有考证：

汉译初版本《共产党宣言》的规格，比小32开略小，高18厘米，宽12厘米，书脊0.4厘米；竖排平装，内文共56页；用五号铅字印刷；每页11行，每行36字；全书约22 000字；文中部分专用名词后注有释文。书的封面为红色，印有1875年马克思摄于伦敦的肖像。肖像上方印有四行字，从上往下依次为：社会主义研究小丛书第一种，共产党宣言，马克斯、安格尔斯合著，陈望道译。

由于《共产党宣言》是又新印刷厂创办后印刷的第一本书，可能工人过于激动，抑或粗心疏漏，把书名中“产”字和“党”字的顺序弄颠倒了，导致封面的书名错印成“共党产宣言”。书名印刷错误，为这幕惊天动地的普罗米修斯盗取火种的故事平添了一支诙谐的小插曲。

《共产党宣言》中译初版本的误植误排在当年9月再版时很快得到了纠正。珍贵的初版本据说现在全国仅存11本，已属于国家一级文物。1926年1月至5月，仅平民出版社就翻印该书10次，一直到中华人民共和国成立前还一直在翻印。《宣言》后来虽然又有多个译本，其中有成仿吾四译五译之说，有专家统计我国刊行的《宣言》总计有32个版本。但陈望道及其所翻译的《共产党宣言》对一个时代的巨大而持久影响却是无可替代的。有学者用四个“最”来概括这个译本的历史地位：时间最早、传播最快、流传最广、影响最大。鲁迅曾对陈望道称赞有加：“这次埋头苦干，把这本书译出来，对中国做了一件好事。”毛泽东说：“有三本书特别深刻地铭记在我的心中，使我树立起对马克思主义的信仰。”其中排在首位的就是陈望道译《宣言》。周恩来当面对陈望道说：“我们都是你教育出来的！”1992年，邓小平在视察南方时说：“我的入门老师是《共产党宣言》。”

真理是朴素的，真理也是最有“味道”的。2020年6月，习近平总书记在给复旦大学《共产党宣言》展示馆党员志愿服务队全体队员的回信中这样说：“100年前，陈望道同志翻译了首个中文全译本《共产党宣言》，为引导大批有志之士树立共产主义远大理想、投身民族解放振兴事业发挥了重要作用。现在，你们积极宣讲老校长陈望道同志追寻真理的故事，传播马克思主义理论，是一件很有意义的事情。希望你们坚持做下去、做得更好。”重温陈望道首译《共产党宣言》的那段往事，我们依然能感受到“真理的味道”。

陈望道后来并没有走职业革命家的道路，新中国成立后虽然还是承担了不少社会工作，但主要精力是用于文化教育和语言研究工作，任职于复旦大学，长期担任复旦大学校长之职。作为新中国成立后复旦大学中文系两个一级教授之一（另一个为郭绍虞）。陈望道教书育人，桃李满天下，科研上勤奋治学，努力开拓创新，成果累累，成为当代著名的修辞学家、语言学家，其《修辞学发凡》更是我国现代修辞学体系建构的开山之作，影响极为深远。1977年10月29日，陈望道因病去世。临终前，他把自己毕生积蓄22万元人民币作为党费全部交给了党组织（这在当年是一笔巨款），以此践行了他终生不变的共产主义信仰。1980年1月23日，中共上海市委组织部根据党中央的指示精神，在上海市革命公墓隆重举行了为陈望道骨灰盒覆盖党旗仪式。复旦大学教授、著名数学家苏步青用一副对联凝练地概括陈望道不平凡的一生：“传播共产党宣言千秋巨笔，阐扬修辞学奥蕴一代宗师。”

【主要参考文献】

［1］习近平：《论中国共产党历史》，中央文献出版社2021年版。

［2］季鸿业：《陈望道轶事》，收入陈麦青、杨家润编：《老复旦的故事》，江苏文艺出版社1998年版。

［3］王东、陈有进、贾向云：《马列著作在中国出版简史》，福建人民出版社2009年版。

［4］庄前生主编：《马克思主义经典文献的出版和传播研究》，中国社会科学出版社2010年版。

［5］陈祥有：《陈望道翻译〈共产党宣言〉》，载于《东方翻译》2020年第5期。

［6］张姚俊：《真理的味道非常甜——陈望道首译〈共产党宣言〉往事》，载于《中国档案》2020年第7期。

［7］段笑晔、韩思远：《〈共产党宣言〉首译者陈望道之初心和使命》，载于《决策探索》2021年1月（下）。

2021年3月28日

【附注】

此文微信公众号“出版六家”2021年3月30日推送。网友郭扶庚留言说：“这个故事还有‘陈毅版本’。”文章后来刊发于湖北的《政策》杂志2021年第4期。

“钟英小姐”是不是他的红颜知己

20世纪20年代初，两个年轻有为的青年都在上海的商务印书馆就职，一个是沈雁冰（笔名茅盾），一个是郑振铎。新中国成立后，沈是中央人民政府首任文化部部长，郑是国家文物局局长。沈雁冰是1916年北京大学预科毕业后就到了商务印书馆，到1921年已经是资深的年轻“老编辑”；郑振铎则晚了四五年从北京铁路管理专科学校毕业后略有辗转再加盟商务。因为对新文学、新文化的共同爱好与追求，两人早就知道彼此，互通音讯，神交已久，成为同事后更是过从甚密，结为好友。

钟桂松《起步的十年——茅盾在商务印书馆》记有沈、郑二人一段趣事：

当时商务印书馆《小说月报》的编辑茅盾收到全国各地各式人等的来信，数量多而杂，这在编译所里是出了名的。但是，好友郑振铎渐渐发觉有一种信很奇怪，信封上常常写有“沈雁冰先生转钟英小姐玉展”的字样，是不是茅盾还有不为人知的花絮？是不是他有红颜知己？有一次，郑振铎等人悄悄地拆开一封“钟英小姐玉展”的信，一看，吓了一跳！原来是地方中共组织向中央的报告！郑振铎等人立刻封好交还给来编译所上班的茅盾，并永远保守了这一秘密。

1921年，年仅25岁的茅盾实际上就是颇有影响的《小说月报》主编，而小两岁的郑振铎经过茅盾介绍，离开《时事新报》的副刊《学灯》编辑部，进入商务印书馆编译所筹办《儿童世界》。郑振铎暂且按下不表，只说说茅盾、商务印书馆与建党初期中国共产党的关系。

说到晚清民国时期的商务印书馆，人们都知道它是当时国内数一、世界知名的大型出版文化机构。事实上，那时的商务是集编、印、发于一体（还办有其他文化教育产业与事业）的带有集团性质的民营公司，既是高中级知识分子云集之处（以编译所为中心），又是产业工人（印刷工人）最多的特大企业（以印刷所为中心），且这些工人大都还有一定程度的文化。中国共产党建立之初，商务印书馆就成立了自己的党组织，董亦湘、茅盾和杨贤江先后担任党支部书记。商务的共产党人带领和组织工人在开展罢工斗争、参加五卅运动，特别是上海工人三次武装起义中，站在战斗前列，谱写了光辉的篇章。当时任职于商务印书馆发行所、后来成为党和国家重要领导人的陈云（本名廖陈云）就是杰出的工人运动领袖之一。

至于茅盾，他在中国共产党成立之前就已经是上海共产主义小组的成员。党成立后，他也成为“商务印书馆第一位共产党员”。对于他这段经历，《上海商务印书馆职工运动史》是这样叙述的：

沈雁冰，1916年在北京大学预科毕业后，进商务印书馆编译所工作。中国第一个共产主义小组在上海成立后，1921年经常为商务写稿的李汉俊介绍沈雁冰加入上海共产主义小组。上海共产主义小组出版秘密党刊——《共产党》，李达任主编，约沈雁冰写稿。该刊的第2号上，发表沈雁冰用“P生”署名的《国家与革命》第一章、《共产主义是什么意思》（副题为“美国共产党中央执行委员会宣布”）等译文，宣传马克思主义理论。第3号上，还发表了沈雁冰写的《自治运动与社会革命》文章，批判当时实际上是为军阀、帝国主义服务的省自治运动，指出中国的前途只有无产阶级革命。

1921年7月，中国共产党在上海正式成立。上文提及的李汉俊、李达，都恰好在党的一大13个代表之列（上海就是他们两个）。那时候，李达还正与茅盾的亲戚王会悟热恋，不久正式结婚，因此他与茅盾接触也较多。查《中国共产党的九十年》一书，知道正式建党之前，共产党早期组织全国共有成员58人，其中上海较多，有14人（仅次于北京的16人，多于排第三的武汉8人），而沈雁冰、沈泽民兄弟都在上海这14人之中。事实表明，茅盾（沈雁冰）既是我们党最早的一批共产党员中的一个，也是商务印书馆职工中的第一个中共党员。他入党之后的一个重要工作，就是担任中央联络员。《上海商务印书馆职工运动史》中说：“他利用在商务印书馆担任编辑工作，对外通信来往较多的有利条件作为掩护，担任中共中央的秘密联络员。各地给中央的信件都寄给沈雁冰，外封写他的名字，信里则写‘钟英’（中央的谐音）女士，他每日汇总后送到中央。外地有人来上海找党中央，也先来找他，对过暗号，问明来人的住处，就叫他回去静候，他则把来人的姓名住址报告中央。”

茅盾两兄弟都是“党的人”，经常参加党组织活动，时间久了自然瞒不过家人。好在茅盾的母亲和妻子孔德沚都很理解和支持他。为了安全，当时党的会议也要时常变换地点，有时候就在茅盾家里召开。他胞弟沈泽民加入中国共产党，就是在茅盾自己家里召开的党支部会上通过的。

作为“东家”的商务印书馆，对茅盾的革命活动不说大力支持，至少是“睁一只眼闭一只眼”的。钟桂松在《起步的十年——茅盾在商务印书馆》“自序”中所言应该是合乎情理的：

……对茅盾入党后利用商务资源为刚起步的中国共产党的发展提供条件，不可能没有察觉，但是商务当局明显采取了宽容的态度……后来在五卅运动中，商务高管还悄悄地自掏腰包支持茅盾等职工办报，揭露“五卅”真相。甚至，茅盾带领商务印书馆的工人进行罢工斗争，商务当局也不以为忤。罢工结束后，茅盾的工作和生活也并未因此受到影响，而且就在罢工运动的第二年，茅盾离开商务印书馆时，商务还给予茅盾丰厚的退职金，并将商务的股票送给茅盾，感谢他十年来为商务印书馆所作出的贡献。

大企业就是大企业，张元济就是张元济。正是因为遇到商务及其掌门人，才有了革命家的沈雁冰和文学巨匠、编辑大家的茅盾。1926年底，茅盾正式告别工作了整整十年的商务印书馆，南下广州，把更多精力和时间直接投入党的事业和革命工作。大革命失败后，茅盾与党组织失去了联系。后来接上关系后，两次提出希望恢复党员身份，上级认为他留在党外更方便帮忙党做工作，直到1981年他快去世时中共中央才正式恢复其党籍，党龄从1921年算起。这年4月11日，胡耀邦同志在沈雁冰（茅盾）追悼会上致悼词说："沈雁冰同志从青年时代起，毕生追求共产主义的伟大理想。早在1921年，他就在上海先后参加共产主义小组和中国共产党，是党的最早的一批党员之一，并曾积极参加党的筹备和早期工作。"这算是党中央给沈雁冰（茅盾）的盖棺定论吧。

毫无疑问，"钟英女士"已成为中国共产党党史上的一段故实，革命家沈雁冰个人的一桩趣话。作为一代文学大家的茅盾，南北漂泊，四海为家，还一度旅居海外，是不是有过浪漫的花絮，是不是有过"红颜知己"，文学史家曾经很感兴趣，也有过史海寻踪、文坛探秘。有兴趣者可以看看现代文学掌故方面的书刊。此乃闲话。

【主要参考文献】

［1］上海市新闻出版局、上海商务印书馆职工运动史编写组编：《上海商务印书馆职工运动史》，中共党史出版社1991年版。

［2］中共中央党史研究室：《中国共产党的九十年》，中共党史出版社、党建读物出版社2016年版。

［3］钟桂松：《起步的十年——茅盾在商务印书馆》，商务印书馆2017年版。

2021年3月18日

【附注】

此文微信公众号"出版六家"2021年3月27日推送。文章推送后网友庞沁文称赞其为"好选题"。另有出版社约稿，希望笔者就此系列写作成一部书稿。

出版人笔下的《新青年》诞生记

谈到中国共产党的百年历史、百年红色出版史，《新青年》杂志都是要浓墨重彩写上一笔的。新近出版的《中国共产党简史》（本书编写组，人民出版社、中共党史出版社2021年版）是这样描述《新青年》的：

1915年9月，陈独秀在上海创办《青年杂志》，后改名《新青年》，新文化运动由此发端。1917年，他被聘为北京大学文科学长，《新青年》编辑部迁到北京。北京大学和《新青年》成为新文化运动的主要阵地。

《简史》所记确实极为简略，相应文字旁配了一幅《青年杂志》创刊号的书影。吴永贵主编的《中国出版史》（湖南大学出版社2008年版）下册专辟“中国共产党领导的出版业”一章，在论及党的早期出版活动时强调，1917年，以俄国十月革命胜利为契机，中国一批先进知识分子选择并接受了马克思主义，李大钊等人在《新青年》《每周评论》等新文化刊物上，频繁地刊载研究和宣传马克思主义学说的文章。“李大钊主编的《新青年》第六卷第五号，更是成为马克思主义专号。中国马克思主义传播由此揭开历史新页。”

无论《中国共产党简史》，还是《中国出版史》，对《新青年》都采用的是重大主题的“宏大叙事”，相对而言缺少历史事实本身的生动与丰富。方克主编的两大本《中共中央党刊史稿》（上、下卷）（红旗出版社1999年版）在综合性介绍《新青年》杂志时，有了相对详细一些的内容：

《新青年》是中国共产党创办的第一本党刊。它是由一本宣传民主与科学的进步刊物发展为宣传马克思主义的革命刊物的。《新青年》1915年创办时，陈独秀主张思想革命，吹响了新文化运动号角。后来在俄国十月革命胜利的影响下，《新青年》的主编陈独秀、李大钊深入了解俄国革命的情况和经验，研读马克思和列宁的著作，有了初步共产主义觉悟，《新青年》开始向社会主义转变。

接下来，作者较充分介绍了李大钊1918年10月在《新青年》上发表的两篇宣传俄国十月革命的文章，以及1919年5月该刊“马克思主义研究”专号之详情，进而指出“李大钊、陈独秀也成了‘五四’反帝爱国的旗手”。

与这种偏于文本内容介绍和宏观审视有所不同，《中国共产党党刊史稿》在专章讲述《新青年》时虽还是偏于期刊文章内容方面，但于编辑出版的形式方面（编辑、出版、发行）有所涉及：

《新青年》创办时，由陈独秀一人主编，上海群益书社出版发行，每月1号（期），6号为1卷，定名为《青年杂志》，第1卷第1号于1915年9月15日与读者见面。当时上海有一本《上海青年》杂志，名称雷同，经双方协商，1916年9月1日出版第2卷第1号时，《青年杂志》更名为《新青年》，同时在封面上边用大号红字注明：“陈独秀先生主撰”。在封面下边用小号黑字注明：“原名青年杂志”。

这里已经有些出版史的生动细节了，另配有4幅不同阶段该刊封面照片。在书中作者还就1917年刊物如何由沪进京，如何由“同人刊物”转化为中共党党刊做了交代。但这些描写，仍显粗疏和简单。我们知道，谈《新青年》必说陈独秀，谈陈独秀自然要说他当时的“朋友圈”。他之创办《新青年》，实在是得益于朋友们鼎力相助的。对于《新青年》的诞生，陈独秀的皖籍同乡、也是一生过从甚密的好友汪孟邹之侄汪原放在《回忆亚东图书馆》（再版时更名为《亚东图书馆与陈独秀》，学林出版社1983年初版，2006年再版），述之甚详（引者注：陈独秀，字仲甫。汪原放书中多用陈独秀的字，称其为“仲甫”，或“仲翁”；称呼叔父汪孟邹为“大叔”），仿佛将我们带入了历史的“现场”：

据我大叔回忆，民国二年（1913年），仲甫亡命到上海来，“他没有事，常到我们店里来。他想出一本杂志，说只要十年八年的功夫，一定会发生很大的影响，叫我认真想法。我实在没有力量去做，后来才介绍他给群益书社陈子沛、子寿兄弟。他们同意接受，议定每月的编辑费和稿费二百元，月出一本，就是《新青年》（先叫做《青年杂志》，后来才改做《新青年》）”。《新青年》决定要标点、分段。标点符号的铜模，是陈子寿翁和太平洋印刷所张秉文先生商量，用外文的标点符号来做底子刻成的。子寿翁为排《新青年》而设法做标点符号铜模，大概在商务和中华之前。《新青年》愈出愈好，销数也大了，最多一个月可以印一万五六千本（起初每期只印一千本）。

按照汪孟邹和陈独秀的“公交”与“私谊”，亚东图书馆（引者注：这是一家出版社或书局，而非我们今日的图书馆）都是应该承接这本杂志的。但汪原放说当时书局正在做的地图生意没做好，又在印行《甲寅》杂志，经济上实在捉襟见肘。他说在大叔的日记里，时有“社务乏款，焦急之至”，“芜（芜湖）款未到，焦灼万分”，“暂借到洋五百，真正可感”之类的记载。而此时若再承接一本按期必出的月刊，亚东实在无能为力。汪原放说：“如果介绍到群益，群益又不同意接受，那么，仲翁想出的‘只要十年八年的功夫，一定会发生很大的影响’的一个杂志，就绝不能在‘民国四年（1915年）九月十五日’问世了。”虽然不能说《新青年》问世之早晚就可改变中国共产党成立的时间，但它会改写红色出版史、革命报刊出版史的历史则是可以肯定的。

顺便值得一说的，是陈独秀与汪孟邹、汪原放叔侄及其亚东图书馆之关系。王余光、吴永贵在《亚东图书馆与学者文人（上）》（载于《新闻出版交流》2000年第2期）用近似“编年体”的方式梳理了他们之间的关系。我们选取若干重要历史节点略加介绍：1901年，陈独秀认识汪孟邹兄汪希颜（1902年英年早逝，陈有七绝《哭汪希颜》，诗云：“凶耗传来忍旧看，恸君薄命责君难。英雄第一伤心事，不赴沙场为国亡。”此诗痛悼英年早逝的挚友，十分感人），两人结成莫逆。汪孟邹在长兄介绍下，与陈独秀相识。

1904年，陈独秀前往芜湖，住在汪孟邹经营的科学图书社小楼上。两人在极其困难的情况下联手办起了安徽省第一份白话报——《安徽俗话报》。

1911年，陈独秀主张汪孟邹到上海开书店，因此才有1913年春亚东图书馆在沪上的成立。这年，亡命上海的陈独秀替亚东编了一套四本供中学生用的《新体英文教科书》（因客观原因只出了两本）。汪孟邹此时虽生意清淡至极，仍然不时接济穷困潦倒的陈独秀。

1914年，陈独秀接受章士钊函招，赴日本协助其编辑《甲寅》杂志。这期间，陈独秀妻子高君曼独自留在上海，由汪孟邹照顾。其子陈延年、陈乔年的学费由亚东图书馆代为支付。

到1917年，陈独秀任职北大，他力荐亚东经理北京大学出版部的书籍，使得亚东的营业从此蒸蒸日上。此后数年，陈独秀与亚东联系一直十分紧密，尤其是亚东新文化、新文学书籍的出版，古典小说的点校刊行，得到陈独秀，还有同为安徽人胡适教授的极大帮助。

1927年中共“八七”会议在武汉召开，至此陈独秀离开党的领导岗位，是汪孟邹派侄子和另一人把陈接回上海的。此后贫病交加、又曾身陷囹圄的陈独秀得到亚东无私帮助，亚东版税成为他的主要经济来源，他也尽可能从出版上给予书局业务指导。

1937年陈独秀提前出狱，后来辗转回到四川江津老家，这之后汪孟邹是与其书来信往最多的朋友。汪总是尽其所能予以关心和支持，直至1942年陈独秀去世。

有人把胡适比作亚东图书馆不要名分、不拿薪水的总编辑，而陈独秀则是亚东的灵魂，把握着书局选题策划及总体的前行方向。正所谓成也仲甫，败也仲甫。1936年至1942年，亚东因为受陈独秀影响，刊行了郑超麟、王凡西等人的十多种“托派”书籍。因此，新中国成立后上海军管会于1953年宣布经营了50年（含芜湖科学图书社时期）的亚东图书馆歇业，此后自然也没再复业。

至于“五四”之后的《新青年》，这里也有必要略加概述。1920年8月，中国共产党上海发起组成立之后，《新青年》成为发起组的机关刊物。1921年7月，中国共产党正式成立，该刊又成为党的第一本理论刊物。1923年初，党中央决定，瞿秋白继任《新青年》主编，把月刊改为季刊。瞿秋白在《新青年之新宣言》中，把该杂志称作“中国革命的产儿”，强调“新青年曾为中国真革命思想的先驱”“新青年今更为中国无产阶级革命的罗针”。《新青年》完成了自己的历史使命后，于1926年7月停刊。此后，《共产党》《向导》《布尔塞维克》等党刊先后创办，党刊事业薪火相传，代代不绝。

2021年6月2日

【附注】

此文微信公众号“出版六家”2021年6月8日推送。

延安时期的“新三字经”

《三字经》，是中国使用最广、影响深远的传统启蒙教材。它取材典范，包括传统的文学、历史、哲学、天文地理、人伦义理等，其核心思想又包括了“仁、义、诚、敬、孝”。《三字经》（人之初，性本善。性相近，习相远……）注重将社会生活常识、基本文化知识及历史人物故事融为一体，让孩子在诵读中从事例中学习做人做事的道理。在表达方式上，三字一句讲求押韵，读来朗朗上口，因其浅显、通俗、顺口、易记等特点，它与《百家姓》《千字文》并称为中国传统蒙学教育三大读物，合称“三百千”，成为中华民族珍贵的文化遗产，一直流传至今，且还在不断推陈出新，与时俱进。

最近翻检红色出版史料，阅读相关著作，注意到我们党在新民主主义革命时期就高度重视启蒙教育，重视教材的编写，重视儿童刊物的出版。1938年6月，红都延安创办了《边区儿童》小报，毛泽东题词是：“儿童们起来，学习做一个自由解放的中国国民，学习从日本帝国主义压迫下争取自由解放的办法，把自己变成新时代的主人翁。”1940年4月，绥德文化协会编辑、西北抗敌书店出版发行《西北儿童》。1941年延安“儿童之友社”推出《新少年》半月刊。这些对于加强儿童教育、丰富儿童知识起到了积极作用。

更值得注意的，当时的陕甘宁边区政府非常关注根据地的学校教育，关注儿童的身心健康、人格与知识养成。1944年，边区教育厅为各分区小学供给由新华书店和华北书店出版的各类儿童读物12种，作为小学生的课外读物。1948年，根据边区儿童需要，辛安亭借鉴传统《三字经》的编写形式，编了一本《新三字经》，内容包括儿童必要的思想品德与生活知识，发行后很受欢迎。这本《新三字经》小册子有10个部分，内容丰富、体系完备、通俗实用。其中，开头一段是这样的：

好儿童，在家中，帮大人，做事情。
腿又快，手又勤，眼又尖，心又灵。
也抬水，也扫地，也烧水，也喂鸡。
妹妹哭，抱妹妹，弟弟闹，照弟弟。

《延安时代新文化出版史》（常紫钟、林理明主编，陕西人民出版社2001年版）这样评价说：这一段，仅用了四十八个字，就把儿童在家里应该帮大人干的活，用浅显的语言集中地概括出来，不仅容易懂，而且可以照着做。由于它虽用了三字句的韵语，但未受其拘束，篇幅简短，语句精炼，深入浅出，通俗易懂，所以广泛流传，深受全国欢迎。全国解放后，改名为《儿童三字经》，先后有好几家出版社出版过，印发全国。（本文资料主要出自该书，不另外注释。）

出生寒微的辛安亭从北大历史系毕业，当过数年师范学校教师。1938年初，他毅然奔赴延安参加了革命。他先在陕北公学学习，1939年7月被分配到陕甘宁边区教育厅教材编审科工作。当时边区学校沿用的还是国统区的课本，不仅知识陈旧，而且充满了封建落后思想，不适合根据地教育教学需要。为了适应抗日的形势和边区的实际，边区政府认为教材落后的状况必须改变。这个任务历史地落在了辛安亭等人头上，他接到编写教材的任务后，充分发挥自己的优势，精心编写，反复打磨，推出了系列教科书和配套读物。1938年到1949年长达11年间，辛安亭最主要的工作就是编写教材，先后编写出了一大批教科书和通俗读物。除了《新三字经》，他编的《边区民众读本》《干部文化课本》《农村应用文》《日用杂志》《知识课本》等，都是广受欢迎的优秀通俗读物。在陕甘宁边区，辛安亭那时候知名度非常高，以至于人们说“政府的林主席，编书的辛安亭”。“林主席”是指延安“五老”之一的林伯渠。辛安亭编书有功，曾被评选为教育模范工作者，得过甲等奖。

辛安亭亲自编写的另外一本《抗日三字经》也很有特点，流传甚广。这里我们截取该三字经通俗讲解毛泽东主席《论持久战》基本观点的部分文字：

毛主席 真英明 讲政治 论战争
想得到 说得通 句句话 有证明
中国大 出产丰 多人口 多士兵
日本小 出产穷 人口少 少士兵
我抗战 是进步 全世界 多帮助
敌侵略 是野蛮 求帮助 难上难
看事实 论道理 打到底 我胜利
讲缺点 我也有 论文化 我落后
飞机少 大炮旧 枪不足 弹不够
我落后 多困难 要胜利 持久战
持久战 三阶段 求进步 克困难
一阶段 敌进攻 抢我地 夺我城
我中国 大觉醒 兵和民 齐斗争
二阶段 相持中 敌想进 无力攻
我中国 大振兴 又建设 又练兵
三阶段 我反攻 好消息 天天听
收失地 除奸凶 驱日寇 回东京

那个时候，即便是成年人，无论战士还是工农群众，抑或是一般市民，普遍文化程度偏低，识字率也还整体不高。作者用这种接地气、有趣味、听得懂的三字经来阐述《论持久战》之精要，无疑是很有必要、也很有意义的。辛安亭主持编写的《识字课本》浅近通俗，尤其注意联系日常生活实际，与上述《抗日三字经》有异曲同工之妙。且看两篇课文：

《识字好》

识字好，识字妙，识字能够看钱票，
记账立约写对联，样样事情都会搞。
识字还能看书报，天下大事也知道。

《山药蛋》

山药蛋，好东西，三斤能顶一斤米。
一亩能挖一千三，折合小米三石几。
当饭吃，省小米，当菜吃，也可以。

这种编法，适应边区农村老百姓的特点，篇幅较小但内容丰富，联系乡村实际又生动活泼，生字略多不强求重复，尤其注重“动之以情，晓之以理”，让学习者在理解中记忆，在诵读中理解。可以看出，当年的红都延安、各地抗日根据地不仅高度重视“枪杆子”，也丝毫不放松“笔杆子”，新闻出版、文化教育都有许多很好的经验值得总结，值得后人借鉴学习。

2021年3月21日

【附注】

此文微信公众号“出版六家”2021年5月11日推送。

毛泽东为新华书店三次题写招牌

我们党历来高度重视“两杆子”。那就是“枪杆子”和“笔杆子”，在某些特殊阶段、特定范围内“笔杆子”甚至比“枪杆子”发挥了更重要的作用。图书和报刊的编辑、出版和发行，无疑是属于“笔杆子”范围的事。工农红军经过二万五千里长征胜利到达陕北后，全党全军在党中央的领导下，各项工作很快得到恢复和发展。党的出版发行事业自然也不例外。1937年1月，党中央从保安（今志丹县）迁址延安。从此，延安成为中国人民革命斗争的指导中心和总后方，成为全国政治、文化、经济的一个重要地区。在这里，党领导的红色出版事业也得以更加顺利地展开。

也就在这个时候，党中央决定成立中央党报委员会，由张闻天、秦邦宪、周恩来、何克全等人组成，廖承志任秘书长具体负责，后来由徐冰主持日常工作。这个委员会下设有出版发行科、材料研究科等，还有一家拥有40多名工人的印刷厂。当时的出版发行科，具体承担革命书刊的出版发行工作。延安那个时候各方面条件都很差，印刷的生产能力、工艺水平都比较低。在极为艰难困苦的环境下，1937年4月24日出版了党的机关理论刊物《解放》周刊。在创刊号上，第一次公开用“新华书局”（同年10月，才统一为新华书店）名义向外发行。从这天起，新华书店就算在延安正式诞生了（也有人把新华书店正式成立的时间定为1939年）。起初，中央党报委员会驻在延安北门外。到7月抗战全面爆发后，为防备日寇飞机轰炸，搬到了清凉山。清凉山万佛洞的几个石窑洞靠近延河东侧，在走向主洞的石阶最低层有一个小石窑，就成了发行科的办公室兼新华书店门市部。朱德总司令对发行工作很关心，曾几次利用晚上休息时间，走进发行科的宿舍，和同志们聊天，了解情况，使大家很受鼓舞。

书籍和报刊的出版，用什么名称对外发行，当时还没有一个统一的规定。一般情况下，中央党报委员会等部门编译的马恩列斯著作及相关书刊，用“解放社”名义；社会科学读物用“新华书局”或“新华书店”名义出版、发行或总经售。此时，新华书局、新华书店混用，名称尚未统一起来，在《解放》周刊20期以前的刊物和一些出版物上，通常标“新华书局”，有时也标“新华书店”。从周刊的第21期（也有人说是第18期）起，封面设计趋于规范，“新华书局”不再使用，一律标写为“新华书店”。此后，直到1941年8月终刊（第134期），《解放》周刊上每期都印着“发行者，新华书店”字样。1938年元月以后出版的多卷本《列宁选集》、毛泽东著作以及《抗战丛书》等，发行者也均用新华书店的名义。查阅相关资料我们注意到，新中国成立之前的新华书店并非单纯的发行机构；它实际上是一个集编辑、印刷、发行于一体的综合性出版机构，它策划、组织编写和出版的著作数量不小。

我们今天随处可见的“新华书店”几个遒劲有力的大字，原来就是毛泽东主席在新中国成立前所题写。说起来，毛泽东为新华书店题写店名还不止一次，而应该有三次。据老新华人回忆，第一次是在1939年，第二次为1946年，第三次则在1948年。

1939年6月，党中央为了进一步加强出版发行工作，在延安成立了中央发行部，加大出版发行工作的力度。当时，调集了王世新、卜明、周保昌、孙勤学等筹建北门新华书店门市部。门市部正式开张是9月1日，中央领导张闻天、朱德等同志亲临现场，中宣部、文化界的同志及各界人士也来了不少；边区政府领导、部队官兵，还有一些当地群众也都前来祝贺。毛泽东得知新华书店新门市部开业的消息后，非常高兴地说：“好呀！这是人民群众政治生活中的一件大事，是党的大事，国家的大事。”随即挥毫题写了“新华书店”几个大字，并派秘书柴沫送到书店。大家真是喜出望外，立马把这个招牌挂在了大门上。

1946年1月，中央出版局并入中央宣传部。下设专门的发行科，对外使用新华书店总店的名义。当时是许之祯任科长，张仲实为副科长。年初，许之祯向毛泽东汇报出版发行工作情况后，请主席为总店题写店名。毛泽东二话没说，十分高兴地再次用毛笔为新华书店题写了“新华书店总店”六个大字。书店的同志们深为感动，把毛泽东的这次题字刻制成公章，使收到新华书店总店函件的人们，都能分享到主席的关怀之情。

1948年，是中国命运转折的大决战关键时期。就在全国解放前夕，运筹帷幄、日理万机的毛泽东对出版发行工作依然给予了高度关注，对新华人给予了无微不至的关怀。这年的12月，在党中央驻地——河北省平山县的西柏坡，毛泽东第三次为新华书店题写了店名，这无疑给了出版发行工作者极大的支持和鼓舞。从此，全国各地都用毛泽东在西柏坡的题字作为新华书店的店招了。这几个大字一直沿用至今，早已深深印入了人们的脑海。

【主要参考文献】

[1] 郑士德主编：《新华书店五十春秋（1937—1987）》，新华书店总店1987年版。

[2] 赵生明编著：《新华书店诞生在延安》，华岳文艺出版社1989年版。

[3] 常紫钟、林理明主编：《延安时代新文化出版史》，陕西人民出版社2001年版。

[4] 苏若望主编：《万众瞩目清凉山》（延安时期新闻出版文史资料　第一辑），延安清凉山新闻出版革命纪念馆内部编印，1986年版。

[5] 赵晓恩：《延安出版的光辉》，中国书籍出版社2002年版。

2021年4月11日

【附注】

此文微信公众号“出版六家”2021年4月13日推送。网友祝洁留言：“毛主席也三次题写了新华日报的标题。”

《资本论》的广告登上了国民党的《中央日报》

黄洛峰（1909—1980）是中国共产党的优秀党员、革命文化出版事业的开拓者和奠基人、著名出版家、三联书店主要创始人、新华书店发行网重要组建者。在抗战时期，他有“大后方进步出版的领头雁”之称。《资本论》的出版是黄洛峰对革命出版事业的一个重大贡献，而《资本论》的广告宣传更是中国现代书籍广告的一段传奇。

读书生活出版社在建立之初，就曾制订了出版方针和出版计划。这个出版计划最引人注目的是《马克思恩格斯全集》，而列在首位的是革命领袖的经典著作《资本论》。经过艰苦的工作，1938年8月，《资本论》第一卷在上海出版，不久，第二、三两卷也相继刊行。这部二百多万字的鸿篇巨制，每卷都是黄色中间套红的封皮，在封皮的上面写着闪光耀眼的“资本论”三个大字，下面印着“卡尔・马克思著，郭大力、王亚南译”。为了这部著作的翻译出版，黄洛峰倾注了全部的心血。从译文、出版、印制、运输、发行，一直到达读者之手，黄洛峰都给予高度关注，许多环节亲自操作。

配合《资本论》，黄洛峰还领导读书出版社推出了众多马克思主义著作，其中有《剩余价值学说史》《恩格斯论〈资本论〉》《资本论通讯集》《资本论的文学构造》《怎样研究资本论》《卡尔・马克思》《恩格斯传》《马恩科学的文学论》《唯物论与经验批判论》《社会主义与战争》《民族问题大纲》《列宁论战争》《列宁传》《辩证唯物主义与历史唯物主义基本问题》《论一元论历史观之发展》《辩证法唯物论辞典》等。这些著作的出版，对于宣传马克思主义发挥了重要作用。

《资本论》1938年初版时印刷了2000套，在运往重庆途中遭遇战火，损失殆尽；随后加印1000套运至桂林和重庆，很快就销售一空。抗战胜利后，黄洛峰准备将《资本论》修订再版。此时，内战的炮火已经点燃，国共两党的矛盾势若水火。黄洛峰认为“你打你的，我打我的”，也适用于出版领域。他考虑的是，如何使再版的《资本论》宣传好、发行好。于是，他和范用精心制作了发售预约的图书广告。其全文如下：

读书出版社发行世界名著

资本论

卡尔·马克斯原著，郭大力、王亚南合译

是人类思想的光辉的结晶

是政治经济学不朽的宝典

资本论的产生，正象一个新社会的产生一样，它的一切经过，都是斗争的，革命的，它虽然受到一部分人的嫉恨，但也受到更多人们的欢迎和拥护。它的理论是象钢铁那样紧密，利刃那样锋锐，它的内容是象海洋那样深渊宏富，它的文章又是那样健全，美丽，动人。译笔极严谨忠实，而又熟练流畅，早有好评赞誉。本书于廿七（1938）年初版，瞬即售罄，颇多向隅，迭接读者来信，建议再版，终因战时种种条件所限，未能如愿，今兹勉印出版，以应需要，用答读者之盛意。

全书三大卷，两百余万言，唯一的全译本，精印三巨册；用布面精装。

发售预约

（一）三月底出书。预约价每部国币85000元，定价因成本飞涨，俟出书后另订之。

（二）预售期本年2月15日起。本埠2月底截止（邮戳为凭）。满额500部得随时提前截止。

（三）外埠一律挂号寄递，邮费另收（京沪杭沿江沿海各埠收费2000元，西南西北各省收8000元，香港南洋各地收5000元，航空另加15000元）多退少补。

（四）　同业预约三部以上，九五折优待。

重庆预约处：三联分店（民生路）

特约代办处：联营书店（林森路）

这幅广告在重庆《新华日报》1947年2月20日、2月26日两次均以显著位置刊出。因《新华日报》是我党的重要宣传阵地，《资本论》在上面刊登广告当然是顺理成章的。但让人们没有想到的是，这幅广告竟然会出现在国民党的中央机关报《中央日报》上，而且登在2月20日的头版报名旁边最显著的位置。有心人会将重庆出版的《新华日报》和南京出版的《中央日报》进行对比，都是在同一天，都是把马克思的《资本论》，以头版最显著位置向读者推荐。这在形同水火的两家报纸历史上，是绝无仅有的一次。其实，这是黄洛峰利用国民党新闻出版检查人员只注意广告的商业性质，有时候忽视对内容的审核把关所进行的巧妙斗争。当年亲自经手其事的范用在《石头城里宣传马克思主义》一文回忆说：

抗战时期，读书出版社由上海迁往武汉，又撤退到重庆。沙坪坝有家书店，老板陈汝言常来进货，成为读书出版社的好朋友。……抗战胜利后，陈汝言回到南京开办正风图书公司，并在上海设立办事处；除卖书，还兼营出版。一次他到上海读书出版社进货，正好《资本论》重印出版，向读者发售预订，出版社就和陈汝言商量，请正风图书公司担任南京特约发售预订处，陈汝言同意。读书出版社又和他商量，在南京报纸上刊登广告。这是一个难题，《中央日报》是受国民党中央宣传部控制的，谈何容易。

陈汝言和读书出版社一向相处甚好，彼此信任，他毅然接受这一托付。读书出版社经理黄洛峰告诉他，广告属于商业性质，国民党检查官一般不会注意广告。并同他研究如何减少环节，可以先把广告排好，打一张纸型，到报社先定好广告位置，凌晨三时左右临开印前把纸型送去，赶上浇版开印。

一切就是按照黄洛峰的计划进行，终于水到渠成。范用设计好广告稿，陈汝言带回南京打好纸型。最后黄洛峰交给陈汝言六十万元法币作为广告费用。这则重要书籍广告刊出的当天下午，蒋介石看到《中央日报》竟然登出宣传马克思主义经典著作的大幅书籍广告，勃然大怒，立即下令收回这一天的报纸，并要严令追查。当时的著名反共报纸《救国日报》发表社论，题为《中央日报竟为共党张目》，承认“在国民党的声誉方面和心理方面，招致了不可弥补的损失”，要国民党中宣部长引咎辞职。

此时，国民党胡宗南部队正疯狂向陕甘宁边区进攻，五路大军逼近延安。反对内战的人们看到关于《资本论》的宣传广告，无不欢欣鼓舞。出版业中有人戏拟一联：

黄洛峰绝妙设计，石头城一弹中的。

胡宗南大军压境，陕甘宁四面扑空。

【主要参考文献】

［1］马仲扬、苏克尘编著：《出版家黄洛峰》，光明日报出版社1991年版。

［2］范用编：《战斗在白区——读书出版社（1934—1948）》，生活·读书·新知三联书店2001年版。

［3］范用编：《爱看书的广告》，生活·读书·新知三联书店2004年版。

2021年3月22日

【附注】

此文微信公众号“出版六家”2021年4月4日推送。

书刊“赠送不要太多”

新中国建立初期，1951年2月21日通过的《管理书刊出版业印刷业发行业暂行条例》提出：每种书刊出版后，应向各级出版行政机关及国立图书馆送缴样本。按此规定，后来送缴样本图书的规模越来越大，1978年4月，国家有关部门提出压缩赠送书刊的建议，但效果不明显。针对上述情况，胡耀邦在1979年3月15日《诗刊》召开的诗歌创作座谈会上的讲话中提到《诗刊》印数时，他说：

五十万份如果少了一点，就增加一点。我主张赠送不要太多。赠书太多，第一是妨碍了经济核算；第二是收买人心。我们党委当官的，东西看不完，搞得干部子女拿这个报，那个刊物干坏事。今天报刊的出版部门的同志都来了吧？我的意见今后都要注意这个问题，把赠送赠阅减低到最低限度。赠阅也是一种不平等，是一种走后门。要使刊物多送到群众中去，在群众中生根去。在我们老爷们头上生不了根。（袁亮：《胡耀邦同志关心出版改革发展纪事》，《出版史料》2011年第2期）

引起胡耀邦重视的另一件事是中央办公厅信访处1979年10月收到上海一名共产党员给胡耀邦的一封信，信中对上海辞海编辑部向党中央、国务院及各部门的首长，每人送一套《辞海》（3册，50多元）提出批评，并建议胡耀邦收到他们送的《辞海》后，最好把书款汇去。信访处将信转胡耀邦，他看后很重视，于当年10月20日、27日两次批示，肯定了信中提出的意见，并表示按照自己收到那套辞海的定价，将55元汇去。根据胡耀邦批示的精神，中央宣传部作出了关于出版社、杂志社自负盈亏，不准用公款给个人订购书刊报纸的通知。从此，在一定程度上遏止了赠书过多过滥的情况。

这两件小事见于《出版史料》2011年第2期上的一篇文章——《胡耀邦同志关心出版改革发展纪事》。作者袁亮曾在中央机关工作多年，后任国家新闻出版署直属的中国出版科学研究所所长。这里记载的在今天看来是小而又小的事情，但是以小可以见大，细节见证品质，我们从中还是可以看出老一辈无产阶级革命家胡耀邦同志实事求是的精神、亲民务实的作风和廉洁自律的品格。关于书刊赠阅，记得另外一个高层老领导在20世纪80年代也有过批示，大意是不要向外国大量地慷慨赠阅我们的书刊，尤其是政治性强、意识形态色彩浓的出版物。因为不计成本、不惜代价地这么做，可能不仅没有正面的积极效果，反而还有很大的负面作用。当然，时代不同了，各方面情况也会有些变化。但实事求是的精神不能变，尊重文化交流规律的金玉良言不能忘。至于国内订阅报刊，上级相关党政部门曾经三令五申，一再强调不许用公款进行个人订阅，但时至今日这个问题似乎仍存在。

2021年6月15日

【附注】

此文微信公众号“出版六家”2021年7月3日推送。

“这件事用不着再大肆翻腾”

提起20世纪80年代“潘晓”这个名字，年纪稍大的人都还记忆犹新。当年“女青年潘晓”的人生困惑以及因一封“读者来信”引发的大讨论，不仅载入了当代青年报刊发展史册，也成为中国新闻传播史的经典案例。其实，“潘晓”并不是某个特定人的真名，经历也不是某一个真人的亲身经历，刊物所载“来信”也并非读者自发的“群众来信”，信中所表达的迷茫、彷徨和苦闷更是在一代青年中具有代表性的思想情绪和时代话题。说起这段往事，还与时任中共中央总书记胡耀邦同志有点关联呢。我们标题上的“这件事用不着再大肆翻腾”就是他针对相关问题所作批示中的原话。

1980年初以后，《中国青年》杂志编辑部陆续收到了很多来信，一些年轻人纷纷诉说自己的人生苦恼，于是该杂志酝酿在广大青年中发起一场人生观的讨论。具体负责这一工作的编辑马丽珍和马笑冬深入北京的机关、学校、商店、工厂，召开了多次座谈会。其中一次座谈会，邀请了一些大学毕业生、在校生、工人、回城知青等参加。正在三里河工人俱乐部文学培训班学习的黄晓菊被俱乐部推荐给编辑部（黄的具体工作单位是北京第五羊毛衫厂），作为街道工厂的工人代表作了发言。另一个引起编辑部兴趣的是大学生潘祎。一个大姑娘、一个小伙子，一个是普通女工、一个是在读大学生，从性别上、职业上也是一种平衡或兼顾。所谓“潘晓来信”的形成经过原来是这样的：

2002年凤凰卫视的一期《鲁豫有约》采访了当年讨论的主人公潘祎和黄晓菊。潘祎当年是北京经济学院（今首都经贸大学）的大学生，北京人，寄居在亲戚家中，困窘的生活、与想象不同的大学校园，都使他迷惘。曾自杀的他，在杂志社来大学开座谈会的时候，无顾忌地谈了一些真实的牢骚。黄晓菊是某街道工厂的工人，曾失恋，也是生活的不幸使她在座谈中讲了一些遭遇。《中国青年》当时正想搞一个讨论，但苦于没有由头，于是下基层去召开座谈会，并让参与座谈者都写份文字材料。潘和黄都被看中，他们的经历合而编之，以“潘晓”的名字出现在杂志上，引发了这场著名的讨论。（陈彤旭：《二十世纪青年报刊史》，新华出版社2014年版）

据进一步查询资料了解到，潘祎、黄晓菊各自家庭情况的复杂、个人身体的疾病、命运的坎坷、精神的困扰等，远比上面说的复杂。按说都是二十出头的年轻人，正是风华正茂的人生大好时节，但生活对他们并非多么美好，未来也并不都是充满无限希望。《中国青年》编辑部觉得他们的遭遇和思想情绪在广大青年中确实很有典型性和代表性。因此，编辑通过仔细审阅和分析了他们写的文字材料，觉得可以经过再创造后好好运用。黄晓菊爱好文学，她的材料用长诗的形式写就。最后见刊的那封经过编辑重新创作的“来信”，许多内容都取自黄晓菊的稿子，里面也糅进不少潘祎的原话。

1980年5月1日，《中国青年》杂志刊登了这封题目为《人生的路呵，怎么越走越窄……》的“潘晓来信”，诉说了一位青年对生活满怀憧憬，却在实际中却屡屡遭受打击的人生际遇。真可谓“一石激起千层浪”，该信很快引发了“人为什么要活着”的人生观大讨论，持续半年之久，轰动全国上下。其中，信里面“主观为自己，客观为别人”等观点引发了热烈争论，大家各抒己见，众说纷纭。这一事件后来被称为“整整一代中国青年的精神初恋”。

《中国青年》策划组织的这场人生观大讨论，从1980年初开始至1981年6月刊物第6期止，编辑部总共收到来稿来信6万余件。先后分7期在刊物上发表相关文章100多篇，约18万字，引起了全社会广泛关注。讨论期间刊物由原来的每期发行325万份上升到近400万份。对这场大讨论人们虽有不同看法，但总体看导向是正确的，效果是良好的，影响是积极的。正如有人说的，这场讨论“是一场真正的思想解放运动”。

但事情的发展并不像人们想象的那么和谐美好，结果也不尽如人意。80年代初，改革开放春风吹来，但经过十年动乱，乍暖还寒，“左”的错误并未彻底肃清，传统的保守观念市场依旧不小。据凤凰卫视《鲁豫有约》节目介绍，当年潘祎的学校承受舆论的巨大压力，加上其他原因，潘不得不中途退学，他一度流浪街头，无所归依。接受陈鲁豫访谈时他还说，直到40岁依然因为当年没有得到大学文凭付出代价而深感遗憾。

岁月不居，时移世易，但总有些抱残守缺之人，思想僵化之人，甚至别有用心之人，只要有了适宜的气候，就会沉渣泛起，跑出来兴风作浪，肆无忌惮对他人抓辫子、扣帽子、打棍子。这样的遭遇《中国青年》不幸遇到了。1983年12月，距“潘晓讨论”近三年以后，中部地区的某高校党委煞有介事地向胡耀邦同志和有关部门送上一份材料——《〈中国青年〉〈中国青年报〉关于人生意义讨论散布大量错误观点必须澄清》，信中称：“……这场讨论散布了大量的错误观点和违背四项基本原则的言论，对青年是严重的精神污染。”最后建议在这次“清理精神污染中，必须对两青年报刊……认真进行清理”。“两青年报刊”，自然一个是《中国青年报》，一个是《中国青年》。胡耀邦阅览来信后，在这个材料上批示说：“……这件事用不着再大肆翻腾，注意一下就可以了。”（魏宏远主编：《国史纪事本末（1949—1999）第六卷　改革开放时期（上）》，辽宁人民出版社2019年版）面对明显带有“秋后算账”意味的所谓“建议”，胡耀邦同志心明眼亮，是非分明，用举重若轻的方式，使矛盾得以化解。所用“翻腾”应是指“翻旧账”“瞎折腾”，暗藏针砭之意。这样，《中国青年》编辑部的同志逃过了一劫。几年以后，《中国青年》的“潘晓讨论”在媒体上进一步得到公正的评价和一致的赞扬。

胡耀邦同志对告状信的处理看似风轻云淡，实则是高瞻远瞩、深思熟虑的几句话，化解了一场风险。这和他一贯重视出版文化工作，重视对出版工作的宽容与保护，始终坚持实事求是、解放思想是密不可分的。也和他有一颗善良的、明辨是非的心是紧密相连的。他对历次政治运动中极左路线和行为洞若观火，而对运动中无端（或可能会）受到打击的干部群众，总是满怀热忱地采取各种办法加以保护。据盛禹九回忆，胡耀邦同志曾说过如下的话：“……无产阶级并不是只讲革命，只讲斗争；也讲爱心，讲人情味，讲对同志、对广大人民群众的尊重、关怀和爱护。只有这样，我们的社会主义才是可爱的，人们才能从中感受到更多的欢乐和温暖。”（盛禹九：《胡耀邦和〈中国青年〉》，载于《同舟共进》2015年第11期。）他所说的“无产阶级人道主义”“社会主义人道主义”，其实正是他行动的思想基础。

粉碎“四人帮”后，胡耀邦同志的工作岗位多次变化，在党内担负的责任越来越重。他虽然日理万机，但始终关注舆论宣传，重视新闻出版，并身体力行为出版人出主意想办法，办实事解疑难。1980年2月9日，他亲自出席中国版协茶话会并发表热情洋溢的讲话，要求出版界提高出版物质量，多出书，出好书。1983年6月，正是在胡耀邦同志担任总书记期间，中共中央、国务院发出《关于加强出版工作的决定》。这是中华人民共和国成立以后唯一的由党中央、国务院联合作出的关于出版工作的重要决定，成为新时期指导出版工作的纲领性文件。这年8月12日、26日，根据胡耀邦同志8月7日的批示精神，中宣部召开有关出版单位会议，讨论改进和加强政治理论书籍、知识书籍的出版、印刷和发行工作等问题。

写作此文时，正是细雨纷纷的清明时间。我情不自禁地想到满妹在《思念依然无尽——回忆父亲胡耀邦》说的：“……他时常活跃在报纸这块重要的舆论阵地。父亲也算得上是半个办报人。”其实，胡耀邦同志对书、报、刊，对整个出版事业都高度重视，倾注了许多心血。“文革”前在团中央主政的十多年，他不仅担任过1953年新组合的中国青年出版社董事长，而且对团报——《中国青年报》和团刊——《中国青年》给予了高度重视和大力支持。改革开放初期他主持创办《理论动态》，对于打破禁区、解放思想、开拓新局居功甚伟。他对编辑出版人的关心，对编辑出版机构的爱护让人难以忘怀。今天，人们更加缅怀“胸怀在蓝天，深情藏沃土”的“好大一棵树”，想念那棵“参天大树”绿叶中留下的许许多多感人故事。

【主要参考文献】

[1] 邢方群：《胡耀邦同志对〈中国青年〉的领导》，载于《新闻研究资料》1983年第5期。

［2］彭明榜：《胡耀邦三保〈中国青年〉》，载于《党史纵横》2006年第3期。

［3］袁亮：《胡耀邦同志关心出版改革发展纪事》，载于《出版史料》2011年第2期。

［4］王蒙：《与时俱进重全局　求真务实办报刊——学习胡耀邦报刊编辑思想》，载于《出版史料》2011年第2期。

［5］孙兴盛：《胡耀邦与〈中国青年〉》，载于《百年潮》2012年第7期。

［6］陈彤旭：《二十世纪青年报刊史》，新华出版社2014年版。

［7］盛禹九：《胡耀邦和〈中国青年〉》，载于《同舟共进》2015年第11期。

［8］郭海霞：《昔日人生观大讨论主角“潘晓”的人生之路》，载于《纵横》2019年第1期。

2021年4月5日初稿，4月6日改定

【附注】

此文微信公众号“出版六家”2021年4月10日推送。此文推送后引起朋友们的共鸣，反响热烈。

《中国出版家　周振甫》后记

为周振甫先生作传，在我意料之外，似乎也在情理之中。大概还是在五六年前，人民出版社启动“中国出版家丛书”项目时，我和吴兄永贵等一拨治出版史的同仁一道参与论证，并推荐了多位作者。因为当时杂务缠身，头绪繁多，没敢承接相关任务。答应加盟丛书作者队伍，自己动手写一本出版家传记，还是在三年多前我离开出版社管理岗位以后。相对单纯的新工作，使我有较充裕的时间和更充沛的精力来搜集资料、撰写新作。在得知“榜上有名”的周振甫还无人“认领”的情况下，我选择将其作为这本出版家评传的传主。也许是冥冥之中周振甫在“等着”我。从出版家传记写作角度看，周振甫于我是一个既熟悉又陌生、既简单又复杂的人选。

20世纪80年代初在大学中文系念书时，开始接触周振甫的著作，翻阅过他的若干文章。本科毕业接着读研究生，专业是古代文论，也称中国文学批评史。这期间，购买和阅读了周振甫更多的书籍，他那朴实无华的文风、深入浅出的讲解、史论结合的路径，无不授人以渔，让青年学子在学习知识的基础上得到更多读书治学的启示。我一直以为周振甫是专业的文史专家，或大学教授，直到很晚才知道他原来是一个地地道道的职业编辑，且终生服务于几大出版机构。从民国时期的开明书店，到新中国成立后的中国青年出版社，再到中华书局，周振甫在编辑岗位默默奉献了60多年，包括退休之后，仍在为出版事业发热发光、贡献余力。真可谓“春蚕到死丝方尽，蜡炬成灰泪始干”。

作为一代名编辑的周振甫，前些年开始“走红”。但说来说去，总不外是他和钱锺书因《谈艺录》《管锥编》而结下的编辑与作者之深厚友情。这固然是一段可圈可点的文坛“佳话”，但炒来炒去早成“剩饭”，甚至已是“锅巴”了。显然，对于作为出版家的周振甫人们知之甚少，了解极不充分。严格来说，周振甫是一个编辑家，说是出版家只能是较为宽泛意义上的。在旧时代，他不曾当过书店老板；在新社会，又没有担任出版社任何领导。从20世纪30年代初期入职开明，到80年代后期从中华正式退休，周振甫连编辑室主任、副主任这样的“绿豆芝麻官”都没有当过。“中国出版家”这套大型丛书入选名单中，他可能是唯一无官无爵的“布衣”大家，绝无仅有。不像其他担任过重要职务的出版人，出版机构的重大项目、编辑部门的总体业绩，甚至小小编辑室的工作亮点，都很难直接与周振甫挂起钩来。因此，写周振甫不能上挂下联，无法左右逢源，只能紧紧围绕他个人的业务工作和学术活动来展开。

周振甫无疑是中国现代编辑家中的一个“特殊范本”，是所有出版家中的一个“特别典型”，写好他显然也就具有“特殊”的价值和“特别”的意义。早些年，有人写过一篇文章，叫《张元济不可追》。我想，周振甫或可学，当然学到位也不那么容易。给著名人物作传，很重要的一点是进行价值判断和历史定位。周振甫的独特价值何在？历史定位又该是怎样的？通过阅读史料，翻检史书，与他人比较，我觉得这样评价周振甫或许较好：学者型编辑的一代“典范”，共和国编辑界的“大国工匠”，文史普及的“文化大家”。因为是写作“中国出版家”，我们把重心放在了前两个方面。为了更直观、具体、完整地体现周振甫的上述特点，本书的“附录”专门增加了《周振甫著作系年》。

这部书稿是我和学生曾建辉通力合作的结晶。建辉是我的博士、广西师范大学副教授，年富力强，思维敏捷，功力较好，且笔头来得快。2018年初他博士论文写就并已进行了适当修改后，便忙里偷闲，着手周振甫传记初稿的写作。在我们充分商议的基础上，他对已搜罗的材料进行爬梳，很快搭建起书稿框架，一口气完成了上十万字的文稿。我略改后又转给他进一步打磨修订，改好后返回我这里，再次小修。经过几个来回，虽已可“交差”，但总觉还不够丰满厚实，史料发掘仍有空间，也没能充分地展现一代大编辑家的精神风貌和文化贡献。一个新的契机，让我有时间沉下心来更加仔细打磨书稿，反复修改完善。从2020年1月下旬（1月23日开始武汉因新冠肺炎疫情封控）到4月中旬，我花费了近三个月的时间对书稿进行了“再修改”“再创作”，调整部分章节，大量增添资料，补充案例，进一步锤炼文字，提炼观点，到最后新撰写的部分也已超过十万字。幸亏有互联网，有数据库，使得我和建辉在史料深挖、材料核实、观点沟通等方面达到了信息畅通无阻，交流及时而充分。

2020年4月8日，武汉解除封控。在那70多个极为困难的日子里，我和妻子相依相守，共克时艰。远在欧洲的女儿“命令”我们，必须每天隔洋报告平安，且反复交代“不得出门”，千万千万注意安全。我做到一“宅”到底不难，但孩子她妈由于职责所系和工作需要，还不时得到抗疫第一线，到极危险的地方去排忧解难。这时候，对于什么叫“患难与共”，什么是“相濡以沫”，自然有了更深切的感受和体验。后来，国内疫情明显好转，欧美及国外其他地区疫情反倒日趋严重，女儿又成了我们每时每刻的牵挂。也正是在这期间，我觉得除了日常的柴米油盐、读书写作，还应该留下一点更值得记忆的东西。完成手头这部列入国家出版基金项目的周振甫传记，不正好是较为有分量的一件事么！往后家人团聚，朋友叙谈，当人们忆及庚子年曾经的艰难时刻，周振甫传记或许是我值得一说的话题。

作为国内第一部周振甫传记，可资借鉴和参考的文献确实很少。散见各处的民国书刊，尘封已久的出版档案，还有五花八门的私人书信、日记等，皆含有一些有价值的资料，需要花气力搜集整理、分析研究，这也很需要出版文化界朋友的鼎力相助。在传记酝酿准备和正式写作过程中，我们有幸得到了老开明书店年近九旬的王久安先生，中华书局八十多岁的冀勤老人热情的支持。中青社、中华书局的新老领导胡守文、程绍沛、邵益文、陈章乐、徐俊、顾青诸君，以多种形式、多种渠道给我提供了极重要的帮助。两社的编辑同仁李滢、丁肇锋、王贵彬、张玉亮、吴稼南几位，或提供资料线索，或查阅并复印书稿档案，或联络相关事宜，无不尽心尽力。学界刘桂秋、邱雪松、阙星文等旧雨新知，也对该书的写作给予了专业的支持。特别要感谢的是周振甫先生的女儿周佩兰女士、嫡孙周海涛兄弟。近两年来，周兄海涛与我一直保持热线联系和良好沟通，在原始资料的翻检，珍贵照片的选取，重要史实的补订，乃至书稿遣词用字、布局谋篇、观点斟酌等方面，他均给予了十分宝贵的帮助。从初稿，到二稿，到最后定稿，海涛兄每次都认真通读，细致校阅，精心修改，不仅使书稿减少了一些疏漏和错误，而且使资料更丰富、评述更准确、内容更完善。人民出版社贺畅主任、卓然女士、周颖女士作为书稿的“助产士”，一直以来催促、关注着我们工作的每一步进展，千方百计给予帮助。可以说，没有学界、业界和周振甫先生后人的倾情相助，本书的刊行难以如此顺利，图书的质量成色也会大打折扣。

转眼间已是7月中旬。今年这个庚子之年注定是一个不平凡的年份，上半年新冠疫情肆虐，下半年特大洪水泛滥。《中国出版家　周振甫》在这个不平凡的年份得以完成，带给我们不大不小的喜悦。面对重重困难和挑战，“战时”须当平时看，疫情期间不懈怠。以此为新的起点，编纂结集周振甫编辑出版论著，进一步加强其学术思想和文化成就的研究，也还大有可为。倘若有可能，我和建辉博士将在周振甫研究这个园地里深入开掘，相信也会有新的收获。我们期待这部周振甫的评传能得到读者和方家批评指正，若有再版机会定当修改完善。

2020年7月12日

【附注】

《中国出版家　周振甫》，范军、曾建辉著，人民出版社2021年8月出版。此书为“中国出版家丛书”之一种，系国家出版基金项目成果。该书出版后得到出版业界和学界认可，已有多篇书评见诸报刊和网络。

《中国近现代出版企业制度研究》后记

正是烈日炎炎、昼长夜短的盛夏时节，利用暑假的空闲编订好这本研究我国近现代出版企业制度的文集。承蒙志同道合的传媒大出版社领导厚爱，论集得以忝列国家出版基金项目“中国出版产业发展研究丛书”，由中国传媒大学出版社高规格出版，与有荣焉。

回想三四年前，我为和学生何国梅合著的《商务印书馆企业制度研究（1897—1949）》撰写“后记”是在北国的京城，末尾有这样几句话：“屋外已是寒冷的冬日，室内却洋溢着浓浓的暖意。今天是西方的感恩节。我也不妨赶一下时髦，洋为中用：借此机会，以感恩之心，为我的亲人和朋友们送上最诚挚的谢意和最美好的祝福。”今天虽离感恩节还有不短的一段日子，但我仍然要满怀感激之情，向多年来鼓励与支持我进行出版企业制度研究的同仁、师友和学生深表感谢。那本很不成熟的研究老商务书业企业制度的专著，由华中师大出版社2014年底推出后，居然得到了出版学界和业界朋友们的诸多谬赞，还获得了武汉市人民政府第十五次社会科学优秀成果一等奖。该书2016年由台湾的花木兰文化出版社引进版权，刊行了繁体字修订版，著名历史学家章开沅先生拨冗作序，关爱和鞭策有加，这让我更坚定了继续深化中国近现代出版企业制度研究的信心。

寒来暑往，春秋代序，这一千多个日日夜夜一直与出版企业制度相伴而行。我的同事、也是注册会计师沈东山副编审，博士生欧阳敏、何国梅、宋泉等，渐渐形成了学术团队，大家分工合作，相互砥砺，不断推出书业企业制度史方面的新成果。我所在大学社科处何静处长，李华忠、刘中兴、吴海涛副处长等积极扶持中国近现代出版企业制度的探索，连续两次将其列入教育部直属高校基本科研业务费专项资金项目。应该说，我们也算很努力了：相关论文先后刊发在《出版发行研究》、《中国出版》、《现代出版》、《中国编辑》、《出版史料》、《出版广角》、《华中师范大学学报》（人文社会科学版）、《华中学术》等重要期刊和学术辑刊上，新创办不久便在出版史学界声名鹊起的《中国出版史研究》更是特辟专栏推出我们团队的系列论文。《新华文摘》、人大复印报刊资料、《出版业》、《高等学校文科学术文摘》等二次文献刊物，也给予这些成果充分肯定和特别关注，多次摘登论点和转载全文，扩大了影响。不久前，“中国近现代出版企业制度研究”系列论文荣获湖北省人民政府第十一届社会科学优秀成果一等奖，让我们在惊喜之余，有一种更上层楼的压力与动力。

到今年春夏之交，我最后告别了出版企业，完全回归书斋，潜心学术。但差不多20年的出版企业从业经历，会让我对书业企业制度的关注和探求不离不弃。虽然手头又有了新的写作任务和研究课题，但我还将继续在出版企业制度方面积累和沉潜，力求以后有所掘进和突破。行笔至此，从桂子山巅七楼办公室放眼望去，只见远处珞珈山上空的蓝天白云若隐若现，难耐的暑热和知了的叫声被紧紧地关在了窗外。此刻我不觉想到唐代边塞诗人岑参的诗句：“残云收夏暑，新雨带秋岚。”我想这两句诗中间若各加两个字，倒是蛮切合眼下的火炉武汉：“残云何日收夏暑，新雨几时带秋岚？”

是为跋。

戊戌年盛夏于武昌

【附注】

由范军主编、欧阳敏博士副主编的《中国近现代出版企业制度研究》一书被列入国家出版基金项目，并于2020年5月由中国传媒大学出版社正式刊行。这本论集得以顺利出版，要真诚感谢出版社新老领导的全力支持和芦世玲、刘广东等诸位编辑同仁精心设计和认真编校。这篇小文系主编为该书所写的“后记”。

《中华书局企业制度研究》序言

如果说北大和清华是中国近现代教育史上的双子星，那么商务与中华无疑算得上中国近现代出版史上的双子星。也有专家将后二者比作并世而立、激烈竞争的冠军和亚军。两家历史悠久、不断进取的出版机构铸就了出版历史的丰碑，也形塑了出版文化的格局，其流风余韵影响至今。

关注企业制度对于现代出版业的重要意义，间接的因素是我本人的文化史学背景，直接的动因来自2003年开启的包括出版在内的文化体制改革。那时候谈文化，论出版，“转企改制”“现代企业制度”等成为热词。这期间，正是我从出版社总编辑转任社长不久（后来兼任董事长、企业法人代表），关心的一个重要问题就是何时“转制”，如何“改企”。2009年在《大学出版》杂志发表的《略谈大学出版社转制的几个问题》，即可为证。到了次年11月，我们出版社也搭上了转企改制的班车。在挂牌仪式上我讲了这样两段话：“2010年是我们出版社的改革元年。此前，我们的体制转换、机制调整已经在稳步推进。干部能上能下已实现多年，机构能设能撤更加贴近市场，收入能高能低我们也通过全员薪酬改革变为现实。旗下控股公司、参股公司的运作均已启动，几大对外合作项目成效明显。出版社的两个效益呈现出良好的发展态势。”“今天我们‘华中师范大学出版社有限责任公司’就要正式挂牌。增加的六个字含义深刻，意义重大。它意味着我们将彻底告别‘事业单位企业化管理’的出版模式，向着现代文化企业大步迈进。”老实说，作为一家大学出版社怎样建立现代企业制度，如何向这个方向迈进，心中并没有数。我想，一方面可以向先行一步的优秀大学出版社学习，向其他办得好、转得成功的社会出版社取经，同时还可从中国近现代出版历史中汲取智慧。这便有了从历史角度切入的现代出版企业制度整体性研究，有了关于商务印书馆、中华书局的个案剖析，有了我和包括我的同事、研究生在内的研究团队的系列成果不断推出。

与何国梅合作的《商务印书馆企业制度研究（1897—1949）》2016年的台湾花木兰版，历史学家章开沅先生在其《序言》中给了我们进一步探究出版企业制度的信心和力量。老人家写道："我常说，好校长不如好制度，因为好校长终将轮换，但好制度则必然留存。出版社也是一样，出版家并非绝无仅有，但如果没有不断更新完善，形成一套相对合理而又稳定的制度，有些出版社虽然也曾经历过自己的鼎盛春秋，但仍难免出现过早陨落。"毫无疑问，一家出版社要成为"百年老店"，出版家固然重要，而好制度才是基业长青根本的根本。

欧阳敏考取硕士研究生是2010年，正赶上我开始集中力量在"现代书业企业制度"这个领地攻坚克难。他很积极主动地加入这个团队，具体研究目标就是中华书局。三年后他随我硕博连读，依旧以现代书业企业制度为题做博士学位论文，并按时顺利毕业。其后在武汉大学信息管理学院博士后工作站研究期间，合作导师方卿教授很大气宽容地让他继续在自己熟悉和喜爱的出版史方向进行深耕。冬去春来，岁月如梭，一转眼就是十一二年过去了。勤奋踏实、不断进取的欧阳敏已由一个懵懂青涩的学生，成了日益成熟、渐趋佳境的青年学者，在出版史学界崭露头角，且显示出学术上的实力与后劲。

现在呈现在各位面前的《中华书局的企业制度研究（1912—1949）》，是欧阳敏在硕士学位论文基础上修订完善而成。当时，那本厚厚的毕业论文得到了外审专家和答辩委员比较一致的好评，后来还被评为湖北省优秀硕士学位论文。毋庸讳言，作为一本全面系统研究老中华企业制度的专著，该书无论是在史料的进一步挖掘、学理的进一步深化、现实的进一步观照等方面都还有很多工作可做。就拿当年同样作为大型民营出版企业的中华与商务比较，虽然都实行了现代企业制度，但在共性的基础上又各有个性。诚如有研究者所指出的，在对外公关上二者都重视政商关系，中华带有更浓厚的官方背景，甚至有点官督商办的色彩。从内部管理来看，商务偏重于严，中华偏重于和。而同样也是实行现代企业制度的开明书店，无疑带有更显著的“文化人办出版”的同人色彩。倘若将中华与商务、与开明等做更加深入细致的对比，无疑是很有意义的。

欧阳君正值人生的阳春三月，学术精进值得期待。就我所知，这部有关中华书局企业制度的成果是他第二本个人专著。在世风浮躁之时，倘若欧阳能够“任尔东西南北风，咬定青山不放松”，就一定能百尺竿头更进一步。

2022年3月29日

【附注】

欧阳敏著《中华书局的企业制度研究（1912—1949）》2022年4月中华书局刊行。此书是欧阳敏副研究员在硕士学位论文（曾获湖北省优秀硕士学位论文）基础上修改完善而成。

《中国近代书刊形态变迁研究》序言

去年年终岁末时，沈珉老师寄来书稿《中国近代书刊形态变迁研究》，嘱我写序。慨然允诺之后，我才发现力有不逮。虽说她的研究也可算在中国现代编辑出版史的研究范围内，但立足于符号学对现代书刊形态的审视，我虽很有兴趣，却十分陌生。拖延许久，也只能说点隔靴搔痒的话。

作者在本书中，是将书刊形态作为视觉符号来对待。按照罗兰·巴特的说法，符号是产生意义的形式。毫无疑问，中国古代的书籍形态是传达自己独特意义的，而受到西方文化冲击，近代以降中国书刊形态的赓续与变迁、特殊和多元，更是呈现出新的历史轨辙和时代面貌。作者将书刊形态视为“文化观念的有策划性的表达”，并试图在符号学框架中找到以往研究的薄弱环节，紧紧围绕“变迁”（涉及“视觉”“设计风格”“类征方式与表征”“设计理念”和“设计民族性的探索与认识”）做文章，从一个特殊的角度拓展和深化了中国近代书刊史的研究，这种尝试我认为是值得充分肯定的，也获得了成功。

在我看来，沈珉老师的探索其实也是对当下出版学研究方法论讨论的一个呼应，是对近年来中国新闻传播史、编辑出版史学术范式转换的一个具体实践。近些年来，随着中国出版史研究的逐渐成熟，我们应该关注如何在出版史研究与新出版史学的相关层面，深入探讨出版史研究在研究视角、理论思维、范式突破等方面对新出版史学建构的学术意义，其重点则是研究范式的转换问题。范式（paradigm）这一术语是20世纪60年代初期美国科学史家托马斯·库恩在《科学革命的结构》一书中提出的。他本人并没有给“范式”一个明确的界定。我们依据他对“范式”在科学革命中作用的阐释，大致可以将其理解为某一学科群体在一定时期内基本认同并在研究中加以遵循的学术基础和原则体系，它通常包括一门学科中被公认的某种理论、方法，共同的对事务的看法以及共同的世界观。具体到出版史研究，我们理解为这种研究范式是研究者进行相关研究时所共同遵循的模式与框架。它是由特有的观察角度、基本假设、概念范畴体系和研究方法等构成，它体现了研究者看待和阐释研究对象的基本方式。

按照库恩的观点，在科学发展的某一时期，总有一种主导范式，当这种主导范式不能解释的“异例”积累到一定程度时，就无法再将该范式视为理所当然，并转而寻求更具包容性的新范式，这一新范式既能解释支持旧范式的论据，又能说明用旧范式无法解释的论据，此时科学革命就发生了。范式转换是对科学进步的精辟概括，经典的例子是从古典物理学到爱因斯坦相对论的转换。中国近现代史领域的专家、新闻史学界的朋友其实早就注意到这个问题，并进行了积极探索，如复旦大学黄旦教授及其团队的新报刊（媒介）史研究。

和新闻史一样，过去的出版史研究主要是革命史的范式，还有现代化范式。近些年这一局面开始有所改变，一些中青年学者开展了大胆而有效的探索。何朝晖的《对象、问题与方法：中国古代出版史研究的范式转换》一文，回顾和梳理了中国古代出版史研究历程，分析和评估了已有的各种研究范式，进而重点探讨了社会文化史语境下中国古代出版史在研究对象、研究材料、研究角度和研究方法等方面的新突破，指出出版文化史的书写将成为未来中国古代出版史研究的重点所在。此外，杨军、王鹏飞等人也在出版文化、编辑学等领域下探究过研究范式转换问题。我和诸位同人一起开展的中国近现代出版企业制度史、中国近现代出版生活史专题的探究，都有试验的意义，也得到了张人凤、洪九来等同道的积极呼应。出版史研究范式的转换在一定程度上也意味着视野的开阔、领域的拓展、思维的创新。显而易见，沈珉老师的中国近代书刊形态研究无疑是属于出版史研究新方法的尝试、新范式的探索。因为有了符号学的框架，作者便能将近现代编辑出版史上书刊形态方面繁乱、琐碎的材料整理出线索，概括出规律，给人启发，十分难能可贵。

多年来，沈珉老师从事中国传统图像与出版图像研究，数年前就出版有专著《现代性的另一幅面孔——晚清至民国的书刊形态研究》，发表了许多篇相关论文，一方面努力运用新方法，尝试新范式，探索新问题；另一方面又努力形成自己的研究风格，建立自己的“学术根据地”，取得了可喜的成就。作者正值“人间四月天”，生机勃发，充满学术激情，我们有理由期待她在坚守中突破，在创新中拓展，在“出版图像”这个值得深耕的领域继续开掘。

2019年7月25日

【附注】

此文是为沈珉教授所著《中国近代书刊形态变迁研究》（国家图书馆出版社2019年版）撰写的序言。该书为国家社科基金后期资助项目成果。

《粤港澳近现代出版史论集》序言

认识资深出版人金兄炳亮已逾20年。他是大学历史科班出身，毕业后做了30多年的编辑出版工作，求真务实，开拓进取，取得了不俗的业绩。一直生活、工作在改革开放的前沿——广州，但金兄始终保持着书生本色，继承了老辈文化人办出版的优良传统。即将出版的这本《粤港澳近现代出版史论集》（后简称《论集》）就是最好的证明。

出版是理想主义者的事业，理想让出版人拥有尊严。金炳亮兄正是这样一个受人尊敬的理想主义者，不忘初心，秉持文化理念，崇尚学术精神。他长期从事具体的编辑实务和出版管理，又不离不弃地坚持学术研究，尤其是在出版文化和出版史园地里辛勤耕耘，春种秋收，成果丰硕。我注意到，金兄开始涉足地方出版史研究是20世纪90年代初广东省新闻出版局组织编纂的《广东出版史料》（后简称《史料》）。作为《广东省志·出版志》的前期准备，这个内部资料（集刊）编印了三辑，金兄既是责任编辑之一，又是重要作者。《史料》第一辑上，就有他撰写的两篇文章——《1927—1937广东党的出版事业概述》《论香港新民主出版社（1946—1949）》，后一篇还有附录《香港新民主出版社书目索引》。在《史料》第二、三辑上，他又刊发了《抗战时期韶关出版业概述》《抗战时期大后方（广东）出版史大事记》《广雅板片历劫记》等文。得天时地利人和，炳亮兄与粤港澳近现代出版史结下了不解之缘。从此以后，南国近现代出版历史就成了金兄本职工作之外的“第二战场”，也是他念兹在兹、稳扎稳打的“学术根据地”。近些年来，他编研结合，在学术上用力尤勤，将实务派的经验、感悟与学院派的谨严、规范很好地结合起来，不断推出新作，学术上更臻佳境。

对于晚清民国时期粤港澳地区的出版，金兄既注重对出版业管理、印刷业发展、出版机构存废等宏观中观问题展开整体性审视，又深入到黄埔军校宣传出版活动、星系报纸等相对微观的方面展开具体描述。当然，这些研究都是建立在对历史资料的充分发掘、爬梳和分析基础上的。对于中国共产党领导及影响下的粤港澳出版活动，金兄给予了高度关注。大到党领导和影响下的现代广东出版事业、香港进步出版活动，小至一个地区如琼崖的革命出版事业，一家进步出版机构如人间书屋的建立与发展，他都能走进历史“现场”，抽丝剥茧，层层深入地加以探究。最近五六年来，金兄把研究重心转到新中国广东的社会主义出版事业，连续发表了多篇有分量、有影响的论文，如《广东出版70年：以出版制度变迁为中心的历史考察》《新中国的地方出版：以广东为中心的研究（1950—1978）》《地方出版何以崛起：以广东为中心的研究（1978—1985）》等，资料厚实、角度独特、立论新颖，立足广东但意义不限于广东。这些文章在期刊上刊行后，很快引起出版史学界的极大兴趣和业界同行的高度关注。上述几个方面的论文悉数收录在了《论集》中，可谓集腋成裘，灿然可观。有了这个基础，金兄完全可以百尺竿头更进一步，或编写综合性的《粤港澳近现代出版史》，或撰著更专精的史著，如《广东近现代出版史》《香港出版史》《澳门出版史》等。从轻重缓急来说，窃以为可以先攻克广东近现代出版史这个学术堡垒，作者编就的近现代出版大事记已经理出了基本线索。当然，完成这项克难攻坚的任务，还需要有关方面的大力支持和团队的通力协作。这项工作是非常有价值的。就像断代史的进展对于通史编纂意义重大，区域出版史的成果，于整体性中国出版史的完善和提升也至关重要。

《论集》最后一个专题为“粤港澳近现代出版人物专论”，其中既有《粤港澳近现代出版家小传》这样的群英谱，也有对梁发、金仲华等代表性出版人物的聚焦与特写，而篇幅最多的还要数王云五研究。金兄是出版家王云五研究的专家，十多年来先后出版了《文化奇人：王云五》《当代岭南文化名家：王云五》《苦斗与壮游：王云五评传》，三本传记各有特点，总的趋势是由简入繁，由浅入深，资料越来越丰富，视野越来越宽广，论述越来越深入，前后赓续，后出转精，受到了史学专家和业界大咖的充分认可。金兄再接再厉，后来专门编选出版了《王云五谈编辑出版》，一方面是对几种传记资料上的有益补充，另一方面也为广大读者了解王云五编辑出版思想提供了方便。记得历史学家唐长孺先生说过，做历史研究从人物入手是个好办法。金兄的出版史研究从王云五这个巨大而复杂的存在入手，咬定青山不放松，取得了令人瞩目的成就。收在《论集》中的《王云五与中国现代出版的转型》《晚年王云五对商务印书馆的精神传承与创新》《论商务精神的传承：以张元济和王云五的交往为中心》诸篇，将出版家个体置于现代社会历史转型的语境之中，将传统与现实进行有机的勾连，立意高远，别开生面，得出让人信服且富有启发的结论，十分难能可贵。

老出版家赵家璧追求的是“书比人长寿”的境界，我觉得这个“书”主要是指编辑出版家们策划运作的图书，同时也可包括职业出版人自己撰写的论著。作为学者型的著名出版人，金炳亮兄无疑在两个方面都可圈可点。他担任编辑，尤其是总编辑、社长期间出版的那些学术文化精品必将流芳百世，而他个人用心血凝成的多部个人论著也将长期泽被后人，传诸久远。后学要了解王云五，要研究粤港澳出版文化与历史，我相信金炳亮兄无疑是一个绕不开的存在。我们有理由期待，厚积薄发的金兄在区域出版史的探索上再攀高峰，续推精品力作。

2022年5月31日

【附注】

此文是为金炳亮编审著《粤港澳近现代出版史论集》撰写的序言。该书即将由中国书籍出版社刊行。

后　　记

《桂子山语丝》2021年早春由崇文书局刊行后，受到读者的欢迎和喜爱，尤其是与笔者所在的华中师大有关联的朋友们。学校领导也曾多次将其作为礼物送给知名校友。一转眼，明年就是学校120周年校庆之年了，现在呈现在诸位面前的这本《桂子山夜话》，可算是一个在桂子山学习工作了40多年的“山民”献给母校双甲子华诞的一份心意。

《夜话》是《语丝》的姊妹篇，无论是基本内容，还是文章写法，抑或是编排策略，都一脉相承。全书聚焦桂子山，聚焦大学，又始终围绕教育和出版两条线索有所伸展。本来没打算这么快就推出这本集子的，是特殊的机缘促成了此事。2021年9月我正式告别管理岗位，回归教学科研主阵地，连人事关系也转回了学院。学校对多年从事过管理的“双肩挑”干部给予了特别的关爱，不仅有一年的学术休假，还提供相应的科研经费支持，所在文学院领导对我更是爱护有加。这样，我便有“精力”，也有“财力”来更快更好完成本书的写作与出版。

本书中的大部分篇章尤其是与桂子山人和事相关的，基本都在微信公众号“出版六家”推送过，有些反响比较热烈，可惜好多讨论文字没有及时收集和妥善留存。书中少部分属于出版时评、图书序跋类的文字，曾刊载于公开出版物。此外，沿袭上一本书成例，依旧收录了几篇谈学术评价的杂文。

拙著能够顺利出版，首先要感谢湖北人民出版社姚兄德海社长、总编姚梅女史的慨然允诺和鼎力相助，感谢曾若雪、丁琦两位编辑的温婉催促和细心工作。还要满怀崇敬之心，十二万分地感谢三位年逾九旬的师长——蔡学俭先生、熊铁基老师、曾祖荫老师——拨冗作序。几位长者、智者，数十年来在我人生的道路上给予了难以忘怀的关心、引导和扶持。

又是一年桂花香。在这桂子山满园飘香的季节，每当驾车带女儿驶过校园，伴妻子漫步小径，深感岁月匆匆却十分美好。在充满变局的大时代依旧未来可期，但需更加努力，行稳致远。我想，个人随笔集的第三部也该播种了。

2022年9月29日